現代中国の経済と社会

DOU Shaojie　YOKOI Kazuhiko
竇 少杰＋横井 和彦 ［編著］

中央経済社

まえがき

　最近，日本のメディアが中国の出来事を取り上げて報道・議論することが明らかに増えている。その理由には中国が2010年に名目GDPで日本を超え，世界第2位の経済規模となっただけでなく，近年になって5GやIoTなど多くの新しい分野での成長が著しく，今日ではさまざまな領域で世界最強国であるアメリカの覇権に挑戦し続け，アメリカと熾烈な競合が繰り広げられていることもあろう。アメリカのバイデン政権が国家戦略の重心をインド太平洋地域に移したことが鮮明になり，米中競合がこれからの世界の主な潮流になりつつあるなか，中国を正しく認識することはわれわれにとって極めて重要である。

　1949年の建国以来1978年まで，中国は市場メカニズムを完全に排除し，計画経済を構築し，実践してきたが，その成果は芳しくなく，1966年から1976年までは社会経済に大きなダメージを与えた「文化大革命」もあったため，中国経済はどん底へ落ち込んでいた。そのような厳しい状況のなか，中国共産党と中国政府は1978年に「改革・開放」政策を打ち出し，経済と社会に対して根本的改革を実施した。見本や成功事例のないなか，試行錯誤で模索しながら前に進む中国はさまざまな問題や挫折を経験してきたが，中国経済は見事に建て直されたのである。

　中国の目覚ましい成長については，「改革・開放」政策を試行錯誤で遂行してきた2000年までの20年間をもちろん無視できないが，執筆者一同はとくにこれまでの20年間，つまり2001年以降の中国の成長に注目したい。なぜかというと，21世紀冒頭の2001年に発生した2つの出来事と，その後の中国の成長が新しい世界秩序の形成に大きな影響を与えたからである。

　1つ目の出来事は2001年9月11日，アメリカで発生した「9・11同時多発テロ事件」である。テロリストにハイジャックされた4機の飛行機がロウアー・マンハッタンに位置するワールドトレードセンターのノース・タワーとサウス・タワー，アメリカ国防総省のペンタゴンなどに突入し，世界を震撼させた。一連のテロ攻撃の結果として，24人の日本人を含む2,977人が死亡，25,000人

以上が負傷し，少なくとも100億ドルのインフラ被害・物的損害，および長期にわたる健康被害があったと言われた。テロ組織に報復するために，アメリカ政府はアフガニスタンに対して全面戦争を発動し，20年にも渡るアフガン戦争が始まった。ところが周知のとおり，2021年，アメリカ軍はアフガニスタンから撤退した。このアフガン戦争はアメリカの国力衰退の始まりだと分析する専門家もいるが，「対テロ戦略」の一致で米中関係がある程度緩和され，中国は成長のチャンスに恵まれたのである。

2つ目の出来事は2001年12月11日，中国のWTOへの正式加盟であった。WTOへの加盟に関して，メリットとデメリットが議論された。とくにさまざまな側面で外国大手企業に劣っていた中国国内製造業が一気に潰されるというリスクもあったため，中国国内でも大論争となっていたが，中国政府は厳しい交渉を重ねて対立を乗り越え，WTOへの正式加盟に成功した。その後，中国は外資を積極的に誘致し，やがて「世界の工場」と呼ばれ，世界経済のさらなる発展に大きく貢献したことで，グローバル化の大波にうまく乗ることができ，中国経済自身も大きく成長できたのである。WTOへの正式加盟も中国の成長にとって極めて重要なチャンスであった。

つまり，21世紀の最初の20年間，日進月歩で激動する国際環境のなか，中国は成長のチャンスを摑み，順調に社会と経済を発展させたのである。

1978年に「改革・開放」政策が打ち出されて以降の，中国の経済と社会を研究・考察する研究書や論文は多く蓄積されているが，2000年以降の中国に焦点を当て，とくに近年の中国の凄まじい成長や問題点を体系的に議論する書物はまだ少ない。本書は1949年の建国以降の中国の経済と社会の歩みを概観したうえ，2000年以降に中国政府が打ち出した政策や制度，とくに中国経済と社会の新しい変化およびその特徴などに焦点を当てた。

IT技術やモバイルインターネット，人工知能などの進展によって，われわれの生活は非常に便利になっているが，玉石混淆の情報が錯綜しており，真偽の判断も極めて難しくなってきている。人々はインターネットを経由して簡単に多くの情報を収集することができているが，その情報が偏ってしまい，物事の真実をつかめない可能性もある。中国への理解もまさにこのような問題に直面している。2022年は日中国交正常化50周年を迎える記念すべき年である。日

本と中国の相互理解や人々の交流が新たな段階に入っていくことを願うばかり
であり，本書がそうした問題への貢献の一端ともなれば，執筆者一同この上な
い幸せと感じる次第である。

2022年2月

竇少杰・横井和彦

目　　次

第Ⅱ部　　現代中国の経済と社会の「影」

第1章

現代中国の経済と社会の歩み

1-1　はじめに

　中華人民共和国（以下は「中国」と略す）は1949年10月1日に建国され，2020年には建国71周年を迎えた。周知の通り，2010年に中国のGDP総額ははじめて日本を超え，世界2位の経済体となり，日本人も含めて世界各国の人々を驚かせた。しかし中国の勢いは留まらなかった。中国国家統計局が発表した「2019年国民経済・社会発展統計公報」によれば，2019年の名目GDP総額はなんと14兆7,318億ドル（日本円では約1,574.3兆円）に達しており，同年日本の名目GDP総額の5兆799億ドル（日本円では約561.3兆円）の2.9倍ともなっている（**図表1-1**を参照）。しかも2006年頃から中国の経済成長が加速してきており，凄まじい勢いで世界経済トップのアメリカにも迫ってきているのである。

　また，**図表1-2**から読み取れるように，一人当たりのGDPでは確かに中国は依然としてアメリカや日本などの先進国との間には大きな差があるものの，2000年代に入ってから着実にその額をあげてきており，2019年では初めて10,522.34米ドルに達し，ついに10,000米ドルのラインを突破したのである。

　このままでは経済総量で抜かれてしまうのが時間の問題だと気づいたアメリカは近年，中国に対して様々な圧力をかけており，特に2017年に誕生したトランプ政権は2018年より中国から輸入しているほぼすべての商品に対して高い関税をかけた。中国政府もそれに応戦し，米中両国の間では激しい関税掛け合い合戦が繰り広がっている。さらに2019年になると，米中の貿易戦争は5Gや人工知能などのハイテク領域まで展開され，GAFA（グーグル，アップル，フェスブック[1]，アマゾン）に代表されるアメリカのIT巨大企業とBATH（バイドゥ，アリババ，テンセント，ファーウェイ）に代表される中国の新興IT企

1

図表 1 - 1　アメリカ・日本・中国の名目GDP（1980年〜2019年）

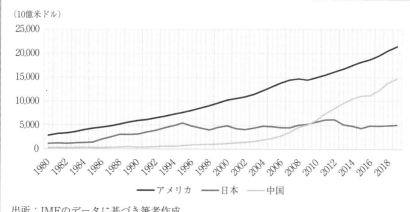

（10億米ドル）

出所：IMFのデータに基づき筆者作成。

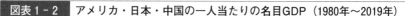

図表 1 - 2　アメリカ・日本・中国の一人当たりの名目GDP（1980年〜2019年）

（米ドル）

出所：IMFのデータに基づき筆者作成。

---

1)　2021年10月28日付でフェイスブックは社名を「メタ」に変更した。

業との間でもすでに熾烈な競争が行われ，特に自動運転技術や5Gなどをめぐって火花が散っている。

　では，中国は建国してから現在までの70年間において，どのように成長してきたのか。そして近年，中国の経済と社会には何があったのか。

　温故知新。現代中国のあり方を理解するために，かつての中国，つまり中国が歩んできた歴史をある程度理解しておかなければならない。1949年に建国してから現在まで，中国の歴史は概ね，2つの歴史時期に分けることができる「計画経済期（1949年～1978年）」と「改革開放期（1978年～現在）」である（**図表1−3**を参照）。

　抗日戦争，第二次世界大戦と国内戦争といった長年の戦争を経て，中国共産党は社会主義政権を確立し，1949年10月1日に中華人民共和国を建国した。イデオロギーの影響を受け，中国共産党と中国政府は市場経済を徹底的に排除し，すべての経済社会活動を計画で行う，いわゆる「計画経済」で国を経営することにした。したがって1949年の建国から1978年の「改革・開放」政策が打ち出

図表1−3　中国の2つの歴史時期

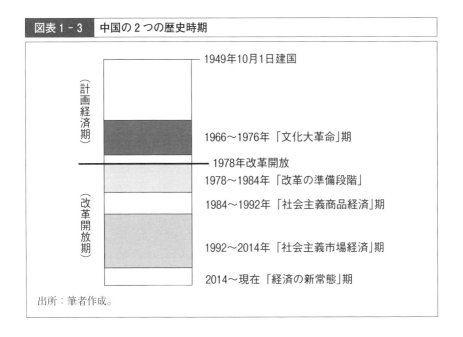

（計画経済期）

1949年10月1日建国

1966～1976年「文化大革命」期

1978年改革開放

1978～1984年「改革の準備段階」

1984～1992年「社会主義商品経済」期

（改革開放期）

1992～2014年「社会主義市場経済」期

2014～現在「経済の新常態」期

出所：筆者作成。

されるまでの約30年間は、「計画経済期」と呼ばれている。しかし長年「計画経済」で経営された中国の経済と社会は徐々に深刻な混乱に陥ってしまい、最終的に1966年から1976年まで「文化大革命」が発生してしまったのだ。どのように中国を経営すべきか。そのままでは亡国すると、ようやく認識できた中国共産党と中国政府は1978年に共産党の仕事路線を政治闘争から経済発展へ切り替えると同時に、「改革・開放」政策を打ち出した。それで中国は新しい時代、いわゆる「改革開放期」に入ったのである。

次節ではまず、1949年の建国から1976年「文化大革命」の収束までの中国の経済と社会の歩みを概観していきたい。

1-2 計画経済期の中国の経済と社会

計画経済期の中国を理解するためには、1つのキーワードを忘れてはいけない。それは「計画経済」である。早期の社会主義理論によれば、資本主義の世界でよく発生する経済大恐慌や金融危機などを防ぐために、社会主義国の経済活動は資本主義国で行われている市場経済を採用してはならず、その正反対の計画経済、つまりすべての経済活動を国の計画に基づいて行われなければならないというやり方で実施すべきだという。このような理論に基づいて、毛沢東[2]がリードした中国共産党は「社会主義の兄貴」である旧ソ連モデルを参考にし、旧ソ連の援助を受けながら中国で「計画経済」に基づく社会主義の経済と社会を構築し始めた。**図表1-4**は中国の計画経済期の時間軸を示したものであり、1949年から1978年までの約30年間において、中国は主に「建国後の調整期」、「社会主義改造期」、「"大躍進"運動期」、「整理整頓期」および「文化大革命期」の5つの細かい歴史時期を経験した。

---

2) 毛沢東（1893～1976）、字は詠芝・潤芝・潤之、中華人民共和国の政治家、軍事戦略家、思想家。中国共産党の創立党員の1人で、長征や抗日戦争を経て中国共産党内で指導権を獲得し、1945年より中国共産党中央委員会主席および中央軍事委員会主席を務めた。1949年建国した社会主義中国の初代国家主席。1976年に死去するまで中国の最高指導者の地位にあった。

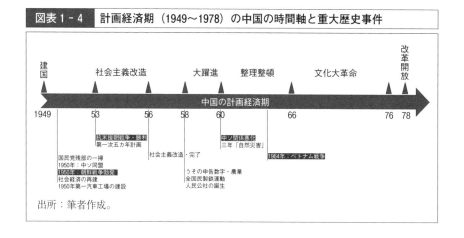

図表1-4 計画経済期（1949～1978）の中国の時間軸と重大歴史事件

出所：筆者作成。

1-2-1 建国後の調整期

　1949年10月1日，毛沢東らは北京で世界に対して宣言し，社会主義国である中華人民共和国を建国した。しかし当時，中国の国内外の情勢は非常に複雑であった。国内においては，中国共産党が指導した人民解放軍は中国全土のほとんどを解放し，蔣介石[3]は敗戦した国民党の軍隊を引率して台湾へ入ったが，中国大陸の西南や海南島などの辺鄙な地域においては依然として国民党の残部が残されており，全国各地で国民党の工作員たちも暗躍し，新政権の脅威となっていた。そして蔣介石も容易に敗北を認めず，「反攻大陸」を唱え，台湾で軍隊を充実させながら，武力による「政権奪回」を狙っていた。何より，長年の戦争の被害で，当時中国の社会経済はすでに崩壊した状態であり，国民の生活は困窮を極めていた。また国外では，「米ソ対立」，「東西冷戦」といった分断した国際環境のなか，1950年6月に，中国の東北地方の国境と接する朝鮮半島で，朝鮮戦争が勃発し，アメリカ軍がリードした国連軍は中国の国境付近

3）　蔣介石（1887～1975），中国浙江省寧波府奉化県出身，中華民国の政治家，軍人。第3代・第5代国民政府主席，初代中華民国総統，中国国民党永久総裁。第二次世界大戦で連合国中国戦区最高統帥を務めたが，戦後の国内内戦で毛沢東が率いる中国共産党に敗れて1949年に台湾へ移った。「反攻大陸」と「政権奪回」を狙っていたが，1975年に死去するまで大陸支配を回復することは実現しなかった。

まで戦火を延焼させたのである。国内外の厳しい状況の中、誕生したばかりの中国共産党政権は1950年2月に旧ソ連と「中ソ友好同盟互助条約」を締結し、旧ソ連の力を借りながら、国内では国民党残党を一掃して「第一汽車」工場など多くの大型プロジェクトを建設し、社会経済の再建を本格的に始動した。国外において、1950年10月に毛沢東は「抗米援朝、保家衛国」というスローガンを提起し、「中国人民志願軍」を朝鮮半島へ派遣して朝鮮戦争に参戦したのである。

　1953年、朝鮮戦争の休戦協定[4]が締結され、国外環境が落ち着いてくるとともに、中国国内の状況も徐々に回復・安定してきた。「抗米援朝」戦争で勝利を収めた中国共産党と中国政府は「第一次五カ年計画（1953～1957年）」[5]を設定し、全国民を動員して社会経済の回復と発展を推進した。そして計画経済の基盤を構築するために、1953年から中国政府は「社会主義改造」を実施し始めたのだ。

1-2-2　社会主義改造期

　社会主義改造とは、1953年から1956年末まで中国の農業、手工業と資本主義工商業に対して実施された所有権転換の改革であり、土地を国有とした上で、農業と手工業の合作社化を推進させ、そして都市部に残存していた個人所有の工場や商店などを、「公私合営」を経て「社会主義公有制」へ転換させた。つまり、社会主義改造を通じて、中国はほぼすべての生産資源の国有化に成功し、

4）　1953年7月27日、38度線付近の板門店で、朝鮮民主主義人民共和国軍、中国人民志願軍と国連軍の間で休戦協定が結ばれ、3年間続いた朝鮮戦争は一時の終結を迎えた。現在も停戦中である。調印者は金日成朝鮮人民軍最高司令官、彭徳懐中国人民志願軍司令官、M.W.クラーク国際連合軍司令部総司令官であった。なお、「北進統一」に固執した李承晩大統領はこの停戦協定を不服として調印式に参加しなかった。

5）　第一次五カ年計画は中国政府が設定した1953年から1957年までの国家発展計画である。この計画の基本目標は下記の2つであり、すなわち①ソ連援助の156の大型工業プロジェクトを中心とし、694の組織を動員して社会主義工業化の基盤を構築する。②農業、手工業と資本主義工商業への社会主義改造を成功させる。である。実際に1957年になると、中国では実現した総投資額は550億人民元で、計画した427.4億人民元より15.3％も超えた。全国の農業と工業の総生産額も1,241億人民元で、1952年より67.8％も増加した。うち工業総生産額は計画目標より21％も超過し、農業総生産額も計画目標の101％までに達成した（劉国光『中華十個五年計画研究報告』、2006年、人民出版社）。

計画経済体制の基盤を構築できたのである。

　1957年，中国政府は「第一次五カ年計画」で設定された目標が大幅に越えてクリアされたことを発表し，全国民に対して「社会主義強国を建設する」ことにさらなる協力を要請した。同年11月13日，『人民日報』は「大躍進」スローガンを提起し，1958年5月の中国共産党第八回代表大会第二次会議にて，中国政府は「第二次五カ年計画」を制定し，「15年よりも短い時間で主要工業製品の生産量において英国を超えよう」という目標の実現を全国民に呼びかけた。中国は「"大躍進"運動期」に入った。

1-2-3　"大躍進"運動期

　大躍進運動は1958年から1960年まで中国政府が中国全土で展開した社会主義生産運動であった。「第一次五カ年計画」の「超額達成」で過剰の自信を持った中国政府は1958年の鉄鋼の生産量目標を1957年の実際生産量の535万トンの倍となる1,070万トンと設定し，全国で全国民製鉄運動を開始した。中国政府の要請に応じて，都市部の工場のみならず，全国各地の農村部でも鉄鋼の生産に関する知識も技術も持ち合わせていなかった農民たちが「人海戦術」で組織され，集団労働で多くの簡易な土法高炉製鉄所が建設され，中国全国民の鉄鋼生産への熱狂は最高潮に達した。後に全国の農村部では「人民公社」という行政組織が設定され，農民たちの生活，労働，賃金，福利厚生などのすべてを統括・管理した（**図表1-5**を参照）。大躍進運動が全国各地で熱烈に展開される中，生産や管理の現場では誤った考え方や指導などが多発した。例えば当時の農業生産について有名なスローガンは「人有多大胆，地有多大産（＝度胸と情熱さえあれば，農作物はいくらでも取れる）」があり，悪名の高い指導には「深耕密作（＝農地を深く耕し，肥料を多投してたくさんの種子を蒔く）」などがある。このような考え方や指導に基づいて農業生産を行なった結果はもちろん容易に想像できる。いくら度胸と情熱があっても，誤った方法で生産してしまったら農作物は全く取れないし，密植した作物は過密ゆえに全く実らず，投入した人力や肥料，そして蒔いた種子はすべてムダとなった。さらに深刻なこともある。大躍進の熱狂が「人民公社」や村などの組織の間の競争を生み，その結果，各組織が生産高について競って現実を上回る誇大な数字を報告すると

注：人民公社の成立を祝う農民たち（左上），人民公社の集団労働（右上）
　　人民公社の食堂で無料の食事（左下），農村部で作られた土法高炉製鉄所（右下）
出所：「人民中国」（www.peoplechina.com.cn）の「国づくり60年」など。

　いう風潮，いわゆる「虚報風」，「浮跨風」などが現れていた。その結果として，現実離れした跨大な額が独り歩きし，基準となって，国への普段より高い納入額が決定され，農民たちにとっては過大な負担を強いられることとなった。

　このように，大躍進運動が実際に行われた最初の1958年，鉄鋼の生産量は確かに1,108万トンと達成し，1,070万トンの目標をクリアできたが，その合格品は800万トンしかなかったと言われている。また，鉄鋼生産を優先させた農村部では農民たちが鉄鋼の生産に集中させられ，農作物の収穫に遅れてしまい，1958年の農業も結局，凶作となってしまった。その後，1959年から1961年にか

けて各地で大雨，洪水，雹，旱害，そして蝗害などの自然災害が続発して食糧不足となり，両者あいまって中国では深刻な飢餓状態が生じたのである。

　しかし災いは重なるものである。1960年，中国共産党と旧ソ連共産党との間で考え方や意見の対立が発生し，それが中ソ両国間の関係悪化と対立へと発展したのである。国内外とも再び深刻な危機に直面した中国共産党と中国政府は1960年から特に大躍進運動が残された混乱の状況を反省し，整理整頓に乗り出した。

1-2-4　整理整頓期

　1959年4月に，「大躍進運動」で混乱した状況に対して責任を取ったかのように，毛沢東は国家主席を辞任し，劉少奇[6]がその後を継いだ。しかしこの時の毛沢東は確かに国家主席を辞任したが，依然として中国共産党のトップであった。同年7月に廬山で開かれた中国共産党中央政治局拡大会議（後に「廬山会議」と呼ばれるようになった）において，当時の国防部長である彭徳懐[7]が大躍進運動について批判する上申書を提出したが，毛沢東はこれを反革命と非難し，彭徳懐を解任し，大躍進運動の継続を強行したのであり，変わりなく強い権威を保持していたのである。

　しかし，国内外の混乱をしっかり整理・対応しなくてはいけない。劉少奇はそのあと，中国共産党総書記の鄧小平[8]とともに様々な整理整頓政策を実施し，大躍進で疲弊した社会と経済の回復に努めた。例えば食糧不足の問題を早期解決しなければならないため，劉少奇は農民を農業従事へ戻させるとともに，農民たちのモチベーションを高めるための農業生産請負制などを実施した。具体

---

6)　劉少奇（1898〜1969），中華人民共和国の政治家，1959年から第二代中華人民共和国の国家主席を務め，「大躍進運動」で生じた混乱に対して整理整頓を実施した。中国共産党での序列は毛沢東党主席に次ぐ第二位であったが，文化大革命の中で失脚，亡くなった。

7)　彭徳懐（1898〜1974），中華人民共和国の軍人，政治家。中華人民共和国元帥。国務院副総理，国防部長，中国共産党政治局委員，中央軍事委員会副主席などを務めたが，1959年に大躍進運動を批判したため失脚し，文化大革命の中で亡くなった。

8)　鄧小平（1904〜1997），中華人民共和国の政治家。建国した毛沢東の死後，中国の事実上の最高指導者であった。「改革・開放」政策や「先富論」，「科学発展観」など様々な重要な改革策を提起し，中国で遂行した。「一国両制」の構想を提起し，香港やマカオの中国帰還の基礎も整えた。「改革開放の総設計師」として，現在も高く評価されている。

的には1959年6月，中国共産党は「関于社員私養家禽家畜和自留地等四個問題的指示」を発表し，「一，社員に家禽家畜を私的に飼うことを認め，集団労働を妨げない範囲で毎月三〜五日の休暇を与える。家庭で食事する場合は毎日二〜三時間の時間を女性に与える。二，自留地制度[9]を回復し，５％を超えない範囲で希望者に与える。土地の転売，賃貸はしてはならないが，そこで採れたものは自由に使って良い。三，家の傍ら，村の隅，水辺，路傍などの零細な土地の利用を進め，そこで採れた農作物は自由にして良い。四，敷地内の竹木果樹は各戸の自由にして良い。以上四点については“布告”の形で農民たちに公布し実行すること。この種の集団の中の“小私有”は長期間必要なものであり，生産の発展，人民の生活の安定に有利なものである。こうした“小私有”は，社員による集団労働時間以外の労働の果実を保護するものであり，決して“資本主義を発展させる”ものではない。」[10]と明確に宣言したのである。また1961年6月，劉少奇は再び「農村人民公社工作条例」を制定・公布し，「社員の家庭副業」という内容も盛り入れた。「人民公社社員の家庭副業は社会主義経済の必要な補充部分である」とした上で，「自留地を使って行う様々な副業で得られた生産品および収入はすべて社員の所有に帰す」と定めたのである。

　以上のように，整理整頓期において，劉少奇らは大躍進運動で疲弊した社会と経済を回復させるために様々な政策を慎重に打ち出しており，これらの政策も徐々にその効果を発揮し，特に当時中国の農村経済は少しずつではあるが，活気が戻ってきたのである。

　しかしこうした新しい動向は，中国型社会主義を推進してきた毛沢東にとって，資本主義復活の危機として警戒されるものであった。そして劉少奇や鄧小平らの改革派に対して不満を持った人たちも毛沢東を利用し，密かに策動し始めた。さらに1964年8月，中国南部の隣国であるベトナムではトンキン湾事件が発生し，アメリカは本格的にベトナム戦争に介入した。国内の状況はまだ落

---

9)　自留地制度は中国政府が1955年から農村部で実施した農民たちのモチベーションを向上させるための制度である。1955年に中国政府によって公表された「農業生産合作社示範章程草案」においてはじめて自留地制度を設定し，各地の平均耕地面積の５％を超えてはいけないとした。1958年から始まった人民公社において自留地制度は廃止された。
10)　　浜口允子（2019）『現代中国都市と農村の70年』，左右社，pp.93〜94。

ち着いていない中，国外では再びアメリカ軍との戦争に巻き込まれるという深刻な危機に直面した中国，ついに深層の矛盾が爆発した。1966年の文化大革命の発生であった。

1-2-5　文化大革命期

　1966年から1976年までの中国の文化大革命については諸説あり，現在においても定論が存在しない。しかしこの10年以上も続く全国規模の大混乱は中国の全般に対して大きなダメージを与えていたのは間違いないだろう。ことは1966年 2 月，前年秋上海で出された姚文元による文芸評論「評新編歴史劇『海瑞罷官』（新編歴史劇『海瑞罷官』を評す）」に対して，党中央の彭真[11]を中心とした文化革命五人小組がその論争を検討し，「二月要綱」を出したところから始まる。彭真らはこの事態をあくまで学術上の問題に限定しようとしたが，毛沢東はこれを政治問題にすべきだと不満を表し，「五・一六通知」を発表して「二月要綱」を取り消させ，文化革命五人小組も廃止し，江青や姚文元，張春橋，陳伯達，康生の 5 人を任命して新しい「文化革命小組[12]」を設けたのである。

　「海瑞罷官」は歴史学者呉晗によって書かれた新作京劇であり，内容は明王朝時代の清廉な官僚海瑞が，農民の農田を奪った大官僚の息子を制し，農民に返還させたが，自らは解任されたというものである。姚文元は「評新編歴史劇『海瑞罷官』」を書き，劇の内容である農民への土地返還は人民公社の基盤である集団農業を否定するものであると批判し，整理整頓期の劉少奇らが実施した農業生産請負制も批判した。そして毛沢東もまた海瑞の「罷官」を廬山会議にあった彭徳懐の「解任」と関連させて言及したため，ことは一層大きくなった

---

11) 彭真（1902〜1997），中華人民共和国の政治家。中国共産党の八大元老の 1 人で，第四代全国人民代表大会常務委員会委員長などを務めた。第七期，第八期，第十一期と第十二期の中央政治局委員でもある。文化大革命の初期で批判を受けて失脚したが，のちに名誉を回復され，1979年に政界に復帰した。

12) 江青，姚文元，張春橋の 3 人と後に加えられた王洪文は，後に「四人組」と呼ばれ，文化大革命を主導した。江青は毛沢東の 4 番目の夫人であった。1976年，「四人組」は北京で逮捕され，1977年 7 月の中国共産党第10回三中全会で党籍を永久剥奪された。同年 8 月の中国共産党第十一回代表大会にて犯罪が認定された。

のである。つまり，長い間，劉少奇らの整理整頓期に実施していた改革政策に強い警戒感を持った毛沢東はついに動き出したのである。

1966年6月1日に『人民日報』は「横掃一切牛鬼蛇神（一切の悪者を撲滅せよ）」という社説を発表し，「中国人民を毒する旧思想・旧文化・旧風俗・旧習慣を徹底的に排除しなければならない」と主張した。そして同年8月に開かれた中国共産党第8回十一中全会では「中国共産党中央委員会のプロレタリア文化大革命についての決定」が発表され，中国の文化大革命は正式に始まった。同年8月5日，毛沢東は「砲打司令部——我的一張大字報（司令部を砲撃せよ）」と題した壁新聞を発表し，紅衛兵に対して指導部のトップである劉少奇や鄧小平らの実権派に対する攻撃を公式に指示した。毛沢東の呼びかけと指示を受けた若者たちは紅衛兵を組織し，「造反有理，革命無罪」のスローガンを掲げて批判大会を開き，実権派やその支持者と見なされた中国共産党の幹部，知識人，旧地主の子孫などが，反革命分子と定義され，無残に糾弾して暴走した。組織的な暴力は中国全土で横行し，劉少奇や鄧小平らが失脚したほか，過酷な糾弾や迫害によって多数の死者や自殺者が続出し，また紅衛兵も派閥に分かれて抗争を展開した。社会は一気に混乱し始めたのである。

文化大革命は先に都市部学校の若い学生たちが中心とした紅衛兵の活動が活発だったが，翌年の1967年から都市部の労働者たちによって組織された「造反派」の運動も目立っていき，正常な工業生産もできなくなってしまった。次第に全国の農村部でも拡散され，農村部の旧地主や富農，「反党分子」，「悪人」および「右派」と見なされた人は次々と打倒され，ついに農業生産活動にも支障が生じ，平穏な日常が失われたのである。1970年代に入ると，深刻な混乱状態にともない経済活動も完全に停滞し，中国の経済，社会，そして人々の心も疲弊のピークに達していた。

1976年1月に中国の総理である周恩来[13]が没し，9月には毛沢東も逝去した。この大きな変動の中で，江青，張春橋，王洪文，姚文元という「四人組」は「晩年の毛沢東を利用して文化大革命を発動・指導し，社会の深刻な混乱を招

---

13) 周恩来（1898〜1976），中華人民共和国の政治家。日本留学の経験あり。中国が建国された1949年10月1日から逝去の1976年1月8日まで一貫して政務院総理・国務院総理を務めた。社会主義中国の内政と外交に大いに活躍し，中国国民からの信頼も厚かった。

いた」という容疑で，毛沢東の後継者となった華国鋒[14)] によって逮捕され失脚した。こうして10年以上も続いた文化大革命はこれでようやく収束したのである。

1 - 3　改革開放期の中国の経済と社会

　1978年12月18日，中国共産党11回三中全会が開かれた。この会議において中国共産党と中国政府は「文化大革命」中とそれ以前の「左傾」の誤りを全面的に反省し，「解放思想，事実求是，団結一致向前看（＝思想を解放して事実の実証に基づいて物事の真理を追求し，一致団結して未来へ向かう）」という指導方針を確定した。そして鄧小平のリーダーシップの下で，「党と国家の仕事の中心を経済建設に転換し，"改革・開放"政策を実行する」と定め，中国では建国以来，大きな意義を持つ重大な戦略方針転換が行われ，「改革開放期」という新たな歴史時期に入ったのである（**図表 1 - 6** を参照）。

図表 1 - 6	改革開放期（1978〜2001）の中国の時間軸と重大歴史事件

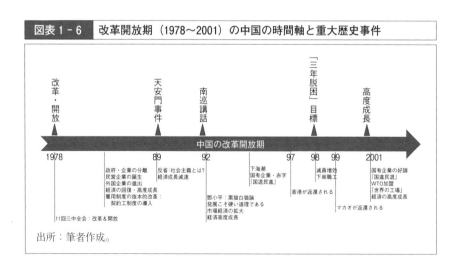

出所：筆者作成。

---

14)　華国鋒（1921〜2008），中華人民共和国の政治家，毛沢東死後のしばらくの間は中国の最高指導者として，中国共産党中央委員会主席，中央軍事委員会主席，国家主席を務めた。

「改革・開放」は「対内改革・対外開放」のことである。「対内改革」はそれまでの「計画経済」体制に対して改革を行い，徐々に市場経済のメカニズムを導入することであり，「対外開放」は文字通り，国の門を開けて，外国の資本や企業を積極的に誘致することである。深センやアモイなどに経済特区を設置し，華僑や先進国の資本を積極的に導入することで，資本確保や外国からの技術移転など成し遂げることを指す。ここでは中国の計画経済期の労使関係と深く関わっている「単位制度」を打破してきた「対内改革」政策の内容を検討してみたい。

　1978年末の11回三中全会にて「改革・開放」政策を最大の国策として確立してから，中国共産党と中国政府は5，6年間の準備期間を経て，1984年から「対内改革・対外開放」を正式に行い始めた。「対内改革」については多くの改革策が打ち出されていたが，本書で取り上げたい特に重要な政策は「政企分開」（1984年～1992年），労働制度改革（1986年）と国有企業の「三年脱困」目標の設定と達成（1998年～2000年），この3つである。そして「対外開放」について，特に重要なのは，1980年「経済特区」の設置と1984年沿海開放都市の設定であった。若干詳しく見てみよう。

　長い計画経済期を経て形成された中国社会と企業のあり方を打破するために踏み出した最初の重要な一歩は「政企分開」改革であった。それまで，中国ではすべての企業や社会団体，商店などは中国政府が所有するだけでなく，実際の経営権も中国政府が握るという国営企業であり，国家行政と企業は一体となっていた。計画経済体制の下で，企業の経営は非効率的で，活力を失っていた。計画経済体制を改革し，企業の活力を取り戻すためには，まず政府と企業との合体化した関係を切らなければなかったのである。1984年10月20日の中国共産党第12回中央委員会第3次総会で，「企業を相対的な独立の経済利益実体，すなわち自主経営ができ，損益責任も自分で負う法人にすること」という国営企業改革の目標が設定された。この目標の中で，中央政府は企業の所有権を国家に保留し，企業の経営権を企業に与え，企業の所有権と経営権とを分離し，いわゆる「両権分離」政策を明確に規定し，それを実現する方法が「政企分開」であると認識した。つまり，企業をかつてのような国家行政組織の最末端組織—「単位[15)]」でなく，行政指令や計画から離し，「自由」に活動できる

「市場の主体」にすることであった。しかし改革の見本が存在せず，長期に渡って形成された計画経済のやり方を徹底的に改革することも困難だったため，「政企分開」改革の実施は極めて難航したが，中国政府が踏み出した重要な最初の一歩であった。

　企業を国家行政から切り離すと同時に，政府と企業との間の最も流動性を持つ資源，すなわち労働力資源も「解放」しなければならない。そのため，中国政府は従来の「固定工」制度を廃止し，「労働契約制度」の導入を通じて労働制度改革を行った。1986年7月，国務院は『国有企業の雇用労働契約制の暫行規定』，『国有企業の労働者募集についての暫行規定』，『国有企業の労働者の解雇についての暫行規定』と『国有企業の労働者の待業保険についての暫行規定』を発布し，労働契約制度の導入が始まり，中国政府は従来の雇用関係に対して本格的な改革に動き出した。1986年の労働契約制度の骨子は，新入労働者が企業と雇用期間の定めた労働契約を締結することである。したがって，労働者にとって労働契約関係の相手は国家・政府から個別の企業へ変わり，雇用期間も終身雇用から有期雇用となった。つまり，同制度によって，新入労働者は国家・政府から雇用の保証や「固定工」の身分を獲得できず，「鉄のお茶碗」[16]の入手は難しくなった。社会的影響を考慮しながら労働契約制度を順調に導入するために，当初は国有企業の新入労働者のみに適応することになっていたが，改革の進展とともに，「人員配置の効率向上」[17]改革と「労働者全員労働契約制」[18]改革が行われた。これは当時の有名な「三鉄[19]を破る」運動である。この2つの改革，特に「人員配置の効率向上」は，労働制度改革前の国有企業における過剰労働力問題の解決に大きな影響を与えた。そして「労働者全員契約制」の実施は中国国有企業における従来の「固定工」制度を全面的

---

15) 計画経済期の中国において，特に1956年「社会主義改造」完了後，すべての企業や組織が国有化され，中国政府が経営する国営企業となった。これらの企業や組織は中国語で「単位」と呼ばれ，そこで働く労働者たちの安定雇用と福利厚生も国家によって保障されていた。中国は「単位社会」であった。具体的には竇（2013）を参照されたい。

16) 労働者が固定工として「単位」に配属されると，終身雇用制度が適用され，生活も保障される。そのため，固定工になることは破れない鉄の茶碗を手に入れることに等しいと言われていた。

17)「人員配置の効率向上」とは，企業管理者が生産の状況に基づいて，企業内の労働者に対して考課・評価を行い，企業の経営と生産に最も効率的な人員配置を行うことである。

に否定し，1990年代前半に中国の外部労働市場の創生に必要な条件も用意した。

　「対内改革」を着々と推進していくと同時に，中国政府は「対外開放」も積極的に進めていた。1979年7月，中国政府は「中外合資経営企業法」を制定し，中国企業と外国企業との合弁形態で外国企業誘致への制度的基礎の構築を模索した。1980年，中国政府は深セン，珠海，アモイ，汕頭，後に海南島も加えて，5つの地域を「経済特区」として設定し，中国に進出してくる外国資本や企業の誘致先とした。これらの「経済特区」においては，中国のその他の地域とは別のやり方や税制制度などが適用され，外国資本や外国企業にとって魅力的な投資・経営環境を整えていた。1984年4月，「経済特区」の開設で手応えを実感した中国政府は天津，大連，煙台，青島，上海，南通，寧波，温州など14の都市を沿海開放都市，そして1985年にも長江デルタ，珠海デルタ，1988年にまた遼東半島や山東半島などを開放地区と指定し，「対外開放」の範囲をさらに拡大していったのである。

　「改革・開放」政策の実施は中国社会や経済，様々な側面に大きな変化をもたらした。特に「対外開放」では，中国には外国の資本や企業，製品などだけでなく，外国人の生活スタイル，外国の文化，そして外国の価値観や考え方など，当時の中国の人々にとって斬新なものが多く入ってきた。それらが1989年の「天安門事件」の発生と繋がったと言われている。「天安門事件」について本書では詳細な考察は行わないが，その発生は「改革・開放」政策を推進してきた中国共産党と中国政府にとって深刻なことであった。中国の改革には見本がなく，参考になる前例もない。中国を発展させ，国民により良い生活をしてもらうために，中国共産党と中国政府は模索しながら「改革・開放」政策を推進してきたが，「天安門事件」の発生から受けたショックは大きかった。「本当の社会主義とは何か。これまで走ってきたこの道は本当に大丈夫なのか。」こ

18）「労働者全員労働契約制」とは，「固定工」という身分を廃止し，新入労働者だけではなく，全ての労働者が企業と労働契約を締結しなければならないということである。ところで，当時の「労働者全員労働契約制」は，大企業の企業長以外のすべての従業員につき身分区分（職員と工人）を廃止し，一様に契約制を適用する制度であった。企業長は中央政府人事部によって任命されていた。
19）国有企業の「鉄のお茶碗」，「鉄の賃金額」（保証できる賃金額）と「鉄の等級」（降級しない等級）のことである。

れまでのやり方について反省するようになった中国当局は「改革・開放」政策のさらなる推進に慎重になり，躊躇するようになった。それで中国経済の発展は一時的に低迷期に入っていたのである。

1992年の春節前に，武昌，深セン，珠海と上海を巡回・視察した鄧小平は「南巡講話」を発表し，「改革・開放」政策の堅持と経済成長の加速を呼びかけた。講話の中において，鄧小平は「黒猫白猫論」を発表し，「黒い猫にせよ，白い猫にせよ，鼠が獲れる猫は良い猫だ」と言い，「計画経済にせよ，市場経済にせよ，国家経済を成長でき，国民の生活を改善できる経済は良い経済だ」と主張し，それまで推進してきた「改革・開放」政策と市場経済が中国にとって正しい方向であることを口説いたのである。さらに，「発展こそが硬い道理である」と謳え，躊躇せずに経済発展と国民生活の改善のために「改革・開放」政策の正当性を強調した。鄧小平のこの「南巡講話」は「天安門事件」以降，保守派主導のもとで低迷していた経済に喝を入れる役割を果たし，中国経済は1992年から1995年にかけて2桁の成長率を記録し，高度成長をもたらしたのである。同年10月の中国共産党第14回全国代表大会において，当時の江沢民総書記は鄧小平の理論を全面的に支持し，「社会主義市場経済」の確立を目指して改革開放を深化していくことを強調したのである。

1990年代末まで，中国政府は約20年間をかかって旧来の「計画経済」制度・秩序を打破する改革策と「市場経済」制度・新社会を建設する改革策を実施し，中国経済の凄まじい成長を実現した。しかしその時の高度成長の中堅的な存在は新しく設立・成長してきた民営企業であり，ほとんどの国有企業は旧来のやり方から完全に脱出できず，依然として危機の状況に陥っていた。いわゆる「国退民進」[20] の時代であった。国有企業を危機の状況から救うために，1997年4月29日，国務院は『深化大型企業集団試点工作意見』を発布し，「精干主

---

20) 中国の市場経済化の過程のなかで現れた，民営資本が伸び，国有資本が退出する動きである。この動きは1995年9月に中国政府が大中型国有企業を重視し，小型国有企業は自由に発展させる，いわゆる「大を抓み，小を放つ（中国語：抓大放小）」方針を出してからさらに進展し，国有企業は次々と多くの分野から撤退した。工業総生産額を見てみると，1992年までは国有部門は半分以上の割合を占めていたが，1993年非国有部門の工業総生産額は中国全体の53％を占め，1995年には66％まで占めたのである（データ出所：海外経済協力基金開発援助研究所(1998)「東アジア移行経済（中国とベトナム）の国有企業改革」p.93）。

体，剥離補助（＝主要部分を強化して，主要でない部分を取り除く）」という
スローガンを提唱し，国有企業の更なる改革を呼びかけた。そして同年９月12
日から18日までに開催された中国共産党第15次全国代表大会では，「1998年か
ら2000年までの３年間をかけて，多数の国有企業を赤字状態から脱出させ，中
国の国有経済を復活させる」という国有企業改革の目標，すなわち「三年脱
困」目標が立てられた。この目標を実現するために，中国政府は「減員増効
（＝余剰人員を減らして効率を高める）」などのスローガンを提起しながら，多
くの改革策も練り，国有企業を苦境から脱出させるために多くの改革キャン
ペーンを実施してきた。そのうちに最も重要で，ほとんどの国有企業で行われ
た改革策は①企業組織の再構築[21]，②人員整理[22]と③企業主要業務と関係ない
部門の切り離し[23]，この３つであった。この改革キャンペーンの実施の結果，
国有企業に固く残されていた多重な負担（膨大な組織構造や，多くの余剰人員，
本業と関係ない部門や事業への出費など）が一掃され，多くの国有企業は次第
に経営危機の苦境から脱出でき，中国経済も再び高度成長へ向かったが，中国
社会には「下崗職工」といわれる失業者が溢れていたため，中国政府は彼
（女）らの技能再育成と再就職の斡旋に奔走した。

　またこの時期の1997年と1999年，中国はイギリスから香港，ポルトガルから
マカオの「返還」も実現し，「一国二制度」の実践が始まったのである。

1 - 4　2000年以降の中国の経済と社会

　2000年以降，中国共産党と中国政府は1978年に打ち出した「改革・開放」政
策をさらに推進し，中国の経済と社会はさらなる成長と発展を実現したのであ
る（**図表１-７**を参照）。

21）国有企業のなかの複雑化した内部組織を洗練して整理整頓する。詳しくは竇（2013）を参照
　　されたい。
22）大規模なリストラである。
23）国営企業の内部の「社会的部門」にあたる企業内組織，たとえば風呂屋，床屋，幼稚園，病
　　院，学校など，企業の生産活動と直接的に関係しない部分を切り離すことである。詳しくは竇
　　（2013）を参照されたい。

図表1-7　改革開放期（2001～現在）の中国の時間軸と重大歴史事件

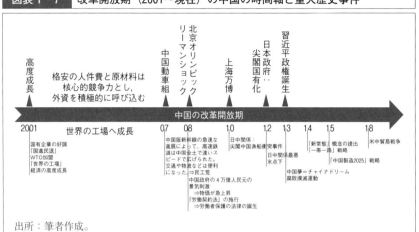

出所：筆者作成。

　　まず，2001年のWTO（世界貿易機関）への加盟について。実は1995年1月にWTOが設立された時から，中国はWTOへの加盟交渉を開始し，1999年に日本，アメリカとの二国間交渉の合意を経て，2000年から多国間交渉に入った。2001年9月，WTO中国作業部会の合意文章が採択され，つづく11月に加盟議定書・付属書案が採択された。中国は加盟承認後にWTO事務局に加盟受託文書を寄託し，その翌月の12月に正式に加盟を果たした。WTOへの加盟は中国政府の「改革・開放」政策のさらなる推進への決心表明であり，その後，中国は格安の人件費と原材料，そして長年にわたって鍛えてきた生産能力とサプライチェーンを武器にし，積極的に国内の投資環境と経営環境を改善しながら，外国資本と外国企業の呼び込みに取り込んだ。結果として，グローバル化が急激に進んでいるなか，世界諸国の企業は中国を最適な製造拠点として認識し，中国国内にて多くの生産加工工場を設置し，中国は「世界の工場」と呼ばれるようになった。特に中国大陸に地理的に近い台湾，韓国と日本では「産業空洞化」[24)]まで発生したのである。

　　しかし，中国の進撃は止まらなかった。広い国土を横断する人や物資などの移動効率を高めるために，中国政府は国をあげて2007年から中国版新幹線であ

る「動車組——和諧号」（後の高速鉄道）を導入し，時速300キロ以上の線路を全国へ広げていった。高速鉄道の導入と普及は中国国内の移動効率を高くしたのみならず，物流コストも下げることに成功し，鉄道沿線や駅周辺に経済成長の新たな起爆材料も与えた。ほぼ同時に，沿岸部都市の人件費や土地コストなどが高騰してきているなか，中国政府は新たな政策を打ち出して沿岸部都市にあった労働集約型企業を様々なコストが依然として安い中国の内陸部への移転を促し，経済成長に遅れた内陸部の開発を推進した。2010年頃，沿岸部都市で出稼ぎ労働者不足，いわゆる「民工荒」というそれまで考えられない社会現象が発生した。中国の内陸部に工場が多く設定され，出稼ぎ労働者たちは故郷でも働けるようになり，沿岸部都市に出てこなくなったことはその１つの理由であると分析されている。

　凄まじい経済成長で自信を持った胡錦濤・温家宝政府[25]は労働者の厳しい労働条件や悪化しつつある労使関係を改善すべく，2008年１月１日に労働者の利益を守る『中華人民共和国労働合同法』（＝『労働契約法』）を施行した。そして同年８月に北京オリンピックの開催も成功させ，盛り上がりは最高潮に達した。

　ところが世界経済には大きな不幸が発生した。2008年９月に，アメリカの投資銀行であるリーマン・ブラザーズ・ホールディングスが経営破綻したことに端を発して，連鎖的に世界規模の金融危機，いわゆる「リーマンショック」が発生したのである。アメリカや日本，そしてヨーロッパ諸国の経済は一気に撃沈され，世界諸国から投資マネーが集まり，すでに「世界の工場」に成長した中国ももちろん真っ先に大きなダメージを受け，２桁を維持していた経済成長率が急落した。2009年，中国政府は大胆かつ大規模な景気対策に動き出し，総額４兆人民元，当時のレートで換算すると約60兆円の景気刺激策を打ち出した

24）国内企業の生産拠点が海外に移転することにより，当該国内産業が衰退していく現象。1995年版「経済白書」によれば，円高による輸出の減少，輸入による国内生産の代替，海外直接投資（＝海外生産）の増大による国内投資（＝国内生産）の代替，の３つのルートから製造業が縮小することにより産業空洞化が生じる，としている。

25）2002年11月15日に，胡錦濤は中国共産党の総書記に選出され，翌年の2003年３月15日の第10期全国人民代表大会第１回会議において６代目中華人民共和国主席に就任した。同時に，温家宝も国務院総理に就任し，胡錦濤・温家宝政権は2013年３月14日まで続いた。

のである。当時，中国政府のこの大規模景気対策について賛否両論があったが，中国経済はそれで救われ，世界経済の回復にも一定のプラス効果があったと見られる。しかし中国国内市場の物価水準は急激に上昇した。

　2010年，リーマンショックから経済を回復させた中国は無事に「上海万博」を開催した。しかし同年から，日中関係には不穏な空気が漂い始めていた。9月7日午前，尖閣諸島付近で操業中の中国漁船と，これを違法操業として取り締まりを実施した日本の海上保安庁の巡視船との間で「衝突事件」が発生し，さらに2012年9月11日，日本政府が尖閣諸島を20億5,000万円で国有化したことに中国政府は猛烈に抗議・報復し，日中関係は国交正常化以来の「最悪」状態となったのである。日本の各テレビ局のニュース番組で中国国内の反日運動の映像が毎日のように流され，中国に進出していた日本企業にも緊張が溢れ，戦略的な対応に追われていた。

　その翌年の2013年3月14日，第12期全国人民代表大会第1回会議において，習近平は国家主席，国家中央軍事委員会主席に選出され，後に李克強も国務院総理に就任し，中国共産党の第五世代である習近平・李克強体制を本格的に始動させた。習近平は「中華民族の偉大になる復興」という「中国夢」を提起しながら，国民が痛恨してきた官僚の腐敗問題にメスを入れ，国民から絶大な支持を入手した。さらに国際関係の複雑化や世界経済の低迷を背景に，中国経済の成長率も6～7％へと低下し，2014年5月に河南省を視察した際に，習近平は「わが国は依然として重要な戦略的チャンス期にあり，自信をもち，現在の経済発展段階の特徴を生かし，新常態に適応し，戦略的平常心を保つ必要がある」と語った。これを受け，「新常態」は中国のメディアで一斉に報道され，その後中国経済を議論する時にもっとも頻繁に登場するキーワードとなり，中国経済はついに「新常態」期に入ったのである。経済発展をできるだけ維持するために，同年，中国政府は「シルクロード経済ベルト」と「21世紀海上シルクロード」から構成される広域経済圏構想「一帯一路」を提起し，さらに2015年に自国の製造業をさらに増強させる国家戦略「中国製造2025」を打ち出したのである。しかし本章の冒頭でも簡単に触れたとおり，中国の急速な台頭に危機感を覚えた2017年から発足したアメリカのトランプ政権は，2018年から自国に入ってくる中国製商品に対して次々と高い関税を設定し，中国もそれに応戦

し，米中の間では熾烈な貿易戦争が始まったのである。2019年，貿易戦争は
ITや5G技術領域まで発展し，米中対立は多岐にわたりエスカレートした。

1-5　おわりに

　以上，中国の建国から現在まで経済と社会の歩みを概観した。このような歴
史があったから現在の中国がある。

　本書では現代中国の経済と社会にあった様々な変化や話題になるテーマに注
目し，特に2000年以降の中国の凄まじい成長ぶり，およびその背後にある理由
を考察・分析する。そして現代中国を正しく理解するためには，経済成長や社
会進歩などの「光」の面をもちろん見る必要もあれば，社会の矛盾や課題など，
いわゆる「影」の面も正しく理解していかなければならない。またますます複
雑になっていく世界秩序のなかにおいて，日本経済を取り巻く環境，および日
本企業の現状についても把握していかなければならない。したがって本書は3
つの部分から構成される。第Ⅰ部では現代中国の経済と社会の「光」の部分を
主に紹介・分析し，具体的に，第2章では2008年から発生した中国の「引進
来」外資誘致政策の変化と影響，第3章では中国政府の「走出去」政策と中国
企業の海外進出状況，第4章では近年，「熱狂」と言われるほどになった中国
のネット通販，そして第5章では2010年以降の中国の新興ハイテクの現状など
に関する内容となる。第Ⅱ部では主に中国社会の「影」の部分を考察し，具体
的に第6章では近年中国の技術移転と知的財産権，第7章では中国社会の若者
の就職難問題や格差問題，第8章では解決されてこなかった中国の三農問題な
どである。最後に第Ⅲ部では米中両国のますます激しくなっていく競合関係の
現状および日本への影響を考察し，具体的には第9章では2018年から始まった
米中貿易戦争，第10章では米中競合のなかの中国企業，そして補章ではグロー
バリゼーションの功罪について考える。本書の総まとめとして，第11章では中
国を取り巻く国内外の環境および最近の中国政府の対応などを吟味する。

参考文献 ─────────────────────────────

海外経済協力基金開発援助研究所（1998）「東アジア移行経済（中国とベトナム）の国有企業改革」海外経済協力基金開発援助研究所。

竇少杰（2013）『中国企業の人的資源管理』中央経済社。

浜口允子（2019）『現代中国都市と農村の70年』左右社。

劉国光（2006）『中華十個五年計画研究報告』人民出版社。

第 I 部

現代中国の経済と
社会の「光」

第2章

「引進来」の政策転換と日本企業の対応

2-1　はじめに

　第1章で述べたとおり，1978年に，中国共産党と中国政府は基本国策として「改革・開放」政策を打ち出した。中国語「引進来」は「引き入れる」，「誘致する」の意味を持っており，中国政府の「対外開放」政策における「外国資本，外国企業，および外国人材などの中国への誘致」という意味の言葉として使われている。

　1978年から実施し始めた「改革・開放」政策とともに，中国政府は積極的に外資の導入を行い始めた。1979年7月には「中外合資経営企業法」を制定し特定地域での合弁・合作に限り直接投資の導入を認めたが，1985年頃から外資導入業種を選別し，直接投資により輸出を促進する方向性を明確にし，1986年4月に外資企業法で外国企業側の独資（100％出資）による企業の設立を許可した。また同年10月に外資投資奨励規定で，製品輸出企業と先進技術企業への優遇政策も打ち出したのである。

　1989年，天安門事件の影響で「改革・開放」政策の実施は一時的に止まっていたが，1992年の鄧小平の「南巡講話」を契機に市場経済への拡大が一層に推進され，外国企業の直接投資も制限がより緩和された。具体的には，まず外資の参入が例外的にしか認められなかった第三次産業を中心に外資導入可能業種の範囲が拡大され，製品の輸出比率に関する行政指導も緩和された。そして沿海部都市に加えて内陸地域の対外開放が認められ，各地方政府では外資誘致への力が注がれ，全国各地で多くの経済開発区が開設されるにいたった。2001年にWTOに加盟した後，中国政府は市場開放をさらに推進し，2002年4月に「外資投資方向指導規定」を公表し，外資導入奨励業種を従来の186業種から

262業種に拡大するとともに，制限業種を112業種から75業種へと削減した。第1章でも簡単に概観したとおり，2000年以降，中国政府は安い原材料と人件費，および長年にわたって鍛えてきた生産能力とサプライチェーンを武器にし，積極的に国内の投資環境と経営環境を改善しながら，外国資本と外国企業の呼び込みに取り込んだ。結果として，世界諸国から外資がどんどん中国へ進出し，中国は「世界の工場」と呼ばれるようになったのである（**図表2-1**を参考）。

世界諸外国の企業と同じように，日本企業も市場を開放した中国に積極的に進出し，数回の大きな中国投資ブームをもたらした（**図表2-2**を参考）。第一次対中投資ブームは1980年代後半，日本経済がバブルで活況となっているなか，円高進行を背景として，中国の安価な労働力を求めて，繊維・雑貨・食品加工業などの企業が中国に進出した時期である。その後，天安門事件の影響を受け外資企業の中国からの撤退が起こったが，1992年の鄧小平の「南巡講話」後，第二次対中投資ブームが起き，日本企業も電気産業や機械産業を中心に，生産拠点としての中国工場設立が進んだ。そして第三次対中投資ブームは，中国のWTO加盟を実現した2001年の前後から2006年頃であり，日本企業はWTO

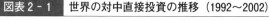

| 図表2-1 | 世界の対中直接投資の推移（1992〜2002） |

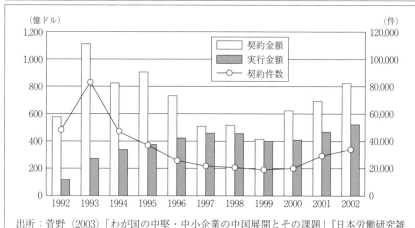

出所：菅野（2003）「わが国の中堅・中小企業の中国展開とその課題」『日本労働研究雑誌』552号，独立行政法人労働政策研究・研修機構

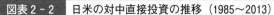

| 図表2-2 | 日米の対中直接投資の推移（1985～2013） |

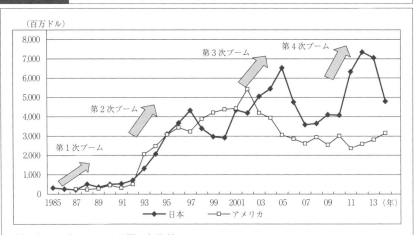

（注1） 2014年は1～6月期の年換算。
（注2） ブームの記載は日本の投資ブームのみ。
（資料） 中国商務部「中国外資統計」
出所：岩崎（2014）「転換期にある日本の対中直接投資」『環太平洋ビジネス情報RIM』
　　　Vol.14，No.55，p.34

加盟による中国の市場開放，経済自由化を見据え，中国の消費者市場も意識しながらの進出拡大となった。日系大手自動車メーカーの中国への本格的な進出はまさにこの時期のことであった。例えばホンダは広州で1999年頃から，トヨタは天津で2002年頃から自動車の現地生産を本格化させたのである。また第四次対中直接投資ブームが生じた要因としては，中国の先行きに対する期待が盛り上がったことが大きかった。リーマンショックおよびその後の世界的景気後退の厳しい世界経済のなか，中国経済はいち早く立ち直ったことに加えて，2010年には名目GDPで日本を追い抜き世界第2位となった。世界経済の新たな牽引役として中国に対する期待が世界中で高まったのである。

　このように，中国政府は「改革・開放」政策の深化を通じて国内の投資環境と市場環境を改善しながら，世界諸国からの直接投資を積極的に誘致し，中国を「世界の工場」に成長させたのである。特に税制上において，中国政府はより多くの外国投資を誘致するために，これまで一連の外資優遇措置を導入・実

施し，外資系企業に対して国内資本企業より低い税率を適用させ，かつ各種の
減免税措置を実行してきたのである。例えば1994年以前，大中型国有企業の企
業所得税（法人税）の税率が55％となっていたのに対して，外資系企業は33％
にとどまっていた（地方税は３％であったが，地方政府の優遇措置によって
３％も免除されるところもあり，そういう地域では外資系企業の企業所得税は
実質30％であった）。また経済特区や経済技術開発区内に設立された外資系企
業（経済技術開発区内なら製造業企業などの生産型企業に限る）に対して，企
業所得税を15％あるいは24％に低く設定し，経営期限が10年以上の生産型外資
系企業に対して，「二免三減半（＝利潤が出た最初の２年間は所得税免除，そ
の後の３年間は税金半減）」の優遇措置も実施していた。さらに外資系企業の
輸出拡大とハイテク外資系企業の誘致を推奨するために，認定を受けた対象企
業に対して減免税期間を過ぎても，一定の条件を満たす場合，継続して15％の
税率を適用することや，経済特区や経済技術開発区内の外資系企業に対して
10％の税率を適用することなどの優遇政策も実施していたのである。

2‒2　2000年以降の中国経済と社会の問題点

　中国国内で推進されてきた様々な改革策，市場経済メカニズムの導入，そし
て対外開放による外国資本や外国企業の積極的な導入と活用によって，中国経
済は高度成長を実現し，社会にも大きな変化をもたらしてきた。GDP総額，
一人当たりのGDPと産業構造の変化を見てみると，「改革・開放」政策が打ち
出された1978年，中国のGDP総額は3,645.2億人民元で，一人当たりのGDPは
381.2人民元であった。建国直後から中国政府が重工業優先的に発展させると
いう国家発展戦略を取っており，「多蓄積・少消費（＝蓄積を多めにするとと
もに，低賃金政策を実施し，消費を少なく抑える）」の政策も実施してきたた
め，産業構造の割合では第二次産業のGDPに占める割合が47.9％と，５割近く
までなっていたが，第一次産業は28.2％で，特に国民の生活と直接に関わる第
三次産業の割合は23.9％しかなかった。それに対して約30年後の2007年になる
と，中国のGDP総額は246,619億人民元で，1978年水準の67倍超まで増大し，
一人当たりのGDPも18,713人民元と，1978年水準の49倍と成長した。2007年の

産業構造の割合でも，第一次産業は11.7％，第二次産業は49.2％，そして第三次産業は39.1％へと変わった[1]のである。

　中国の経済と社会の大きな変化には外資系企業の貢献が大きかった。直接的な貢献で見てみると，「世界の工場」に進出する外資系企業の多くはやはり生産型企業であり，外資系企業の工業生産付加価値額では1979年のゼロ水準から2005年の20,400億元で，全体の28.4％まで増大した。貿易面では1990年代以降，外資系企業の輸出入に占めるシェアは総じて上昇を続け，2006年は輸出総額の58.2％，輸入総額の59.7％となっており，中国の貿易動向を大きく左右する存在となっている。また雇用創出について，外資系企業で働く中国人労働者数は1990年では30万人程度であったが，2006年では1,407万人と増大した[2]。さらに間接的な貢献，例えば外資系企業の生産活動によってもたらされた中国ローカル企業への部品需要やサプライチェーンの構築，市場の活性化および雇用創出なども大きいと考えられる。

　しかし「改革・開放」政策の推進は中国に経済の高度成長と大きな社会進歩をもたらしたが，所得格差の拡大や地域間における経済発展の格差，投資の過熱，エネルギー使用効率の低下，および環境汚染問題の深刻化など，様々な社会問題を生み出したのである。

　中国の所得格差といえば，まず注目されるのは都市部住民と農村部住民の収入格差であろう。**図表 2 - 3** から，「改革・開放」政策が実施されて以降，中国の都市部住民と農村部住民の一人当たり所得の格差はほぼ一貫して拡大していることが読み取れる。

　特に2007年のデータを見ると，都市部住民の一人当たり所得は13,602.50元，農村部住民の一人当たり所得は4,327.00元で，その格差は最大の3.14倍であった。

　中国のもう 1 つ重要な格差は地域間における経済発展の格差である。広い国土面積を持つ中国は地理的に，大まかに東部，中部と西部の 3 つの地域に分けることができる。東部には北京市，天津市，河北省，遼寧省，上海市，江蘇省，浙江省，福建省，山東省，広東省があり，中部には山西省，吉林省，黒竜江省，

---

1)　データは中国国家統計局が発表した『中国統計摘要2007』から参照。
2)　データは中国国家統計局が発表した『中国統計摘要2006』と『中国統計摘要2007』から参照。

図表2-3　都市部住民と農村部住民の一人当たり所得格差

出所：『中国統計年鑑2019』と『中国統計摘要2020』に基づき筆者作成。

安徽省，江西省，河南省，湖北省，湖南省，海南省があり，そして西部には四川省，重慶市，貴州省，雲南省，陝西省，甘粛省，青海省，寧夏自治区，新疆自治区，チベット自治区，広西スワン自治区，内モンゴル自治区がある。**図表2-4**は2000年の中国の東部・中部・西部の経済概要である。

　図表2-4から読み取れるように，2000年の中国では，国土面積が11％を占める東部地域は中国の37.3％の人口を集めており，56.6％のGDPを創出している。一人当たりのGDPも東部では10,693人民元で，中部（5,409人民元）と西部（4,283人民元）の水準の約2倍となっている。そして中国に入ってきた外国直接投資の86.2％もが東部地域に投下されており，西部に利用されたのはわずか4.6％であった。

　そして2003年頃から，鉄鋼やセメント，電解アルミなど一部の業種において投資の伸び率が100％を上回り，投資過熱に伴う安定的な経済成長の持続に対する懸念が広がった。総固定資産形成率は2002年では15％程度だったのに対して，2003年は22.6％という高水準となっていた。同時に地方政府主導によって不動産開発投資（投機）ブームも始まり，中国各地，特に大都市での不動産価

格の高騰が急激に始まったのである（**図表2-5**を参考）。

図表2-4 2000年の中国の東部・中部・西部の経済概要

地域	省・直轄市・自治区	面積構成比	人口構成比	GDP構成比	一人当たりGDP（元）	外資利用額構成比	非識字率	鉱物資源
東部	北京市，天津市，河北省，遼寧省，上海市，江蘇省，浙江省，福建省，山東省，広東省	11.0%	37.3%	56.6%	10,693	86.2%	13.8%	石炭，石油など
中部	山西省，吉林省，黒竜江省，安徽省，江西省，河南省，湖北省，湖南省，海南省	17.4%	33.8%	25.9%	5,409	9.2%	13.9%	石炭，非鉄金属，石油，金鉱，銅鉱など
西部	四川省，重慶市，貴州省，雲南省，陝西省，甘粛省，青海省，寧夏自治区，新疆自治区，チベット自治区，広西スワン自治区，内モンゴル自治区	71.6%	28.9%	17.5%	4,283	4.6%	18.6%	貴金属，石炭，石油など

出所：王在喆（2005）「中国経済研究の地域区分に関する産業連関分析」『経済学季報』第54巻第2号，p.214

図表2-5 中国全国住宅価格対世帯所得の倍率の推移（2002〜2011）

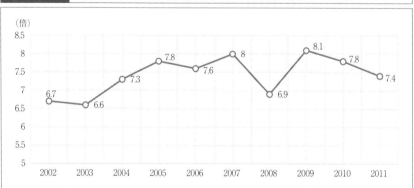

出所：陳雲・森田憲（2015）「中国における超長期化不動産バブルの政治経済学」『広島大学経済論叢』第39巻第2号，pp.1〜40

　一部業種への過剰な投資はそれらの産業の生産能力の過剰をもたらし，資金運用効率の低下を招き，最終的には産業構造がアンバランス化になってしまう。不動産価格の現実離れの高騰は国民の不安・不満をもたらし，政権・社会の不安定へとつながる。投資の過熱を抑制するため，中国政府は2003年から建設国債の減額，不動産投資の融資条件の厳格化，預金準備率の引き上げ，銀行の預金および貸出基準金利の引き上げ，投資過熱業種における新規投資の禁止，不動産転売に対する個人所得税の導入などの金融引き締め措置や行政手段による制限策を相次ぎ導入したが，図表2－5で読み取れるように，十分な抑制効果は得られなかったのである。その理由としては地方政府が高い成長をめざして投資の抑制に消極的であることが挙げられていたが，当時の「投資主導」という中国経済成長モデルに根本的原因があったと言わざるを得なかった（**図表2－6を参考**）。図表2－6から分かるように，2002年から2010年までの中国のGDPの伸び率には，総資本形成の寄与度，つまり投資によるGDPの増大は全

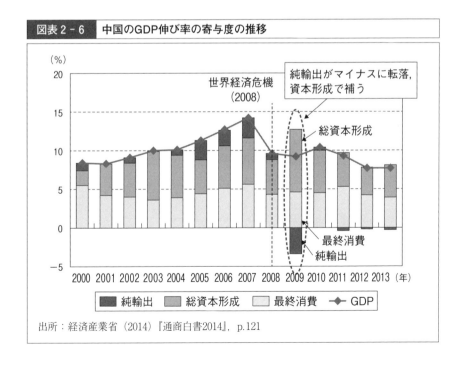

| 図表2－6 | 中国のGDP伸び率の寄与度の推移 |

出所：経済産業省（2014）『通商白書2014』，p.121

体の50％以上という高水準となっていた。投資主導の経済成長モデルは高い経済成長率を比較的に容易に確保することができるが，インフレやエネルギー使用効率の低下，および環境汚染問題の深刻化などをもたらす。したがって中国政府にとって，粗放型経済成長モデルへの改革も急務であった。

　これらの格差拡大や不均衡は2003年から顕在化し，中国社会の様々な不均衡の是正を目指して「和諧社会[3)]」の構築を提唱した胡錦濤政権にとってはあってはならないことである。2005年10月8日から開催された中国共産党第16期中央委員会第5回全体会議は，11日「第11次五カ年計画制定に関する中国共産党中央の建議」を採択し，閉幕した。この全文は18日に公表され，翌19日には温家宝総理が会議で発表した「第11次五カ年計画制定に関する建議の説明」も公表された。実際にこの「第11次五カ年計画」は，胡錦濤政権の中国社会の様々な格差を是正する肝いり政策の塊であった。次では「第11次五カ年計画」の1つの重要内容であった「外資の誘致と有効利用」，つまり「引進来」に関する中国政府の政策転換について考察したい。

2 - 3　「引進来」に関する中国政府の政策転換

　「第11次五カ年計画」の中では当時の中国を取り巻く国際環境，中国の経済と社会に存在している問題点，およびその深層にある原因が分析されており，対内改革の深化や，経済成長モデルの転換，現代農業の推進，経済構造の合理化と高度化，省エネ・環境に優しい産業の振興，地域の協調発展の促進，および自主革新能力の増強など，あらゆる側面における多くの改革策が講じられた。そして第3章「第11次五カ年計画期間の重要任務に関して」の中に，外資の誘致と利用について，「外資の質の向上に力を入れ，外資の産業・地域への投資ガイドラインを強化する」という文章があり，この文章こそが中国政府の外資政策の転換を意味するものであった。

　実は外資をより多く誘致するために，中国はそれまで粗放型経済成長モデル

---

3)　調和の取れた社会を意味し，胡錦濤政権が掲げるスローガンである。公平と正義を尊び，友愛に満ち，人と自然が共生する社会を指す。

を利用し，「外資ならなんでも大歓迎」という方針を取ってきた。そのため，高付加価値の外資はもちろん一部あったが，付加価値の低い産業や，労働集約型，そしてエネルギー・資源の大量消耗産業，環境汚染産業などもほぼ無選別で誘致してきた。本章の 2 - 1 でも見てきたとおり，外資企業の資本や技術の活用を通じて，中国政府は自国経済の近代化・工業化を狙い，大きな成果として経済の高度成長と社会の進歩を実現してきた。しかし前段の 2 - 2 でも見てきたように，粗放型経済成長モデルは中国の経済と社会に多くの問題をもたらしており，中国政府はそれらの問題を早急に解決しなければならなかった。外資政策の転換もその解決策の一環であったのだ。前述した「外資の質の向上に力を入れ，外資の産業・地域への投資ガイドラインを強化する」という文章で，「外資の質の向上」と「外資の産業・地域への投資ガイドライン」がわざわざ強調されたことは，「外資ならなんでも大歓迎」というこれまでの中国政府の方針が転換されることを意味したのである。つまり，中国政府による外資への選別が始まったのだ。

2 - 3 - 1　「騰籠換鳥」

　経済成長モデルの転換と経済構造の高度化を実現するために，2006年から「第11次五カ年計画」の推進と実現を目指した中国政府が特に外資の誘致と利用について取った重要な政策は 1 つあり，それは中国政府が利用した中国語で表現すると，「騰籠換鳥」である。

　「騰籠換鳥」とは，鳥かごを空にして新しい鳥を入れ替えることを意味する。言葉の意味のとおり，中国政府の狙いはまさに，それまで中国の東部・沿岸部都市の経済技術開発区に進出してきた低付加価値企業，労働集約型企業，そしてエネルギー大量消耗企業，環境汚染企業などを追い出して，付加価値のより高いハイテク（技術集約型）企業や，省エネ・環境に優しい企業を誘致して入れ替えることであった。2008年 5 月，中国広東省共産党委員会が発表した「中国共産党広東省委員会，広東省人民政府が産業転換と労働力転換を推進することに関する決定」で「騰籠換鳥」が明確に提起された。では具体的に中国政府はどのような方法を利用して「騰籠換鳥」を実現しようとしたのか。

　図表 2 - 7 は2006年から2008年にかけて中国政府が施行した外資関連の政策

図表2-7	2006～2008年中国で施行された外資関連政策

	政策名（施行時期）	主要内容
1	「独占禁止法」草案の承認（2006年6月）	国務院が市場の独占や談合を禁じることを規定した独占禁止法の草案を承認。外資の市場独占も意識しているとされる。
2	「外国投資家の国内企業買収に関する規定」（2006年8月公布，9月施行）	外資企業による株式交換方式のM&Aを解禁するなど，M&Aの促進を掲げるものの，「重点産業」のM&Aに報告義務を課すなど統制を強化。
3	「加工貿易に対する増値税還付率変更」（2006年9月）	輸出促進のため，原材料仕入れ時に納付した増値税を輸出品に対し還付する制度において，一部品目の還付率を低減。
4	「外資利用に関する11次五カ年計画ガイドライン」（2006年11月）	ハイテク産業，環境保護，省エネなどの条件で導入する外資を選別し，外資政策を「量的拡大」から「質的向上」に転換することを打ち出す。
5	「改正企業所得税法」（2008年1月施行）	外資系企業を対象とした法人税の軽減措置を廃止し，内外企業の税率を統一する法案を審議し，2008年1月1日より施行。

出所：みずほ銀行（2007）「中国の外資政策の行方をどうみるか」『みずほリサーチApril』

である。5つの政策はどれも外資企業の経営に大きな影響を与えたが，外資への選別と直接につながった政策はやはり4の「外資利用に関する11次五カ年計画ガイドライン」と5の「改正企業所得税法」であろう。

2006年11月に中国国家発展改革委員会によって公表された「外資利用に関する11次五カ年計画ガイドライン」の第2章で「外資利用の総体的戦略目標」では，「外資利用の量的拡大から質的向上への根本的転換をさらに推進し，外資利用の重点を資金・外貨不足の補塡から先進技術・管理経験と高度人材の導入に適切に転じ，さらに生態建設・環境保護・資源エネルギー節約と総合利用に特に力を入れる……簡単な加工・組立と低レベルの製造段階から，研究開発・高レベルの設計・現代流通などの新領域を開拓展開し，我が国を世界の高付加価値製品の製造基地の1つへと推進する。」と定めた。また第3章の「区域経済の協調的発展を促進」において，「東部沿海地区を我が国の外資利用の最も主要な地区であり，対外開放のレベルが高く，資金・人材・技術・立地・調達

能力などの多方面の優勢を継続して発揮する必要があり，外資利用の量から質への転換を率先して実現し，自主創造能力の向上に努力し，構造改革と経済成長モデルの転換の実現を速め，国際競争力と持続的発展能力を増強する。珠江デルタ・長江デルタと環渤海地区などの外資はその他の地区へ広がる率先垂範作用を十分に発揮し，土地の集約使用を前提として資金技術集約型・高新技術産業および現代サービス業に力を入れて発展させ，外商投資プロジェクトの技術要素を高める」とも明記された。さらに第 4 章の「外商投資の産業・区域に対する政策誘導の強化」において，「経済情勢の発展と変化に応じて，『外商投資産業指導目録』を調整し，対外開放を進め，産業構造をレベルアップし，資源を節約し，環境を保護し，一部業界の盲目的投資と生産能力の過剰を抑制する。加工貿易発展の規定に関する規範を制定し，加工貿易投資の許可の仕組みを改善し，加工貿易のレベルアップを促進する……内外企業の輸入設備免税待遇の差別を縮小し，最終的に統一した輸入設備税収政策を実行する」とも明記され，外資の導入と利用に関する中国政府の意図的誘導政策も明らかにした。これらの内容から，中国政府の「ハイテク産業，環境保護，省エネなどの条件で導入する外資を選別し，量的拡大から質的向上へ追求することを通じて，産業構造の転換と経済発展モデルのレベルアップさせる」という外資利用に関する戦略方針の転換がわかる。

　以上のように，中国政府は2006年，「外資に対して選別を行う」「外資利用の方針を量的拡大から質的向上へ転換する」という戦略方針を確定した。この戦略方針を実現したのは2008年 1 月 1 日から施行した「改正企業所得税法」であった。

　中国政府が「改正企業所得税法」を制定したのは，下記のいくつかの狙いがあり，すなわち，①国内企業，外資系企業の企業所得税を統一させ，企業間で公平な競争を行うための税制上の環境整備に利すること，②経済成長方式の転換と産業構造の高度化の促進，③区域経済のバランスの取れた発展の促進，④中国の外資利用の質の向上とレベルアップ，⑤中国の税制度の近代化の推進，であった。

　2 - 1 で述べたように，「改革・開放」政策が打ち出されてから，外資をより多く誘致するために，中国政府は外資系企業に対して様々な優遇措置を取っ

てきており，その中で一番重要なのは税制面における優遇であった。2007年までの税制度では，国内企業と外資系企業の税率はいずれも33％となっていたが，経済特区や技術開発区など特殊な地域の外資系企業に対して15％と24％の優遇税率を実行していた。特定の生産型外資系企業に対して，「二免三減半」の優遇措置も実施していた。ところが2008年1月1日から施行する「改正企業所得税法」では，外資系企業と国内企業の区別が撤廃され，ともに25％の税率を適用する。また，それまで外資系企業だけに認められていた納税前控除や，生産性企業の再投資に対する税金の支払い戻し優遇，納税義務発生時間の優遇（二免三減半）も廃止された。つまり，中国では「外資だから優遇措置が特別に受けられる」という時代が終わったのだ。

また，「改正企業所得税法」では，国内企業か外資系企業かを問わず，「一定の条件に合う，利益が少ない中小企業に対して20％の税率を実行し，国家が重点的に育成するハイテク企業に対して15％の所得税率を適用する」と定め，「新規起業投資企業に対する優遇を拡大し，特に環境保護や省エネ，節水，安全生産などの関係企業に対する優遇，農林牧漁業とインフラ関係企業に対して優遇措置を維持する」とも定めた。いずれの場合でも国内企業と外資系企業を区別しないとした。また，経済構造の転換と経済成長モデルの改善を実現するために，中国政府は「従来の地域別優遇から業種別優遇へ移行するが，中国の中西部の経済成長を促進するために，西部大開発[4]関連の投資への奨励など，地域別優遇措置も一部認める」とした。

2008年「改正企業所得税法」の施行は中国の外資導入の構造改善を促進するという効果が期待できた。例えば優遇措置の享受だけを狙う投資は減少することや，ハイテク・省エネ・環境保護などの分野へシフトするなどの効果がある。

---

4) 西部大開発は中国において東部沿海地区の経済発展から取り残された内陸西部地区を経済成長軌道に乗せるために，中国政府が実施した開発政策及びその結果としての経済動向を指す。第一弾は2000年3月から開始した「西電東送」，「南水北調」，「西気東輸」，「青蔵鉄道」の4つの目玉プロジェクトを包括し，投資規模2兆2,000億元（約28兆6,000億円）に上る。そして第二弾として，中国政府は2010年7月7日に，新たに6,822億元（約8兆8,700億円）を再投入すると決定した。鉄道・道路・空港・発電所などの建設，炭鉱開発，及び水利事業開発など，23のプロジェクトが計画されており，それに関連して，西部地区の企業所得税を現行の25％から15％に引き下げ，石炭・原油・天然ガス等については市場価格に応じて徴税するといった優遇政策も実施された。

また外資優遇措置の存在で諸外国・地域の対中投資において，第3国・地域を経由した中国国内企業の投資，つまり「ニセ外資」は多く存在していたが，新税制の実施はそれを減少させる効果が大きいと見られた。すでに中国に進出した外資系企業への影響をなるべく最低限にしようとして，中国政府は一定の"猶予期間"を設け，転換期措置を設けた。つまり「新税法が公布される以前に認可・設立された企業は設立当初の税法などに基づき，低税率と減免税優遇を享受すること，現行の税法により15％と24％などの低税率を享受している既存企業は，新税法施行後，5年間をかけて新税率へ移行すること，税の減免優遇を享受している企業は，規定期間までに引き続き現行基準での優遇を享受することなどを認める」とした。しかしそれでも「改正企業所得税法」の施行は中国に進出した外資系企業の経営に大きな影響を与えたのである。

　上記したように，「改正企業所得税法」には「国家が重点的に育成するハイテク企業に対して15％の所得税率を適用する」という条文がある。つまり，中国政府当局から「国家が重点的に育成するハイテク企業[5]」であるという認定が降りれば，該当企業の所得税率には15％が適用されるが，認定されない企業には，最終的に25％の所得税率が適用される。原材料や人件費など様々なコスト面において高騰してきた中国の東部・沿海部都市において，企業の所得税率もまた上がることになれば，すでに進出してきた低付加価値や労働集約型の外資企業では経営環境が悪化することになり，自然に淘汰していくことになるが，中国政府が決定した重点的に育成するハイテク企業に当てはまる企業であれば，所得税率も15％となり，経営環境も比較的に有利であるため，該当分野の新しい外資投入の増加が見込まれる。つまり，「改正企業所得税法」の施行で，ハイテク企業として認定される外資系企業の経営は大きな影響を受けないが，低付加価値や労働集約型の外資系企業の所得税率は15％から25％へ引き上げられることとなるため，早急な対応が求められていたのである。実際にも，中国政府はこのような外資系企業のためにもう1つの政策を「騰籠換鳥」とセットとして用意していた。「築巣引鳳」であった。

2-3-2　「築巣引鳳」

　「築巣引鳳」とは巣を作って鳳凰を引き入れることを意味しており，中国政

府が打ち出した「築巣引鳳」政策の骨子は，これまで経済成長ができなかった中・西部の地区において企業経営に快適な環境を整えて，企業の中・西部への誘致・移転を促すことである。2007 年 4 月 12 日に西安で閉会した第 11 回中国東西部合作与投資貿易相談会において，中国国務院商務部の外資司責任者李志群は「中国が様々な挑戦に対応するための 1 つ重要な方法は，東部沿海部地域の経済開発区では“騰籠換鳥”を通じて産業構造の転換とレベルアップを実現し，中・西部地域に設置されている国家級経済開発区では投資環境と企業経営環境を改善し，“築巣引鳳”を実現して，東部沿海部から撤退する低付加価値企業や労働集約型企業の受け皿としての役割を果たすことである」⁶⁾と述べた。

---

5) 中国政府当局が公表した「国家が重点的に育成するハイテク企業」の認定条件は下記のとおりである。
① 中国国内（香港，マカオ，台湾地区を含まない）に登録してから 1 年以上が経過している居民企業。
② 直近 3 年間に自社における研究開発，譲り受け，贈与の収受，買収合併などの方法，又は 5 年以上の独占許可の方法を通じて，その主たる製品（サービス）の核心技術に対し自主知的財産権を有したこと。
③ 製品（サービス）が「国が重点的に支援するハイテク領域」の定める範囲に属すること。
国家が重点的に支援するハイテク分野は次の 8 つの分野である。
A. 電子情報技術 B. バイオと新医薬技術 C. 航空・宇宙産業技術 D. 新素材技術 E. ハイテクサービス業 F. 新エネルギー及び省エネ技術 G. 資源及び環境技術 H. ハイテクによる伝統産業革新
④ 大学専科以上の学歴を有する技術職従業員が企業の当年の総従業員数の 30% 以上を占め，そのうち研究開発に従事する技術職従業員が企業の当年の総従業員数の 10% 以上を占めること。
⑤ 持続的研究開発活動を行っており，かつ直近の三会計年度における研究開発費の総額が，売上収入の総額に占める割合が，法で定める条件を下回らないこと。
直近 1 年間の売上収入が 5 千万元を下回る企業：6%。
直近 1 年間の売上収入が 5 千万元以上 2 億元未満の企業：4%。
直近 1 年間の売上収入が 2 億元以上の企業：3%。
⑥ 中国国内にて費やした研究開発費の総額が，全研究開発費の総額に占める割合が，60% を下回らないこと。
⑦ ハイテク製品（サービス）による収入が企業の当年の総収入の 60% 以上を占めること。
⑧ 企業の研究開発組織の管理水準，科学技術成果の応用能力，自主知的財産権の数，売上と総資産の成長性などの指標が「ハイテク企業認定管理作業の手引き」（別途制定）の要求に合致していること。
6) 央視国際（2007）「東部開発区需“騰籠換鳥”，西部開発区正“築巣引鳳”」，CCTV ネットニュース＞財経新聞（http://news.cctv.com/financial/20070412/104088.shtml　2020 年 12 月 22 日確認）

| 図表 2 - 8 | 中国全国最低賃金一覧（2006年・2011年・2016年・2020年） |

	省・直轄市・自治区	2006（元）	2011（元）	2016（元）	2020（元）
華北	北京	640	1,160	1,890	2,200
	天津	670	1,160	1,950	2,050
	河北	580	1,100	1,650	1,900
	山西	550	980	1,620	1,700
	内モンゴル	560	1,050	1,640	1,760
東北	黒龍江	620	880	1,480	1,680
	吉林	510	1,000	1,480	1,780
	遼寧	590	1,100	1,530	1,810
華東	上海	750	1,280	2,190	2,480
	江蘇	750	1,140	1,770	2,020
	蘇州市	750	1,140	1,820	2,020
	浙江	750	1,310	1,860	2,010
	山東	610	1,100	1,710	1,910
	福建	650	1,100	1,500	1,800
華南	広東	780	1,300	1,895	2,100
	深セン	810	1,320	2,030	2,200
	広西	360	820	1,400	1,810
	海南	580	830	1,430	1,670
中部	河南	480	1,080	1,600	1,900
	安徽	520	1,010	1,520	1,550
	江西	360	720	1,530	1,680
	湖北	460	1,100	1,550	1,750
	湖南	600	1,020	1,390	1,700
西北	陝西	540	860	1,480	1,800
	甘粛	430	760	1,470	1,620
	寧夏	450	900	1,480	1,660
	青海	460	920	1,270	1,700
	新疆	670	1,160	1,670	1,820
西南	重慶	580	870	1,500	1,800
	四川	580	850	1,500	1,780
	貴州	550	930	1,600	1,790
	雲南	540	950	1,570	1,670
	チベット	530	950	1,400	1,650

出所：『みずほ中国　ビジネス・エクスプレス2020』，『みずほ中国　ビジネス・エクスプレス2016』と『中国統計年鑑2006』に基づき筆者作成。

　もちろん「築巣引鳳」政策も外資系企業だけに適用されるものではなく，中国の国内企業にも同じように適用される。そして企業所得税は全国共通であるため，低付加価値企業や労働集約型企業など，「国家が重点的に育成するハイテク企業」として認定されなかった企業であれば，中・西部地域の経済開発区へ移転しても25％の所得税率適用となるが，土地の価格や人件費（**図表2－8**を参考），物価水準などは東部沿海部都市よりずっと安く，地域によって内容は異なるが，地方政府から様々な優遇政策もあり，企業経営にとってかなり魅力的であった。

　「築巣引鳳」政策は中国政府が中国の中・西部への経済支援政策で，中国の地域間における経済発展の格差問題を解決する試みでもあった。2－2でも考察したように，「改革・開放」政策が打ち出されて以来，東部沿海部の都市部では中国政府の開放政策の傾斜や交通・生活の便利さ，および労働力の質などの理由で，外資進出の好立地として恵まれ，経済の高度成長が実現できたが，中・西部の地域では経済開発区が建設されても，東部沿海部に比べて特に有利な条件が少なかったため，外資のみならず，中国国内企業の進出も少なかった。そのため，中・西部の経済発展はかなり遅れており，中国では経済発展における地域間の不均衡問題が生じた。今回，東部沿海部の「騰籠換鳥」政策と中・西部地域の「築巣引鳳」政策が同時に施行されることによって，「国家が重点的に育成するハイテク企業」として認定されなかった企業は東部沿海部から中・西部への移転が促されることになる。中国政府は今回の政策転換で中・西部の雇用創出と産業の活性化，および経済発展の実現を通じて，経済発展の地域間における不均衡問題への解決を目指したのである。

2－4　「引進来」政策転換に対する日本企業の対応

　中国政府の「引進来」に関する政策転換，つまり「騰籠換鳥」と「築巣引鳳」の施行が「世界の工場」と化した中国に対する影響は大きかった。「騰籠換鳥」政策で東部沿海部都市の進出ハードルが高くなっていく一方，「築巣引鳳」政策で中・西部地域の地方政府は積極的に各自の投資・企業経営環境の特徴と魅力をアピールし，地方政府による政策支援内容も充実させていった。そ

して諸外国の企業も中国政府の政策転換に応じて動き出し，特に低付加価値企業や労働集約型企業は早速，中国政府の狙いのとおり，中国の中・西部地域への移転を加速させる動きを見せたのである。

前掲図表 2 - 2 でも示したとおり，1985年から日本企業は何回も中国投資ブームをもたらし，多くの日本企業は中国へ進出していた。ジェトロ（独立行政法人日本貿易推進機構・JETRO）が2009年に発表した「中国進出企業の事業再編等実務に関する調査」報告書によれば，中国の外資系企業登録数は2007年末累計28万社を超えており，うち日系企業の数は 2 万3,000社余りに達していたそうである。では，2006年から着々と進められた中国の「引進来」政策転換に対して，日本企業はどのように対応していったのか。

結論から言うと，多くの日系企業は中国当局に「国家が重点的に育成するハイテク企業」として認定され，東部沿海部都市の工業団地で15％の企業所得税を適用されながら経営を継続しているが，低付加価値企業や労働集約型企業に当たる一部の日系企業が主に取っていた対策は下記の 3 つである。すなわち，

①中国から離れて人件費や諸コストなどがさらに安い東南アジア諸国へ移転する。

②中国の東部沿海部から中国の中・西部地域の経済開発区へ移転する。

③中国の東部沿海部都市に残留するが，それまでの経営戦略を調整し，中国を「単なる生産拠点」から「魅力のある市場」へ転換し，攻略する。

である。しかしどの選択肢も，メリットもあればデメリットもあった。

選択肢①：中国から離れて人件費や諸コストなどがさらに安い東南アジア諸国へ移転する。

中国から離れて人件費や諸コストなどがさらに安い東南アジアへの移転，いわゆる「中国離れ」は，それを決めた多くの日本企業にとって，日中関係に関する「チャイナリスク」も考慮した選択肢であった。つまり，日中関係が悪化する時のリスクである。2001年に小泉政権が発足して以降，小泉首相の靖国神社参拝で中国との関係が悪化し，中国国内では反日感情が高まり，特に2005年では歴史教科書問題や日本の国連安保理常任理事国入り反対の署名活動が始まり，すぐに中国各地へ拡大した。四川省成都市で日系スーパーに対する暴動が発生し，北京や上海でも日本に対する大規模なデモの一部が暴徒化した。中国

で発生した反日デモを受け，前掲図表２－２からでも日本企業の中国進出第３次ブームが急速に冷却したことが確認できる。

　もちろん，「中国離れ」の発生は日中関係の問題だけではない。**図表２－９**は米ドル建てで見たアジア新興国の最低賃金の推移である。2006年前後の水準を見てみると，中国上海の最低賃金はフィリピンのマニラやタイのバンコクの最低賃金と比べて確かに安かったが，ベトナムやカンボジアなど東南アジア諸国の最低賃金よりずっと高かったのである。中国の「引進来」政策転換で移転を余儀なくされた企業のほとんどは大量の労働力を使用する労働集約型の生産企業であるため，2000年以降の中国の高騰する人件費に悩まされていたが，企業所得税の引き上げがさらに課されたことで経営が成り立たなくなり，総合的に判断して，最終的に「中国を離れる」という選択を出したのだ。

図表２－９	米ドル建てで見た最低賃金の推移

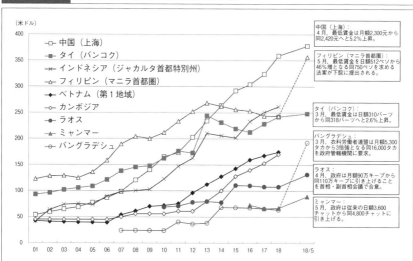

注１：最低賃金は，年初時点の水準に為替レート（年間平均）を用いて計算。2018年は
　　　５月末日値を使用。
注２：日額ベースの最低賃金（タイ，フィリピン，ミャンマー）には25日を乗じて算出
　　　した。
出所：中村昌宏（2018）「アジア新興国での最低賃金引き上げの影響」『大和総研アジア
　　　ン人サイト』

　「中国離れ」を選択した日系企業はほとんど，東南アジアのベトナムやラオスなどの国を移転先として選んだ。特にベトナムは巨大な市場でもある中国に接しており，日本からも近いという絶好な立地があり，図表2－9でも見たとおり，相対的に賃金水準も安く，そして周辺国と比べると治安も良好であるため，2006年頃から優れた進出先として日系企業から熱い視線を浴びている。**図表2－10**は2006年から近年まで，ベトナムに進出した日系企業の数の推移を現した図である。そして**図表2－11**はベトナムに進出した日系企業の業種を現した図である。この2枚の図から，2006年から日本企業のベトナム進出が急増しており，うちに製造企業が過半数となっているということが読み取れる。

　しかし，日系企業の東南アジア諸国への移転はメリットばかりではなく，さまざまな難題にも直面している。ジェトロが2007年に発表した「在アジア日系製造業の経営実態－ASEAN・インド編－（2006年度調査）」によれば，ベトナムに進出した日系企業が直面した生産面での難題は「原材料・部品の現地調達の難しさ（72.7%）」，「調達コストの上昇（51.5%）」，「品質管理の難しさ（47.0%）」，「限界に近づきつつあるコスト削減（25.8%）」と「生産能力の不足（16.7%）」である。東南アジアの新興国とはいえ，製造業の基盤がまだできておらず，進出した日系企業はさまざまな側面で苦闘されていることがわかる。

　そして，労使関係の側面においても，東南アジア進出した日系企業は悩まされている。中国でも時々，ストライキや労働争議の発生で労使関係が悪化してしまい，企業経営に大きなダメージをもたらすことはあるが，基本的に中国の工会（労働組合）は経営側寄りの組織で，労働争議があればその無事解決に工会は積極的に動いてくれるのである。しかし東南アジアはそうではない。ベトナムの労働組合には集団的労働紛争の権利が与えられており，労働争議があった際に，調停がうまく行かなかった場合，労働組合は労働者を組織してストライキを起こすことができる。実際に，2000年以降のベトナムでは，多くの外資進出によって物価水準が高騰したが，賃金水準の上昇幅は十分ではなかったため，ストライキが多発したのである（**図表2－12を参考**）。

　また，労働者賃金の上昇や人材の採用難，高離職率なども悩ましい問題であった。同じくジェトロが発表した「在アジア日系製造業の経営実態－ASEAN・インド編－（2006年度調査）」によれば，ベトナムに進出した日系

図表 2 -10　ベトナムに進出した日系企業の数の推移

出所：みずほ銀行・みずほ総合研究所（2020）「ベトナム投資環境」に基づき筆者作成。

図表 2 -11　ベトナムに進出した日系企業の業種（2017年時点）

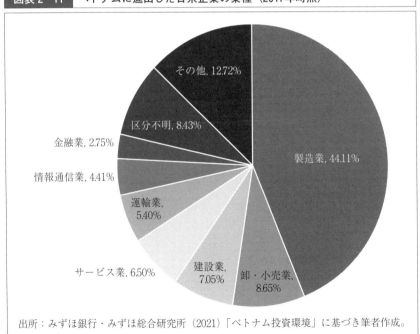

出所：みずほ銀行・みずほ総合研究所（2021）「ベトナム投資環境」に基づき筆者作成。

図表2-12	ベトナムのストライキの発生件数の推移

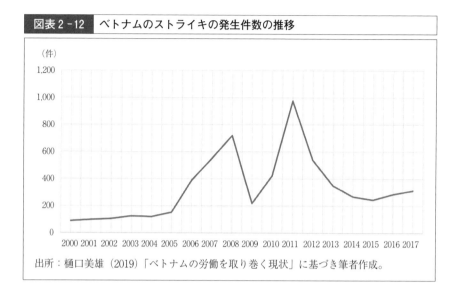

出所：樋口美雄（2019）「ベトナムの労働を取り巻く現状」に基づき筆者作成。

企業が雇用・労働面において直面した問題は，「従業員の賃金上昇（68.7％）」，「人材（中間管理職）の採用難（65.7％）」，「人材（技術者）の採用難（55.2％）」，「管理職・現場責任者の現地化が難しい（50.7％）」，「離職率が高い（49.6％）」と「日本人出向役職員（駐在員）のコスト（44.8％）」だという。

　選択肢②：中国の東部沿海部から中国の中・西部地域の経済開発区へ移転する。

　中国の「引進来」政策転換の影響を受け，中国政府の狙いのとおりに，中国の中・西部地域の経済開発区に移転することを選択する日系企業も多かった。前段2-3-2でも考察したとおり，中国政府は「築巣引鳳」政策を打ち出しており，東部沿海部都市の企業を中・西部地域への移転を手厚く支援しており，前掲図表2-3からもわかるように，中国の中・西部地域の最低賃金水準は東部沿海部都市よりずっと安い。さらに土地の値段も東部沿海部都市の半額以下の安さであったため，特に労働集約型企業にとってはかなり魅力的である。

　しかし中国の中・西部地域への移転もメリットばかりではなかった。東南アジア諸国と同様に，中国の中・西部地域でも製造業の基盤はできていなかった。前段2-2で考察してきたように，同じ中国ではあるが，経済発展の地域間の

不均衡が生じており, 中・西部地域の産業構造は東部沿海部と比にならないほど弱かった。したがって移転先現地での部品調達は東南アジアのような困難さでないものの, 簡単とは言えなかった。中国のほかの地域から部品を調達するのも, 2008年頃には中国版新幹線の「動車組」ができたばかりで全国への普及はまだ程遠く, 物流のコストも効率も悪かった。さらに長い間, 優秀な人材はほとんど中国の東部沿海部都市へ集中しており, 一般の労働力もその多くは出稼ぎのために東部沿海部都市へ出ていたため, 移転企業にとっては自社に相応しい労働力を確保することも簡単ではなかった。また, 確かに「引進来」政策転換の当初, 中・西部地域の最低賃金水準が非常に低かったが, 多くの外資企業や中国国内の労働集約型企業も「中国の中・西部への移転」を選択して動き出していたため, 優秀人材への争奪戦が各地で発生し, 有能な人材や熟練工の賃金の相場は急速に上昇していた。

選択肢③：中国の東部沿海部都市に残留するが, それまでの経営戦略を調整し, 中国を「単なる生産拠点」から「魅力のある市場」へ転換し, 攻略する。

長期的な経営方針に基づき, 「それまでの経営戦略を調整し, 中国を"単なる生産拠点"から"魅力のある市場"へ転換し, 攻略する」を選択する企業も少なくなく, 特にファッションや家電, 日常生活用品などを経営する企業は多かった。

2000年前後までの中国では, 消費者の収入も低く, 購買力も弱かったため, 中国を「単なる生産拠点」として扱い, 生産や組立だけを中国の工場で実施し, 出来上がった商品を中国で売らず, すべて日本や欧米へ輸出して販売する日系企業がほとんどであった。しかし2000年代に入ると, 中国経済の高度成長の実現とともに, 各地の最低賃金水準はどんどん上がっていき, 中国人の収入も増えてきた。当時の中国は「世界の工場」と呼ばれていたが, 人々の収入の増大に伴い国内の消費も急速に増大したため, 世界最大の14億人の人口を有している中国は「世界の市場」としても成長したのである。前掲図表2-2にあった日本企業の第4次中国投資ブームで中国進出を果たした企業の多くは中国の巨大市場を狙った進出だと言われている。したがって, すでに中国で生産拠点を持っている日系企業にとって, それまでの「中国生産＋日本・欧米販売」経営戦略を調整して, 「中国生産＋日本・欧米販売＋中国販売」戦略で巨大な中国

市場を攻略するほうがむしろ最適の選択肢であると思われる。

　しかし，中国をずっと「単なる生産拠点」としてビジネスを実施してきた日系企業はいざ中国を「魅力のある市場」として攻略するとなると，うまくいかないケースが多い。その一番重要な理由は中国市場をよく理解できていないことである。確かに中国市場は巨大な市場であるが，競争の非常に厳しい市場でもある。諸外国の列強企業はほとんど中国市場に進出しているだけでなく，中国のローカル企業も年々，その競争力を高めている。また国土面積が広く，各地の文化も多種多様で，消費市場の階層も多いため，中国の消費者のニーズはより多様化しており，変化もはやい。したがって中国市場を攻略するのであれば，まず「日本や欧米で売れたから中国でも売れるはず」といった誤った先入観を捨て，中国市場の特徴と消費者ニーズをしっかり把握することが大事であろう。

2-5　おわりに

　以上，2006年に中国政府の「第11次五カ年計画」の公布から2008年「改正企業所得税法」の施行まで，中国政府の「引進来」政策の転換をめぐり，その実施背景と目的，内容，および日本企業の対応について概観した。

　1978年に「改革・開放」政策が打ち出されてから，中国の経済と社会は変わり始め，そして1992年の鄧小平「南巡講話」から中国の改革開放が本格的に推進され，中国は「引進来」政策をもって積極的に外資を呼び込み，経済の高度成長を実現しながら2000年代以降は「世界の工場」とも呼ばれるようになった。しかし，長年にわたって行ってきた粗放型経済成長モデルは経済の高度成長を容易に達成していたが，所得格差の拡大や経済発展における地域間の不均衡，投資（投機）の過熱，エネルギー使用の低効率，および環境汚染問題の深刻化など，様々な社会問題を生み出したのである。これらの深刻な社会問題を解決するために，2003年に発足した胡錦濤政権は「和諧社会」のスローガンを提起しながら2006年に「第11次五カ年計画」を公布し，様々な側面に対して調整を始めた。「引進来」の政策転換もその膨大な内容の1つであった。「引進来」政策を転換し，外資に対して選別して導入・利用することは，中国経済の成長モ

デルの転換や前記した諸問題の解決などに役立つだけでなく，中国経済の産業構造を単純な生産や加工などを中心とする低付加価値産業から技術レベルの高い高付加価値産業へ転換にも大きな意味を持ったのである。

　「引進来」政策転換への日系企業の対応について，２−４で考察したとおり，日中関係の政治リスクも１つの要素として考慮に入れて「中国離れ」という選択肢を選んで，東南アジア諸国へ移転する日系企業もあるが，多くの日系企業は技術集約型の「ハイテク企業」であり，中国の巨大市場から離れることはなかった。そして前掲図表２−２でも確認したとおり，中国の巨大市場を攻略するために日本企業は第４次の中国投資ブームももたらした。また，「チャイナ＋１」という言葉のとおり，中国国内で生産拠点を維持しながら，東南アジア諸国などでも１つの生産拠点を置くことにした日系企業も多数あった。さらに，日系企業が東南アジアへ進出する際に，協業関係のある中国企業と一緒に手を組んで進出し，相互の強みを生かして相乗効果を生み出すケースも多くあると，ジェトロ上海事務所の研究員が証言した。経済のグローバリゼーションが急激に進んでいる今日，ビジネスの世界における国境なき価値創造はますます成長していくのであろう。

参考文献

　岩崎薫里（2014）「転換期にある日本の対中直接投資：アメリカとの比較を交えて」『環太平洋ビジネス情報RIM』Vol.14，No.55，pp.30-61。

　王在喆（2005）「中国経済研究の地域区分に関する産業連関分析」『経済学季報』No.54-2，pp.211-228。

　経済産業省（2014）『通商白書2014』。

　柴田弘捷（2015）「在ベトナム日系企業の人事管理」『専修大学社会科学研究所2014年度春季実態調査（ベトナム南部・中部）特集号』，pp.42-66。

　菅野真一郎（2003）「わが国の中堅・中小企業の中国展開とその課題」『日本労働研究雑誌』552号，pp.39-49。

　中村昌宏（2018）「アジア新興国での最低賃金引き上げの影響」『大和総研アジアンインサイト』，pp.1-3。

　陳雲・森田憲（2015）「中国における超長期化不動産バブルの政治経済学」『広島

大学経済論叢』第39巻第2号，pp.1-40。

日本貿易振興機構海外調査部（2006）「アジア主要都市・地域の投資関連コスト比較」『ジェトロセンサー』No.56，pp.44-51。

独立行政法人労働政策研究・研修機構（2019）『ベトナムの労働を取り巻く現状』（https://www.jil.go.jp/foreign/report/2019/pdf/19-03.pdf　2021年11月20日確認）。

みずほ銀行（2007）「中国の外資政策の行方をどうみるか」『みずほリサーチApril』，みずほ銀行。

みずほ銀行・みずほ総合研究所（2021）『ベトナム投資環境』みずほ銀行。

第 3 章

「走出去」の政策推進と中国企業の世界進出

3-1　はじめに

　中国の開放政策の基本は外資を誘致すること，つまり第2章で考察した「引進来」であった。2000年以降，中国企業が海外に進出する「走出去」が国家戦略として推進されている。「走出去」とは，中国における積極的な海外進出を意味する言葉であり，中国企業による海外への投資や商品・サービスの販路を海外市場へ展開することなどを指し，その主要な目的は，海外市場の獲得とエネルギー資源の獲得，および中国からの輸出急増による欧米との貿易摩擦の回避などであるとされている。では中国政府の「走出去」戦略はどのように構築されてきたのか。

　中国の「走出去」およびその準備段階の歴史を見てみると，だいたい4つの歴史時期に分けることができる。すなわち「鄧小平時代」，「江沢民時代」，「胡錦濤時代」と現在の「習近平時代」である。建国した1949年から「文化大革命」の収束した1976年までの間は「毛沢東時代」とも言えるが，この時期の中国は経済力が弱く，世界へ進出する能力はまったく持っていなかったのである。

3-1-1　「鄧小平時代」の「走出去」

　本書において，「鄧小平時代」は中国が「改革・開放」政策を打ち出した1978年から江沢民政権が発足した1993年までの間とする。この時期において，一番重要な出来事はやはり1978年12月の中国共産党第11回中央委員会第3次全体会議の開催であろう。

　1978年12月18日から22日まで，中国共産党第11回中央委員会第3次全体会議は北京で開かれた。実際にこの会議が開催される直前に，中国共産党は36日間

も続いた中央工作会議を開き，「文化大革命」およびその後の中国政府の対応を反省した上，それからの中国の発展について様々な議論を行なった。その際に，鄧小平は「解放思想，事実求是，団結一致向前看（＝思想を解放して事実の実証に基づいて物事の真理を追求し，一致団結して未来へ向かう）」という講演を実施した。鄧氏のこの講演は会議参加者から熱烈な支持を得て，最終的に後に開かれた中国共産党第11回中央委員会第3次全体会議のメイン報告となったのである。また，報告の中において，鄧小平は「門を閉めて中国経済を発展させるのはやはり成功できない。中国の発展は世界と離れてはいけない」，「中国は改革開放を実施しないと亡国する」，「自力更生を守りながら，積極的に世界諸国と平等かつwin-winの経済協力をしなければならない」と述べた。

　このように，中国共産党と中国政府は今後の仕事の中心をそれまでの「政治闘争」から「経済成長」へ転換させ，後に中国の経済と社会を根本から変えた「改革・開放」政策を打ち出したのである。その後，中国は鄧小平の社会主義理論を基本方針として堅守し，試行錯誤をしながら「改革・開放」政策をしっかり実践したからこそ，今日の中国がある。もちろん2000年までの中国の「対外開放」政策は外資の中国への誘致と積極的な利用，つまり「引進来」が中心的であったが，この「改革・開放」政策の策定こそ，中国の「走出去」戦略の重要な準備であり，始まりでもあった。したがって鄧小平時代の「改革・開放」政策の実施は，後の中国「走出去」戦略の基礎を作ったのである。

3-1-2　「江沢民時代」の「走出去」

　1989年11月の中国共産党第13回中央委員会第5次全体会議において，江沢民は鄧小平から中国共産党中央軍事委員会主席の地位を継承し，中国の実質トップとなり，1993年3月から2003年3月まで中華人民共和国の国家主席に就任した。この時期において，中国は「走出去」を国家戦略として設定したのである。

　1992年，江沢民の中国共産党の第14回代表大会の報告のなかで，中国で「社会主義市場経済」の導入を再確認したうえ，「中国企業の対外投資と多国籍経営を積極的に拡大していく」と述べ，はじめて中国共産党の大会で明確に「中国企業の対外投資と多国経営」を推進していくことを宣言した。そして1997年中国の全国外資工作会議が開かれ，江沢民は「実力のある中国企業を"走出

去”させ，外国で工場を作っても良い。“引進来”と“走出去”は融合した概念である」と述べ，「走出去」を国家戦略にしたのである。さらに中国がWTOへ加盟した翌年の2002年，江沢民は中国共産党の第16回全国大会の報告のなかで，「走出去と引進来と融合させ，全面的に対外開放のレベルをアップさせる」と再び強調した。

　第2章で考察したとおり，「江沢民時代」の中国経済は急速な成長が実現できたが，国有経済と民営経済との間のバランスや経済成長の不安定性などの問題もあり，一部の中国企業は外国市場への進出にチャレンジしていたが，企業数も資金規模も限られていた。しかし「走出去」戦略が国家戦略として設定されたことは，その後の中国経済の成長，および中国企業のさらなる海外進出の後押しとなったに違いない。「江沢民時代」の「走出去」国家戦略の設定は制度上にも実質上にも中国企業の海外進出の支えとなったのである。

3-1-3　「胡錦濤時代」の「走出去」

　2002年11月の中国共産党の第16回代表大会にて中国共産党の総書記に選出された胡錦濤は2003年3月に開催された第10期全国人民代表大会の第1次会議において中華人民共和国の国家主席に就任し，2013年3月までの10年間において中国のトップとなっていた。同年10月11日から14日まで北京で開催された中国共産党第16回三中全会において，胡錦濤は「“走出去”戦略は社会主義市場経済を健全に発展させるための重要な戦略であり，生産力の解放・発展を促進しながら，経済発展と社会の全面的な進歩に強い動力を提供してくれる」と述べ，江沢民政権で確立された「走出去」国家戦略の正当性と合理性を強調し，継続して推進していくことを宣言した。それに応じて，2005年3月5日に開催された全国人民代表大会において，温家宝[1]は政府工作報告にて，「“走出去”戦略をさらに実施し，有力企業を対外投資と多国経営を支援する」と宣言し，政府として積極的に中国企業の海外進出を支援し始め，2010年3月5日に開催した第11期全国人民代表大会第3次会議においても，「走出去」戦略の実施を掲げ，

---

1) 温家宝（1942～），中華人民共和国の政治家，2003年3月16日から2013年3月15日まで中華人民共和国の第六代国務院総理を務めた。

①海外へ生産能力を移転することを奨励，②合併・買収の後押し，海外における資源の互恵協力の深化，③海外工事の請負と海外労働の質的向上などについて強調していた。

　中国企業の対外直接投資はこの「胡錦濤時代」において本格的に始まった。その背景には，経済の拡大に伴うエネルギー資源や素材に対する需要の急増が挙げられる。第2章でも考察したとおり，2000年以降，中国はWTOへの加盟を実現し，格安の人件費と原材料を利用して外資を積極的に誘致し，「世界の工場」として成長できた。中国国内のエネルギー資源や素材などの供給だけでは需要を満たせず，供給不足が深刻化しつつあった。このため，中国政府は大型国有企業を中心とした中国企業の海外での資源開発への参加，投資，企業買収を奨励し，資源の確保を図ろうとしていた。2003年以降，鉱業を中心に対外直接投資が拡大しており，特に資源獲得のための国有企業による大型案件が目立っている。**図表3-1**の「中国の対外直接投資ランキング」からもわかるように，中国企業の対外直接投資は「投資累計額」でも「海外資産総額」でも，2007年末の上位企業には，中国石油天然ガス集団公司（CNPC）や中国石油化工集団公司（SINOPEC），中国海洋石油集団有限公司（CNOOC）など，資源

図表3-1	中国の対外直接投資ランキング（2007年）

投資累計額：　　　　　　　　　　　　　海外資産総額：

順位	企業名	業種	順位	企業名	業種
1	中国石油天然ガス集団公司	鉱業	1	中国移動通信集団公司	情報通信業
2	中国石油化工集団公司	鉱業	2	華潤（集団）有限公司	製造業
3	中国海洋石油集団有限公司	鉱業	3	中国網絡通信集団公司	情報通信業
4	中国遠洋運輸(集団)総公司	交通運輸業	4	中国石油天然ガス集団公司	鉱業
5	華潤（集団）有限公司	製造業	5	中国遠洋運輸(集団)総公司	交通運輸業
6	中国中信集団公司	金融業	6	中国石油化工集団公司	鉱業
7	中糧集団有限公司	卸売小売業	7	招商局集団有限公司	交通運輸業
8	中国移動通信集団公司	情報通信業	8	中国聯合通信有限公司	情報通信業
9	中国中化集団公司	鉱業	9	中国海洋石油集団有限公司	鉱業
10	招商局集団有限公司	交通運輸業	10	中国建設工程総公司	建設業

出所：中国商務部（2008）『中国企業対外直接投資分析報告2008』に基づき筆者作成。

関連の国有企業が占めていた。

そして，**図表3-2**からも読み取れるように，中国企業の対外直接投資の金額は「胡錦濤時代」の2003年から急速に増大しており，2008年リーマンショックの影響を受けてもその勢いは衰えず，連年増加していたのである。

また，2007年に中国投資有限責任公司（CIC）が設立されたことも言及すべき出来事である。それまでは，世界一の規模を誇る中国の外貨準備は，中国国家外貨管理局により安全性や流動性を前提に，主に米国債に投資されていたが，為替リスクの高まりなどから，運用先の多様化や企業の対外投資への支援などを目的として，2007年9月29日，中国政府は資本金2,000億ドルで政府系ファンド（SWF）である中国投資有限責任公司を設立した。これも中国の対外直接投資，つまり「走出去」戦略の本格化を意味した出来事であった。

| 図表3-2 | 中国企業の対外直接投資金額の推移 |

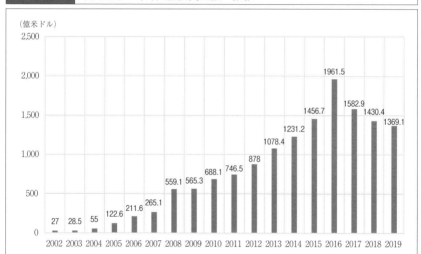

出所：中国商務部（2020）『2019年度中国対外直接投資統計公報』のデータに基づき筆者作成。

3-1-4　「習近平時代」の「走出去」

　習近平は2012年11月15日に北京で開催された第18期一中全会において中国共産党中央委員会総書記に選出され，そして翌年2013年3月14日に北京で開催された第12期全国人民代表大会第1次会議においてもまた国家主席・国家中央軍事委員会主席に選出された。中国の「走出去」は「習近平時代」という新たな時代に入ったのである。

　「胡錦濤時代」の中国の「走出去」の特徴は，中国政府の後押しを受けて一部の特定企業が主役として積極的に世界進出したとまとめるのであれば，「習近平時代」の中国の「走出去」の最も大きな特徴は中国政府が主導して企業が参加するという「政府搭台，企業唱戯（＝政府が舞台を作り，企業は舞台役者として演劇をする）」であり，つまり中国政府が国境を超えて国家レベルの大きなプロジェクトを作り，すべての企業がそのプロジェクトに参加して海外へ進出できることであると言えよう。

　上記の特徴を完全に現した「習近平時代」の肝いり「走出去」プロジェクトとして，世界に一番注目された代表作は「一帯一路」（**図表3-3**を参考）の提出であろう。「一帯一路」の正式名称は「絲綢之路経済帯和21世紀海上絲綢之路（＝シルクロード経済ベルトと21世紀海洋シルクロード）」である。2013年9月7日，中央アジア4カ国歴訪した習近平はカザフスタンのナザルバエフ大学における講演で，アジアと欧州の協力関係を深めていく目的で，中国からユーラシア大陸を経由してヨーロッパにつながる陸路の「シルクロード経済ベルト」の構築を提案し，新たな連携モデルを構築する考えを示した。そして同年10月3日のインドネシア国会での演説で，習近平はまた中国沿岸部から東南アジア，南アジア，アラビア半島，アフリカ東岸を結ぶ海路の「21世紀の海上シルクルード」を建設すると提言した。その後，中国メディアは「シルクロード経済ベルト」を「一帯」と，「21世紀の海上シルクルード」を「一路」と呼び始め，まとめて「一帯一路」とした。2014年11月10日に中国北京で開催されたアジア太平洋経済協力（APEC）首脳会議で，習近平は「一帯一路」の構想を正式に提起し，「共同で議論し，努力し，成果を享受し，諸国の企業は積極的に参加する」と各国首脳に対して支持と参加を呼びかけた。

　中国政府が「一帯一路」広域経済圏構想を提起した背景には，中国を取り巻

| 図表3-3 | 中国が公表した「一帯一路」広域経済圏構想 |

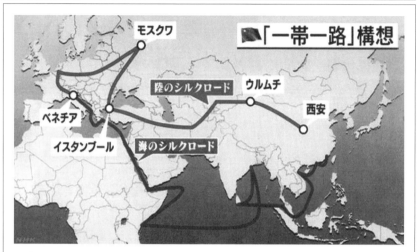

出所：NHK「大学生とつくる就活応援ニュースゼミ」（https://www3.nhk.or.jp/news/special/news_seminar/jiji/jiji22/　2020年12月参照）

く複雑化した国際関係と深刻化した中国の国内産業状況があった。

　複雑化した国際関係について，言及すべきことの１つは「環太平洋パートナーシップ協定」，いわゆる「TPP」のことである。TPPは，2005年にブルネイ，チリ，ニュージーランドとシンガポールによって署名された環太平洋戦略的経済連携協定の拡大として始まったとされる。2008年から，より広範な合意のための議論にオーストラリア，カナダ，日本，マレーシア，メキシコ，ペルー，アメリカ，そしてベトナムなどの国々が追加で参加し，交渉国は12カ国となった。特に2009年11月にアメリカが参加表明をしたことで，環太平洋の加盟国が相互に貿易取引を優遇する巨大な貿易圏をつくると意味が大きく変貌したのである[2]。ところが参加国のなかに，同じく環太平洋の主要な国である中国の姿はいなかった。TPPの中国不参加について，当時の世界世論では様々な憶測があり，中国の成長と海外進出を抑制するアメリカの策略とみなす「陰謀論」も飛び回った。事実上，TPPへの参加条件は厳しく，当時の中国にとって諸条件をクリアすることができず，結果としてTPPは中国抜きの経済貿易圏と

なったのである（ただし，2021年9月16日，中国政府はTPP加入申請した）。

　深刻化した中国国内の産業状況で言うと，当時中国政府が悩まされていた重要な問題の1つとして，一部産業の生産能力の過剰問題があった。この生産能力の過剰問題の形成原因は2008年に発生したリーマンショックに遡ることができる。2008年当時，リーマンショックの影響を受け，中国経済は深刻なダメージを受けた。厳しい経済を救うために，当時の胡錦濤政権・温家宝政府は4兆人民元（当時の為替で約60兆円）規模の緊急金融緩和を実施した。中国経済は中国政府の素早い対応でV字回復を実現できたが，4兆人民元の大半は大型国有企業の生産ライン増設や生産規模の拡大などに使われ，結局，鉄鋼やセメントなどの一部産業において生産能力が過剰状態となってしまったのである（**図表3-4を参考**）。

　余った生産ラインや工場などをすべて稼働させると多くの在庫になってしまい，結局企業のコスト増となり経営状況が厳しくなるが，稼働せずにそのまま置いていくと投資は回収できず，結局資源の無駄遣いにしかならず，雇用も守れない。したがって当時の中国にとって，この問題の最善の解決策はこれらの過剰した生産能力を消化できる市場の需要を作り出すことであった。

　これらの国内外の背景の下で生まれた中国政府の対策はまさに「一帯一路」広域経済圏構想であった。「一帯一路」広域経済圏構想は中国から東南アジア，中央アジア，ロシア，ヨーロッパまでを網羅し，総人口は40億人にも上る。そしてその中心となる経済協力内容は沿線諸国のインフラ整備への支援であり，ちょうど中国の鉄鋼やセメントなど，過剰な生産能力を消化することにつながる。

　しかしこの「一帯一路」という巨大なプロジェクトを稼働させるためには巨額な資金の投入が必要だが，2008年リーマンショックとその後のヨーロッパ財

2）　アメリカと日本が主導してTPPの交渉と協議が重ねてきたが，2017年1月にアメリカのトランプ大統領がTPP交渉からの離脱を表明したことを受け，日本は残りの11カ国間の協議をリードした。2017年11月のダナンでの閣僚会合で11カ国によるTPPについて大筋合意に至り，2018年3月，チリで「環太平洋パートナーシップに関する包括的及び先進的な協定（TPP11協定）」が署名された。現在までに，メキシコ，日本，シンガポール，ニュージーランド，カナダ，オーストラリア，ベトナムの7カ国が国内手続を完了した旨の通報を寄託国ニュージーランドに行っており，2018年12月30日に発効した。

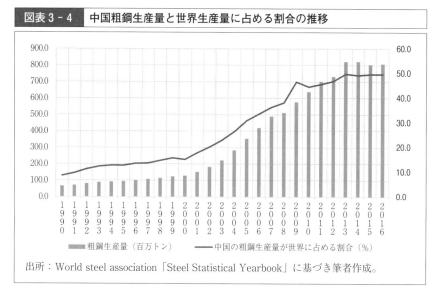

図表3-4 中国粗鋼生産量と世界生産量に占める割合の推移

出所：World steel association「Steel Statistical Yearbook」に基づき筆者作成。

政危機などの影響を受け，世界経済が不景気な状態であり，「一帯一路」沿線国のなかにはインフラ整備を実施したくても経済力がないため実現できない国が多くあった。それで中国政府は「一帯一路」とセットで提唱されたのはアジアインフラ投資銀行[3]（AIIB）の設立であった。

アジアインフラ投資銀行は中国が提唱し主導する形で設立し，2015年末に業務開始したアジア向けの国際開発金融機関である。設立の背景には，中国が既存の国際金融秩序に対して不満を持っていることがあるとされているが，「一帯一路」の稼働を実現させる目的もあったと思われる。また，アジアインフラ投資銀行の設立によって，中国の貨幣・人民元の「走出去」を実現することを通じて，中国企業のさらなる海外進出とグローバルでの活躍が推進されるという狙いもあったという。

「習近平時代」において，中国政府は「一帯一路」広域経済圏構想という大

---

3) 2013年10月，習近平はアジア太平洋経済協力会議（APEC）首脳会議で提唱し，2014年10月24日に中国北京で設立された国際開発金融機関である。創設時の資本金は1,000億ドルとされる。57カ国を創設メンバーとして発足し，2019年7月に加盟国は100カ国・地域となり，アジア開発銀行の67カ国・地域を遥かに超えた。一方で日本とアメリカは今現在も参加を見送っている。

きな「舞台」を作り，そして中国企業は政府が提供したこの大きな「舞台」に
登り，積極的に沿線国・地域に進出し，「走出去」した。鉄道や高速道路，原
子力発電所，港湾などのインフラ整備はもちろん，一般の製造企業も商社も沿
線国・地域とビジネス・貿易を促進し，そして多くの大学や研究機関も参加し，
関係諸国・地域との文化交流を深めたのである。

3 - 2　近年における中国の「走出去」の成果

　2000年以降の中国の「走出去」政策の推進はこれまで，大きな成果を挙げて
いる。下記では具体的に，企業活動と人民元の国際化と，この2つの側面から
考察していきたい。

　まず，企業活動について。2000年以降，中国企業は中国政府の「走出去」戦
略を沿って，積極的に海外進出を果たしてきた。注目される動きとしては，や
はり中国企業による外国企業のM&Aである。**図表 3 - 5** は2010年までに中国
企業による外国企業買収の主要案件である。

　図表 3 - 5 にリストされた20件の中国企業の外国企業買収案件において，エ
ネルギーや資源の獲得を目的とする買収（網掛け）は半数の10件もあり，「世
界の工場」となった中国はいかにエネルギーや資源を必要としていたことがわ
かる。そしてこれらの買収劇がほとんど2009年に行われていることから，2008
年リーマンショックのダメージで経営難に苦しむ外国の資源企業を，危機から
いち早く回復した中国企業に次々と買収されていることもわかる。

　2010年以降にも，中国企業による外国企業の買収は止まることなく，特に中
国の電器機器企業の海外著名企業に対する買収が目立っていた（**図表 3 - 6** を
参考）。例えば中国の家電大手ハイアール（海爾集団）は2011年10月18日，日
本のパナソニック子会社であった三洋電機の白物家電事業を100億円で買収し，
2012年 9 月にまたニュージーランドの家電企業Fisher & Paykelの90％以上の
株式を保有した。そして2016年 6 月に，ハイアールはアメリカの大手企業の
GE（ゼネラル・エレクトリック）の家電事業とブランドを買収した。ハイアール
と同じく中国の青島市に本社を置く中国の液晶テレビ最大手企業であるハイ
センス（海信集団）も2015年 8 月に，日本のシャープからメキシコTV工場を

図表3－5　2010年までの中国企業による外国企業買収の主要案件

時間	中国企業	外国の対象企業	主要目的
2004/08	上海電気集団	日本：株式会社池貝	工作機械技術とブランドの獲得。
2005/05	レノボ	米国：IBMのPC業務	技術・市場の獲得。
2005/07	南京汽車	英国：MGローバー	ブランドと技術の獲得。
2005/10	中国石油天然ガス集団	カザフスタン：ペトロカザフスタン	石油と天然ガスの獲得。
2007/05	中国投資有限責任公司	米国：ブラックストーン	投資収益，及び特定の技術の獲得。
2008/09	中聯重科股份有限公司	イタリア：CIFA	機械製造技術と市場の獲得。
2009/02	湖南華菱鋼鉄集団	オーストラリア：フォーテスキュー・メタルズ・グループ	鉄鉱石の獲得。
2009/04	中国アルミニウム	オーストラリア：リオ・ティント	金属資源の獲得。
2009/04	中国五鉱集団	オーストラリア：オズ・ミネラルズ	亜鉛の獲得。
2009/05	中国有色鉱業集団	オーストラリア：ライナス	レアアースの獲得。
2009/06	蘇寧電器	日本：ラオックス	ブランドと市場の獲得。
2009/06	有色金属華東地質勘査局	オーストラリア：アラフラ・リソーシズ	レアアースの獲得。
2009/07	西北有色地質勘査局	オーストラリア：メリディアン・リソーシズ	亜鉛の獲得。
2009/08	兗州煤鉱	オーストラリア：フェリックス・リソーシズ	石炭の獲得。
2009/09	広東核電集団	オーストラリア：エナジー・メタルズ	ウランの獲得。
2010/04	比亜迪汽車	日本：オギハラ	ハイレベルの金型技術の獲得。
2010/07	山東如意科技集団	日本：レナウン	ファッション業界への進出。
2010/08	浙江吉利控股集団	スウェーデン：ボルボ・カーズ	ブランドと自動車技術の獲得。
2010/10	中国石油化工集団公司	スペイン：Repsolのブラジル子会社	石油の獲得。
2010/12	中国航空工業集団	米国：コンチネンタル・モータース	航空用エンジン技術の獲得。

出所：中国商務部などのホームページの情報に基づき筆者作成。

| 図表3−6 | 中国電器機器企業による外国企業の買収 |

時間	中国企業	外国企業	買収内容
2011/10	ハイアール	日本：三洋電機	白物家電事業（冷蔵庫，洗濯機など）の技術，市場。
2012/09	ハイアール	ニュージーランド：Fisher & Paykel	90％以上の株式を獲得することを通じて，ブランドと市場の完全買収。
2015/08	ハイセンス	日本：シャープ	メキシコTV工場を買収。ブラジルを除いた米州の「SHARP」，「AQUOS」と「Quattron」のテレビブランドの所有権も入手。
2016/06	ハイアール	米国：GE	家電事業とブランドを買収。
2016/06	美的集団	日本：東芝	白物家電事業を買収。
2016/12	美的集団	ドイツ：クーカ	産業ロボット大手を買収。
2018/02	ハイセンス	日本：東芝	テレビ事業の東芝映像ソリューションを買収。研究開発部門なども入手。

出所：中国商務部などのホームページの情報に基づき筆者作成。

29.4億円で買収し，ブラジルを除いた米州の「SHARP」，「AQUOS」と「Quattron」のテレビブランドの所有権も手に入れた。さらに2018年2月，ハイセンスは東芝のテレビ事業である東芝映像ソリューションの株式の95％を129億円で買収した。今回の買収にあわせて，東芝本体の研究部門として運営されていた「AV技術開発部門」と「クラウド技術開発部門」も東芝映像ソリューションに移管され，ハイセンスの傘下に入った。また，中国のもう1社の大手電器企業美的集団（Midea Group）は東芝の白物家電事業を2016年に537億円の金額で買収し，同年12月にドイツの産業ロボット大手のクーカ社も買収した。

外国企業に対する買収などとは別に，近年，中国企業の外国の金融市場への「走出去」も注目されている。2014年9月19日，中国の電子商取引最大手，アリババグループはニューヨーク証券取引所に上場した。上場当日，新規株式公開（IPO）に伴う公募・売り出し価格は1株68ドルに決まり，投資家の引き合いも強く，上場後の追加売り出し分を含めれば，アリババグループの調達額は250億ドルに達し，中国農業銀行を抜いて市場最大の資金調達となった。アリババグループのニューヨーク証券取引所での上場は世界中のメディアに速報され，日本国内でも注目されていたが，実際に中国企業のアメリカの金融市場へ

の上場はこれが初めてではなく，これまでアメリカの金融市場に上場した中国企業の数は574社にも上っている。

また，中国政府の「一帯一路」戦略構想を沿って外国の大型インフラ整備プロジェクトを獲得・遂行する中国企業も多く現れている。日本でも大いに注目・報道されていたのは，インドネシア高速鉄道計画である。2015年7月，インドネシア政府は首都ジャカルタと西ジャワ州バンドン間150KMを高速鉄道で結び，将来的にインドネシア第二の都市である東ジャワ州スラバヤへ延伸する計画を発表した。このインドネシアの高速鉄道計画をめぐって，日本と中国が高速鉄道システムの売り込みを行い，入札を競っていた。インドネシア政府は2015年9月3日，費用が高すぎるという理由で高速鉄道計画の凍結と撤回を発表し，入札を白紙化したが，後の9月29日に突如，財政負担を伴わない中国鉄道総公司の案の採用を決定した。

ほかにも，例えば2017年6月，中国の最大手の配電企業である国家電網はアメリカのゼネラル・エレクトリック社，ドイツのシーメンス，スイスの重電大手ABBなどのライバルを退け，パキスタンの高圧送電線の建設プロジェクトの契約を勝ち取ったことや，そして2018年3月，中国機械工業建設集団はイランのブシェール港を同国の鉄道網に接続する総額7億ドルの鉄道建設契約を，イラン政府と締結したことなどがあった。**図表3-7**は「一帯一路」の戦略構想の下で中国企業が沿線国・地域で設置した「海外経済貿易合作区」のリストである。この表から，中国貿易企業は中国政府の「一帯一路」戦略構想をチャンスとして捉え，積極的に「走出去」していることが読み取れる。

中国の「走出去」戦略の重要な成果として，人民元の国際貨幣化もある。2015年10月27日，日本経済新聞電子版が「人民元，『国際通貨』へ一歩　IMF準備通貨入りへ」というタイトルで，国際通貨基金（IMF）が2015年11月中にも特別引き出し権（SDR）と呼ぶ準備通貨に中国の通貨・人民元の採用を決める方針を固めたと報道した。実際にも，11月30日にIMF理事会は2016年10月からのSDRの構成通貨に，人民元を加えることを正式に決めた。そして予定のとおり，2016年10月1日，人民元は正式にIMFの「主要通貨」となったのである。人民元がドルやユーロ，日本円などとともに「国際通貨」として世界に認められることとなり，アメリカと並ぶ大国をめざす中国にとって大きな一歩であっ

図表3-7	「一帯一路」の戦略構想の下で設置された「海外経済貿易合作区」

地域	海外経済貿易合作区	運営する中国企業
アセアン	カンボジアシアヌークビル経済特区	江蘇・太湖カンボジア国際経済協力区投資有限公司
アセアン	タイ泰中羅勇工業園	華立産業集団有限公司
アセアン	ベトナム龍江工業園	前江投資管理有限責任公司
アセアン	ビエンチャンサイセター総合開発区	雲南省海外投資有限公司
アセアン	中国インドネシア経済貿易協力区	広西農墾グループ有限責任公司
アセアン	中国インドネシア総合産業園区青山園区	上海鼎信投資集団有限公司
アセアン	中国インドネシア聚龍農業産業協力区	天津聚龍グループ
南アジア	パキスタンハイアールルバ経済区	ハイアールグループ電器産業有限公司
中央アジア	キルギスアジアの星農業産業協力区	河南貴友実業グループ有限公司
中央アジア	ウズベキスタン鵬盛工業園	温州市金盛貿易有限公司
ロシア	ロシア中ロトムスク木材工業貿易協力区	中航林業有限公司
ロシア	ロシアウスリースク経済貿易協力区	康吉国際投資有限公司
ロシア	ロシア龍躍林業経済貿易協力区	黒竜江省牡丹江龍躍経済貿易有限公司
ロシア	中ロ（沿海地方）農業産業協力区	黒竜江東寧華信経済貿易有限責任公司
東欧	ハンガリー中欧商貿物流園	山東帝豪国際投資有限公司
東欧	中国ハンガリーボスカデアセ貿易合作区	煙台新益投資有限公司
アフリカ	中国ザンビア経済貿易合作区	中国有色鉱業集団有限公司
アフリカ	エジプトスエズ経済貿易協力区	中国アフリカ泰達投資股份有限公司
アフリカ	ナイジェリアレキ自由貿易地域	中国アフリカ莱基投資有限公司
アフリカ	エチオピア東方工業園区	江蘇永元投資有限公司

出所：中国商務部のホームページに基づき筆者作成。

たと見られている。

3-3　事例研究：中国山東如意のレナウン買収とその結末

　前掲図表3-5の中に，「2010年7月に，山東如意科技集団が日本のレナウンを買収した」という情報があった。本節においてこの具体的な事例を取り上げ，中国企業の山東如意科技集団が日本のレナウンを買収した後に行われたレナウンの中国市場進出とその結末について考察していきたい。

3-3-1　レナウンと山東如意の概要

株式会社レナウンは1902年4月に創業者の佐々木八十八によって設立された繊維雑貨卸業の「佐々木八十八営業部」が始まりとされている。1923年，佐々木は国産メリヤス製品につけるブランドとして「レナウン」を商標登録し，1926年に東京・目黒に高級メリヤス製品の製造部門として「レナウン・メリヤス工業株式会社」を設立し，輸入に頼っていた高級メリヤス製品の国産化に踏み切った。第二次世界大戦の戦時中は軍需被服を生産する工場として陸軍被服本省の監督工場となっていたが，戦後に再発足して，1955年4月に「レナウン商事株式会社」へと商号変更した。1960年代から，レナウンは小林亜星作曲によるCMソング「ワンサカ娘」と「イエイエ」で若い女性向け衣料品メーカーとして人気を博し，次々と人気ブランドを仕上げて，事業をどんどん拡大していき，1963年には東証・大証2部にて上場を実現し，1969年には東京・大阪両証券取引所とも第1部に指定替えを実現した。1990年代に，レナウンはアパレルメーカーとして世界最大の売上高を誇るまでになっていた。ところがバブル崩壊後，バブル期に行った物流施設に対する大規模投資の負担に加え，ファストファッションをはじめとするSPAの台頭や百貨店ビジネスの低迷，そして個人消費の縮小などもあり，レナウンの経営は業績不振に陥ってしまった。ブランドや事業の売却，グループ内事業の再編・統合など様々な対策を取ったが，経営の厳しい状況から脱出できず，結局2010年7月に，中国の繊維企業である山東如意科技集団有限公司に対して約40億円の第三者割当増資を実施した。これで山東如意科技集団有限公司は41.18％の株式を保有することになり，レナウンの筆頭株主となったのである。

中国の山東如意科技集団有限公司は1972年に中国山東省済寧市で設立した国営工場である山東済寧毛織物廠がその前身である。1993年に民営化改革が行われ民営企業へと転身し，その後は急成長を実現し，今は20社以上の子会社と関連会社を持つ大規模のホールディング企業に成長している。中国の紡績業が成熟している中，海外からの受注を増やすために多くの企業は激しい価格競争を繰り広げている。そのような中，山東如意の董事長である邱亜夫は価格競争を避けるため，ハイエンド市場への進出を確立し，本業である毛紡績においては，世界でトップレベルの高品質生地を生産し，ヨーロッパの高級ブランドへ長年

供給している。また多数の国内M&Aを通じて水平的な拡張を行い，生地・アパレルの製造，綿・化学繊維製造などと，経営が多角化しており，経営不振に陥った企業を安価に買収して統合を通じてシナジー効果を生み出すことを繰り返してきた。このように成長してきたものの，邱氏は中国のアパレル生地の製造に限界を感じ，今後は利益率が一層低下していくと判断した。それで比較的に利益率の高い事業への方向転換を行い，アパレル産業の川下分野への進出を狙った山東如意は効率よくデザイン力と自主ブランドを入手するために，経営不振に陥ったレナウンを絶好の買収対象として選んだのである。100年以上の歴史を有するレナウンは企画・デザインの能力とノウハウもあり，特に日本企業の繊細さもあるからである。

　またレナウンにとっても，山東如意は良いパートナーであった。資金力だけではなく，中国における販売・物流ネットワークや，高品質かつ安価な原材料と製品の生産力を持っており，今回の資本参加を通じて山東如意の経営資源を活用することができれば，レナウンは経営再建と今後の成長に役立つと目論んでいた。

　2010年7月，両者の合意でレナウンは山東如意の傘下に入ることになり，山東如意から董事長（日本では取締役会長にあたる）の邱亜夫，執行総裁の孫衛嬰，そして邱亜夫の娘である邱晨冉の3名の取締役を新しい経営陣に迎え入れ，山東如意の協力の下で中国市場に進出し，経営再建を目指すことになった。

3-3-2　NHKスペシャル「"中国人ボス"がやってきた」

　日本の老舗著名企業であるレナウンが中国の山東如意に買収されたのはちょうどGDPにおいて日中逆転した2010年であった。NHKスペシャルはこの話題性のある出来事を取り上げ，レナウンの中国山東如意主導での新たな経営再建を1年間以上密着し，「"中国人ボス"がやってきた：密着レナウンの400日」というドキュメンタリー番組を作った。

　あらすじを整理すると，2010年8月にレナウンと山東如意は北京に中国事業部を立ち上げ，レナウンの2つのブランド「シンプルライフ」と「マーノ・ガーメント・コンプレックス」を中国で展開させる。2011年8月，山東如意とレナウンは7対3の出資比率で合弁会社「北京瑞納如意時尚商貿有限公司」を

設立し，董事長を邱亜夫氏，総経理をレナウン本社から派遣された大桐敏治氏，副総経理を邱亜夫の娘，邱晨冉氏にした。しかし出店戦略について日中の間に大きな溝があった。日本のアパレル業界においては，店舗展開は東京など，超大都市の有名な百貨店にまず入ってから地方都市で展開へ広げていくのが常識であるため，日本側は超大都市北京での出店にこだわったが，中国側は「シンプルライフ」と「マーノ・ガーメント・コンプレックス」両ブランドの中国での低い知名度を踏まえ，地方都市から出店すべきだと主張した。そして邱亜夫は中国全土で一気に店舗を増やすために，自らの人脈を活用して各地から投資家を集めたが，大桐氏たちは経験のない人に店舗の経営を任せることがブランドに傷をつけてしまうと危惧し，反対していた。さらに中国市場で販売される商品についても，日中双方の考えには不一致があった。レナウンでは，東京本社で設計された商品は特に修正せずに中国の店舗に並べるべきだと考えていたのに対して，山東如意は中国消費者の好みやニーズに合わせて商品のデザインに調整を加えるべきだと主張した。何度かの交渉を通じて，レナウン本社はようやく中国向けの商品デザインを認めてくれたが，大桐氏たちの日本人の意地をかけた超大都市北京での店探しは結局うまくいかず，「中国人のやり方でやってみる」と考え方を改め，深センや済南などへの視察を積極的に始め，中国の地方都市にも目を向けるようになったのである。

50分間に近いドキュメンタリーのなか，レナウンの日本人社員には様々な試練が次々とやってくる。想像もしない中国市場の壁が次々と立ちはだかり，頼みにしていた「日本発ブランド」の神通力も全く通用しない。市場の状況が目まぐるしく変わるなかで，店舗展開の方針自体が二転三転するという想定外の事態に直面してしまう。それでも活路を見出そうする日本人社員たちは中国市場で次の一手を模索するため，日中間の「常識」と「非常識」に翻弄されながら，日本人のこだわりとプライドをなんとかギリギリなところで守りながら，中国で試行錯誤する。中国の経済と社会，ビジネス，そして日本人と中国人の価値観や考え方の違いを理解するための非常に優れたドキュメンタリーである。

管見では，このドキュメンタリーから読み取れる主な内容は下記のとおりである。

① 日本の老舗で大手著名企業レナウンは中国企業の山東如意に買収されたこと。

　企業経営は難しいものである。時代もいつも変わっており，企業の経営環境も常に変化している。市場ニーズも瞬時に変わってしまい，これらの変化にうまく適応できないとなれば，企業は衰退していき，市場や時代に淘汰されていく。100年以上の歴史を有する老舗企業でも時価総額が世界トップレベルの大企業でも，時代や環境の変化に適応できないと経営が不振に陥ってしまう。レナウンは日本のファッションの歴史を代表する東証一部上場の老舗企業であり，商品企画の経験も豊かで，事業展開やブランド管理，そして経営に関するノウハウも多く持っている。しかし，大きな成功を収めてきた企業だからこそ，かつての「伝統」や「成功経験」から抜け出しにくく，「革新」や「イノベーション」もうまく行えなくなってしまう。バブル経済崩壊後，日本の消費市場は大きく変わってしまった。前段でも簡単に言及したように，ユニクロや無印良品などのファストファッションをはじめとするSPAの台頭もあれば，それまでの小売業の牛耳を執る百貨店ビジネスの低迷や，それに加えて長年の不景気で個人消費の低迷もあった。これらの変化にうまく適応できなかったレナウンはついに業績不振に陥ってしまい，結局，他人（山東如意）の助けがなければ経営再建ができない状況にまでなってしまったのである。

② 中国企業のスピードは速い。

　「3年後の2014年2月期までに300店舗以上，5年後の2016年2月期までに1,000店舗以上，10年後の2021年2月期に2,000店舗以上」。ドキュメンタリーの中に，レナウンの社員たちは邱亜夫董事長が提示したレナウン再建と中国での出店計画に驚きと困惑したシーンが印象に深い。そして中国会社で働く日本人社員たちもよく中国側の「イキナリ」に困っていた。日本企業は新たな仕事に取り組む前に十分な検討をして万全に用意することが一般的であるが，中国企業には効率を追求し，決断も行動も速いが，フレキシビリティーも高く，問題があればすぐに方向転換も行うという印象がある。日本企業のやり方にも中国企業のやり方にも，メリットもあれば問題点も存在する。すなわち日本企業のやり方では慎重に意思決定し取り組むことはリスクを最小限にすることができるが，瞬時に変化する市場の最良のタイミングを見逃してしまう可能性があ

る。そして中国企業はスピード感と勢いを追求し，フレキシビリティーもあるが，リスクや落とし穴への考慮が足りず最終的に失敗してしまい，結局それまでに投下したすべてのリソース資源が無駄遣いになってしまう可能性もある。中国市場の規模は大きいが，変化のスピードも早い。そのような経営環境のなかだからこそ，中国企業にとって速いスピードで市場を獲得していくことが重要であろう。

③　成功へ導くルートは１つだけではない。市場が違えば，マーケティング戦略も固定観念や過去の成功体験に捉われず，その市場の状況に基づいて模索・構築していくべきである。

　前述したとおり，ドキュメンタリーのなかでは，出店計画をめぐって，レナウン側と山東如意側の間には大きな溝があった。レナウン側は日本のアパレル業界の常識，つまり店舗展開は東京などの超大都市の有名な百貨店に入ってから地方都市で展開へ広げていくことにこだわり，中国でのマーケティング戦略も，中国の超大都市北京での出店を目指して頑張っていた。しかし北京のファッション市場は確かに規模が大きいが，世界の著名ブランドがしのぎを削っており，競争の超厳しい市場でもある。中国で全く無名な「シンプルライフ」と「マーノ・ガーメント・コンプレックス」両ブランドが北京の有名な百貨店に入るためには長い時間を待たなければならず，厳しい競争のなかでスピード感を追求する山東如意側は地方都市へとどんどん進出して多くの店舗を出すことを通じて，「面」で押さえたうえで地方都市から超大都市へ逆襲するという戦略を提示し，主張した。戦略は企業経営にとって非常に重要であり，様々な側面を考慮しながら総合的・慎重に設定しなければならないが，実際の状況に基づき，固定観念や過去の成功体験に捉われないことが肝要である。

④　商品やサービスは必ず対象市場の消費者の好みやニーズに合わせなければならない。

　市場が異なれば消費者の好みもニーズも異なってくる。したがって日本の消費者に大歓迎された商品やサービスが中国でも必ず売れるとは限らない。また企業が思う「良いモノ」が売れるのではなく，消費者に「必要とされるモノ」が売れるのである。日本の市場と比べて，中国消費者の好みやニーズは多様化しており，個性も非常に豊かである。ドキュメンタリーのなかにもあるように，

交渉を重ねてようやく中国向けのデザインを実施してもらえたが，最初のレナウン本社の「東京本社で設計された商品は特に修正せずに中国の店舗に並べて売る」というやり方でやっていてはきっとうまくいかなかっただろう。

⑤　中国の特別事情：関係社会・「テキトウ」などにあらかじめ知っておく必要がある。

　中国はさすがの関係社会である。これを知っている筆者でも，邱亜夫董事長の強い人脈と迅速な動きに驚かされた：2010年8月，レナウンの北畑社長は董事長の邱亜夫から北京へ呼び出され，大きな会合で，中国でビジネスを展開する上で重要な人物，例えば北京の高級百貨店代表や中国アパレル協会関係者など100人近くの中国アパレル業界の有力者と引き合わされた。また邱亜夫董事長は店舗を一気に全国展開させるために，自分のコネクションを使い，大連でオープンさせた最初の店舗に中国全土から多くの投資家を集めていた。邱亜夫董事長の「面」で押さえるという奇策にも驚いたが，人脈の強さにも脱帽した。

　ドキュメンタリーのなかにあった中国の「テキトウ」も半端ではなかった。看板のロゴが違ったり，店舗の内装に要求した本物のレンガが壁紙となったり，レナウンの日本人たちは中国の「テキトウ」にいろいろ翻弄されていた。スピード感だけを追求し，要求された作業を「テキトウ」にこなす中国側のやり方は良いとは思わないが，開店の2日前になって初めて現場に立ち入った日本側も「現場重視」とは言えず，中国について知らなさすぎたとも言えよう。

　もちろんドキュメンタリー「"中国人ボス"がやってきた：密着レナウンの400日」からは，ほかにもまた多くのことを学ぶことができる。グローバリゼーションの今の時代において，資本が国境を簡単に越えることができ，中国の山東如意が日本のレナウンを買収したような国境を跨いだ企業買収劇や進出劇などはすでに日常茶飯事となっている。しかしカネは簡単に国境を越えられても，ヒトはそう簡単に国境を越えられるものではない。入国制限の緩和や交通の発達によって人々の物理的な移動はかつてと比べてはるかに容易になってきているが，ヒトのアタマの中身であるマインドセットを変えるのは実に難しい。このため，異なる文化をすり合わせていく際に，カルチャーショックの発生や異なる価値観を持つ人々の間においてプライドや考え方の戦いも絶えずに起こっているのである。その際に，固定観念を捨てて，相手国の状況や文化，

そして人々の生活などをよく理解しておかなければならない。このドキュメンタリーにも教えてもらえたとおり，中国は巨大な市場ではあるが，簡単に勝てる市場ではない。中国市場に進出する際に，中国の経済と社会の事情をよく理解しておかなければならないのである。

3-3-3　山東如意のレナウン買収の結末

しかし山東如意がレナウンを買収して10年を経た2020年5月，コロナ禍の影響もあったと言われているが，レナウンはついに東京地裁から民事再生手続き開始の決定を受け，そして同年11月，「レナウン，破産手続きへ　名門ブランドに幕」と『日本経済新聞電子版』が速報した。要するに，2010年に中国企業山東如意の傘下に入ったレナウンは中国市場進出などで経営再建に努力していたが，最終的に破産となってしまったのである。

レナウン破産の原因について，中国親会社との対立や，グループ内関連企業間の資金繰りの問題，技術投資の遅れ，製品開発戦略の誤り，百貨店やショッピングモールを通した代理店手法を使う旧来の販売戦略への固執など，さまざまな側面から多くの問題が指摘されているが，前段でも述べたとおり，企業経営は難しいものである。時代や経営環境の変化にうまく適応できないと，企業は衰退していき，市場や時代に淘汰されていくのである。

3-4　おわりに

以上のように，中国は「走出去」戦略を沿い，特に近年になって「官民一体」の「政府搭台，企業唱戯」の形で対外直接投資がどんどん大きく成長し，中国企業も経済の高度成長に伴い力が増していき，海外への進出を強力に進めてきた。

中国企業の「走出去」は世界各国の経済と社会にますます大きな影響を与えているが，中国の経済と社会自身にも大きな意味を持っており，それは中国のグローバル化の度合をさらに高めることにある。第2章で考察したとおり，「改革・開放」政策を徹底してきた中国は2001年のWTO加盟を契機にして積極的に外資を呼び込み，目覚ましい成長を実現し，「世界の工場」となり遂げた。

そして本章では，「世界の工場」に進出した外資企業との競争や協力関係で鍛えられながら力を蓄えてきた中国のローカル企業もグルーバルの波に乗り，市場メカニズムの法則をうまく操りながら世界進出を果たしていることを考察した。前段3－3の事例研究でも考察してきたように，経済の交流はカネの動きだけではなく，ヒトの交流，文化の融合，そしてさまざまな価値観のすり合わせでもある。このような動きのなか，人々はお互いに学び合い，切磋琢磨を通じて新たな価値創造を実現し，新しい人類文明を作っていく。もちろん中国企業も中国の人々も諸外国との交流のなかで成長していくのである。

　しかし近年，特に2017年から中国政府は対外直接投資に対して厳しい審査を実施し始め，前掲図表3－2からも，中国の対外直接投資は2016年の1,961.5億米ドルをピークにして，その後は年々減少していることが読み取れる。中国政府の対外直接投資管理の強化の背景には，2015年夏以降の人民元安進行をうけ，直接投資を装って資本を違法に海外へ持ち出す企業が増加し，結果として資本流出が加速して金融市場が不安定化したことがある。中国政府は2016年11月に「対外投資を目的とした海外送金に対する規制強化」，2017年8月に「国務院弁公庁が公布した国家発展改革委員会・商務部・人民銀行・外交部の対外投資の方向性のさらなる誘導・規範化に関する指導意見」などの政策を発表した（**図表3－8を参考**）。これらの政策強化により，不動産やホテル，映画館，娯楽業，スポーツクラブなどへの投資が制限対象となり，関連書類の提出義務化，監督部門による認可の要求などの政策が導入され，中国政府による対外投資全般に対する合法性・真実性の審査が強化されたのである。

　また，本書の第3部で具体的に考察するが，米中の間で2018年から貿易戦争が勃発しており，2019年からまたITの覇権争いまでくり広げられた。「走出去」を積極的に遂行した中国企業のファーウェイ（華為科技）やTikTokなどがアメリカのバッシング標的とされ，GDP総額で世界のトップ2の国同士間の対抗がますます激しくなってきており，これまで世界経済のみならず，国際関係や安全問題までにも大きな懸念をもたらしているのである。これらの問題も中国の「走出去」の近年における課題であろう。

　しかし無秩序な投資も，過度に集中した投資も，そして米中間の問題も，その根本にあるのはやはり経済の問題であり，利益の問題である。カネは国境を

図表3-8	中国の対外投資の審査強化に関わる政策

時期	発表元	政策のタイトル	主要内容
2016/11	国家外貨管理局	対外投資を目的とした海外送金に対する規制強化	総額が5,000万米ドルを超える対外投資について，事前に監督部門により審査を受ける必要
2016/12	国家発展改革委員会，商務部，中国人民銀行，国家外貨管理局	対外投資に関する監督強化	不動産，ホテル，映画スタジオ，娯楽業，スポーツクラブなどの分野で見られる非理性的な対外投資の傾向や多額の非本業投資，パートナー企業の対外投資などにおける隠れたリスクを注視し，関係企業に対して慎重に方針を定めるよう提案していると発表。
2017/01	国家外貨管理局	さらなる為替管理改革の推進と真実・コンプライアンス性審査を完備することについての通達	国内機関が対外直接投資および資金払出手続を取り扱う場合，規定に基づき関連審査資料を提出するほか，銀行に投資資金および資金用途について説明し，関連する証明資料を提出しなければならない。
2017/08	国家発展改革委員会，商務部，中国人民銀行，外交部	対外投資を目的とした海外送金に対する規制強化	中国企業の対外投資を「奨励類」と「制限類」に分け，類別の管理方針を提示。「制限分野」には不動産，ホテル，映画館，娯楽業，スポーツクラブなどへの投資が含まれる。
2017/12	国家発展改革委員会，商務部，中国人民銀行，外交部	企業海外投資管理弁法	対外投資を「センシティブ類」と「非センシティブ類」に分類し，後者については国家発展改革委員会による認可が必要とする。国内企業および国内自然人が支配する国外企業による対外投資を管理の範囲に含めることで，対外投資を規範化する。
2018/01	商務部，中国人民銀行，国務院国有資産監督管理委員会，中国証券監督管理委員会，国家外貨管理局	対外投資届出（認可）報告暫定弁法	中国からの投資額が3億米ドル相当以上の対外投資，センシティブな国・地域・業界への対外投資，重大な経営赤字が発生した対外投資について，重点的に監督・検査を行う。

出所：玉井芳野（2020）「変容する中国の対外直接投資」，p.5

簡単に越えて新しい価値創造をすることがもちろんできるが，利益追求だけの無秩序な動きや特定の市場・分野への短期的な過熱集中は金融市場に大きな混乱をもたらしてしまい，結局人類社会は大きな危機に陥ってしまう可能性がある。しかしコントロールがあまりにも強すぎるとカネの流動性を失い，経済は活力を失ってしまう恐れもある。我々人類はカネに支配されることがあってはならないが，如何にバランスをとりながらカネの力をうまく活用していくかが永遠の課題であろう。

参考文献

NHKスペシャル「"中国人ボス"がやってきた：密着レナウンの400日」2011.10.23初回放送NHK。

経済産業省（2010）『通商白書2010』。

朱炎（2007）「中国企業の"走出去"戦略及び海外進出の現状と課題」『中国経営管理研究』第6号，pp.3-16。

玉井芳野（2020）「変容する中国の対外直接投資」『みずほインサイト』みずほ総合研究所。

中華人民共和国商務部（2008）『中国企業対外直接投資分析報告2008』。

中華人民共和国商務部（2020）『2019年度中国対外直接投資統計公報』。

三菱UFJリサーチ＆コンサルティング（2016）「拡大する中国の対外直接投資："一帯一路"圏経済にも大きなインパクト」『中国経済レポートNo.55』。

李石（2018）「中国企業による対外直接投資の決定要因についての実証分析：投資先国の政治・法制度を中心として」『アジア研究』第64巻第1号，pp.18-39。

第4章

「双十一」：熱狂的なネット通販

4-1　はじめに

　近年，「双十一」という言葉は中国で非常に重要になってきている。中国の
ローカル企業であれ中国市場に進出している外資系企業であれ，そして中国の
消費者たちであれ，誰もがこの「双十一」に注目している。それはなぜかとい
うと，「双十一」，すなわち11月11日は中国の年一度の「双十一購物狂歓節
（ネットショッピング祭り）」の日であるからだ。中国の著名なIT企業である
「アリババグループ（阿里巴巴，Alibaba Group）」の「タオバオ（淘宝商城，
アリババが経営するネットショッププラットフォーム。2012年に「Tモール
（天猫，TMALL）」に改名）」が2009年に始めたもので，初年のこの日一日の
売上高は5,000万人民元に上ったが，その売上高は年々伸ばされており，2020
年には4,982億人民元に達した（**図表4-1を参考**）。

　11月11日は4つの「1」が並べている様子から，日本では一般的に「ポッ
キーの日」とされるが，これまでの中国では「光棍節（こうこんせつ）」とさ
れてきた。「光棍」は中国語で「独身」を意味する俗語で，11月11日はしばし
ば「独身の日」と訳される。アリババの馬雲会長（ジャック・マー）がこの日
をネットショッピング祭りの日としたのには「やけ買いをして独り身の寂しさ
を紛らわせよう」という意図があったのかもしれないが，「双十一」が商業的
に大成功を収めたのは間違いないだろう。前述したとおり，「双十一」は2009
年からアリババが先に仕掛けた一斉セールのイベントであったが，その後中国
の各大手通販サイトが参加し，近年では中国でビジネスをする際に無視できな
い「特別な日」と化したのである。

　2020年1月22日，日本の一般社団法人日本百貨店協会が発表したデータによ

図表 4 - 1　「双十一」のＴモールの売上高の推移

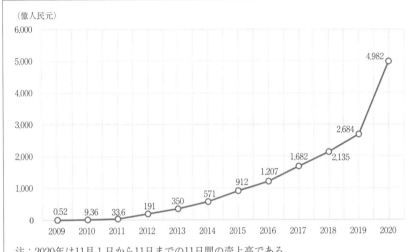

（億人民元）

注：2020年は11月１日から11日までの11日間の売上高である。
出所：Ｔモールのホームページのデータに基づき筆者作成。

ると，2019年日本全国の百貨店の全年の売上高は５兆7,547億円であった[1]。そして同年の11月11日，Ｔモールの「双十一」売上高は2,684億人民元であり，日本円にすると約４兆2,415億円であった。つまり，Ｔモールの2019年11月11日，企業１社の１日の売上高は日本全国のすべての百貨店の2019年全年の売上高の約74％まで達したのである。かなり驚異的な状況である。この背景には，近年の中国における熱狂的なネット通販がある。

4 - 2　近年の中国の熱狂的なネット通販

ネット通販といえば，世界ではアメリカ企業のアマゾン，日本では楽天市場や，ヤフーショッピング，そして最近ではフリマアプリの「メルカリ」，ヨド

---

1)　一般社団法人日本百貨店協会のホームページ：2019年12月・年間売上高（全国百貨店【2020/01/22更新】）売上高概況（https://www.depart.or.jp/store_sale/files/a2933dfa6818c84fd76e1fc5e03b216f1480e 6 cb.pdf　2021年１月３日確認）

バシカメラ，ソフトバンクグループが運営しているZOZOTOWN，PayPay
モールなどが頭のなかで思い浮かぶ。このなかで，特にアメリカ企業のアマゾ
ンは「GAFA」[2]と呼ばれるアメリカの主要IT企業の1つで，世界のEC（電子
商取引）業界の絶対王者であり，近年の年間売上は25兆円超という驚きの数字
を挙げながら，世界規模で拡大を続けている。しかし，この世界EC業界の絶
対王者アマゾンでさえ「世界の工場」から「世界の市場」へと転身しつつある
中国の巨大EC市場において，その市場シェアランキングはトップ5にも入れ
ないのが現状である（**図表4-2**を参考）。

図表4-2	中国EC市場シェア（2019年）

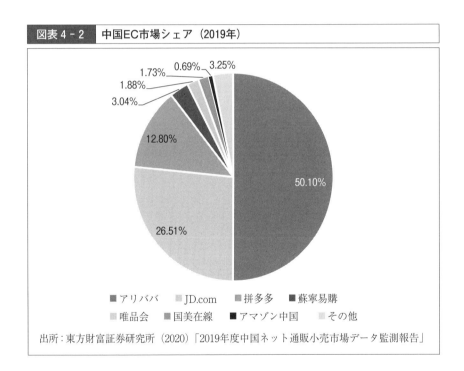

出所：東方財富証券研究所（2020）「2019年度中国ネット通販小売市場データ監測報告」

2）　アメリカの主要IT企業であるグーグル（Google），アマゾン（Amazon），フェイスブック
（Facebook），アップル（Apple）の4社の総称（ただし，2021年10月28日付で，フェイスブッ
ク社は社名を「メタ」に変更）。

　図表4－2から，アマゾンの中国法人である「アマゾン中国（亜馬遜）」の2019年度の中国EC市場における市場シェアランキングは順番でいうと7位であるが，数値ではわずか0.69％であり，中国EC市場の絶対王者は半分超の市場シェアを獲得したアリババグループであることがわかる。そして中国のEC市場はトップ3社が89.41％，約9割も占めている寡占市場であることも，「アマゾン中国」より多くの市場シェアを獲得した上位の6社はいずれも中国のローカル企業であることも読み取れる。

　図表4－3は国別電子商取引市場の規模を現した図である。この図から読み取れるように，世界最大の14億人の人口を有している中国の電子商取引市場の規模も巨大であるだけでなく，年々非常に早いスピードで成長している。アメリカの市場規模と比べると，2018年において中国の電子商取引市場規模は15,201億米ドルで，アメリカの5,148億米ドルの約3倍であったが，2019年では19,348億米ドルと成長し，アメリカの5,869億米ドルの4倍近くとなっている。

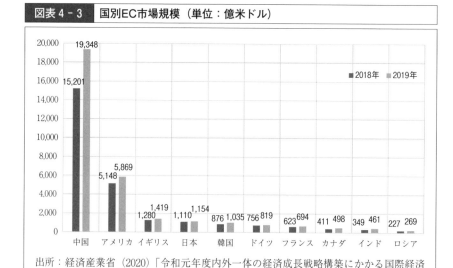

図表4－3　国別EC市場規模（単位：億米ドル）

出所：経済産業省（2020）「令和元年度内外一体の経済成長戦略構築にかかる国際経済調査事業（電子商取引に関する市場調査）」（p.100）に基づき筆者作成。

4 - 2 - 1　中国インターネットとEC市場の５つの発展段階

　日本では1988年の初めてのIP接続が日本のインターネット史の始まりとされているが，中国では実際には日本より６年も遅れており，1994年４月20日，北京市内の中関村地区に存在する教育科学研究規範ネットワークが国際線用回線に接続したことをもって中国のインターネット史が始まったと言われている[3]。それ以来，中国のインターネットおよびEC市場は５つの成長段階を経て，わずか20年程度の時間をかけただけで世界一を誇る大きなビジネス市場と成長したのである（**図表 4 - 4** を参考）。

第一段階：萌芽期（1994年〜1996年）

　この時期において，インターネットは新しいものとして中国に入ったが，コンピュータ技術や科学研究，教育関係者などが中心に利用しており，ユーザー数は約62万人しかなく，一般の概念として認識・普及されていなかった。「捜狐」や「網易」，「四通利方（新浪網の前身）」などのポータルサイトが誕生し，中国の主なインターネット企業として成長した。しかし高い利用代金や遅い速度はインターネットの発展のネックとなっており，そもそもその当時の中国ではインターネットを利用するために必要とされるパソコンも普及できていなかった。

第二段階：草創期（1997年〜2002年）

　この時期の中国ではインターネットユーザーが急激に増加し，2002年のユーザー数は3,370万人に達していた。それに伴いインターネット起業ブームが一時的に発生した。電子商取引，検索，ソーシャル・コミュニケーションなどを事業目的として数多くの起業が行われ，その多くはアメリカのインターネット企業を参考にしながら中国に合致したビジネスモデルを模索する，いわゆる「Copy to China」であったと言われていた。BATと呼ばれる現在中国のIT巨人企業である百度（Baidu，2000年１月創業），アリババ（Alibaba，1999年６月創業），テンセント（Tencent，1998年11月創業）も，そして現在アリババのEC事業における最大のライバルとされている京東商城（JD.com，1998年6

---

3)　一般財団法人自治体国際化協会北京事務所（2013）「中国におけるインターネット発展と自治体情報発信の展望」『CLAIR REPORT』（http://www.clair.or.jp/j/forum/pub/docs/383. pdf　2021年１月４日確認）。

図表4-4	中国インターネットとEC市場の5つの発展段階

時　　間		特　　　徴	代表企業
1994～1996	萌芽期	インターネットユーザー数は約62万人。wwwを利用したウェブの数は約1,500個。高費用と遅いスピードは主な問題点であったが、パソコンも普及していなかった。	捜狐，網易，四通利方
1997～2002	草創期	インターネットユーザー数は約3,370万人。wwwを利用したウェブの数は約277,100個。インターネット起業ブームが発生。アメリカのイーベイ(eBay)が中国に進出。ECは苦戦。	捜狐，網易，新浪。百度，アリババ，テンセント，JD.com（京東），当当書店などの企業が誕生。チャットソフトのOICQが人気。
2003～2007	C2Cの戦国時代	インターネットユーザー数は約1億3,700万人。ウェブサイトの数は約4,109,000個。アリババの「タオバオ」が台頭。決済ツールのアリペイが運用開始。	アリババ，テンセント，JD.com（京東），百度。
2008～2015	C2CからB2Cへ・モバイル対応期	スマホの普及が始まる。インターネットユーザー数はスマホユーザーを含め、全部で約6.88億人。90.1％のユーザーはスマホを通じてインターネットを利用する。ウィチャット（微信）が人気。ネット通販が急成長。アリババは巨大化。2009年から「双十一」が始まる。越境ECが急成長。	アリババ，テンセント，JD.com（京東），百度，蘇寧家電量販，唯品会。ウェイボー（微博），美団,滴滴出行。小米。
2016～現在	新たな探索期	インターネットユーザー数はスマホユーザーを含め、全部で約9.4億人。ユーザー数の増加が鈍化。ユーザーをより多く確保することでビジネスを成功させるという旧来のビジネスモデルが限界。ネットとリアルの融合が始まる。ショットビデオ（抖音など）が急成長。ライブコマースがブーム。ビッグデータとAIなど新技術との新たな融合。	アリババ，テンセント，JD.com（京東），百度，蘇寧家電量販，唯品会。ウェイボー（微博），美団,滴滴出行。小米。抖音，今日頭条，拼多多。

出所：中国互聯網絡信息中心（1997年～2020年）「中国インターネット発展状況統計報告」に基づき筆者作成。

月創業）もこの時期に誕生した。

　この時期のEC事業は，アリババのほか京東商城，易趣網などが設立されたが，中国互聯網絡信息中心が2001年に発表した「第8回中国インターネット発展状況統計報告」によれば7割程度のインターネットユーザーはネットショッピングした経験がなく，また経験のある3割のなかでも，その69％の内容が書籍購入であること，そして66％のユーザーが情報の信憑性や安全性，商品の品質，店舗のアフターサービス，および企業へ不信感を抱いていることから，消費者サイドのECに対する信頼と需要はまだ形成されていなかったことがわかる。当時のアリババもその他のEC企業もB2C（企業と消費者との取引）やC2C（消費者間取引）というより，B2B（企業間取引）のマーケットプレイスが中心であった。2001年から2002年にかけて，いわゆる「インターネットバブル」が終焉し，多くのベンチャー企業が倒産した。一方，当時の世界最大手のマーケットプレイス「イーベイ（eBay，アメリカ企業）」が「易趣網」と合併し，中国のC2Cマーケットプレイスに進出した。

第三段階：C2Cの戦国時代（2003年〜2007年）

　2002年11月から2003年の7月まで，中国を中心にSARS[4]が発生したことによって中国全土はほぼロックダウンされた。自由に外出できず，「日常」を失った中国の人々の買い物はネット通販に目を向けた。この予想外の出来事が中国のEC，特にC2Cが急成長を迎える1つのきっかけとなったのである。C2Cマーケットプレイスとして，アリババが「タオバオ」を，テンセントが「拍拍網」を，それぞれサービス開始し，先行するイーベイ易趣も加えて3社でシェア獲得を争った。2004年には京東商城もネット販売をスタートさせた。中国のC2C市場はまさに様々なEC企業による群雄争覇の戦国時代と化したのである。

　この時期の特徴として，マーケットプレイスに出店される商品には偽物も多く，消費者の品質やブランドに対する意識もまだ高くなかった。そして物流な

---

4)　2002年11月に，中国南部の広東省で非典型性肺炎，SARS（重症急性呼吸器症候群）の患者が報告されたのに端を発し，北半球のインド以東のアジアやカナダを中心に感染拡大し，2003年3月12日にWHO（世界衛生組織）から「グローバルアラート」が出され，同年7月5日に終息宣言が出されるまで，32の国と地域にわたり8,000人を超える症例が報告された。

どのインフラも未整備であった。そのなかでアリババが決済ツール「アリペイ」[5] を提供し，EC決済における売り手と買い手双方の不安を低減することで，C2C市場でのシェアを拡大させていった。

2006年から2007年にかけて，決済や物流などC2Cビジネスを通じてビジネス・インフラの建設が進んだ。アメリカのGAFAが比較的に整った金融や物流などのインフラを活用してビジネスモデルを作っていったのに対して，中国のアリババ，京東商城などは，自らビジネス・インフラを補完しながら市場を形成してきたことが特徴として挙げられる。特に物流のインフラが極端に未整備だったため，京東商城は自ら物流を整備し，それを強みにしてネット通販の市場シェアを着々と拡大していった。このように，中国ECは従来の小売業の課題を解決しながら発展していったのである。

第四段階：C2CからB2Cへ・モバイル対応期（2008年〜2015年）

2008年から2009年にかけて，中国で3G（第3世代移動通信システム）が正式に商用化されたことも背景にECは急速に発展した。ECを利用する顧客は急増し，中国のEC市場は「黄金時代」を迎えた。2009年11月11日，アリババのタオバオは「双十一」割引セールイベントを初めて実施し，大きな成功を収めた。しかし消費者の商品の品質やブランドに対する要求が徐々に高まったことによって，それまでの主流モデルであったC2Cでは消費者のニーズに応えられず，その消費者ニーズを正確かつ迅速に把握したアリババは，B2Cマーケットプレイス「天猫（TMALL）」をサービス開始し，中国のネット通販モデルはC2CからB2Cへとシフトしていった。当初，パソコン（Computer），通信機器（Communication），家電製品（Consumer Electronics）といった3C商品を中心にビジネスを展開した京東商城も3C以外の商品まで取り扱いを拡大した。また，中国最大の家電量販店「蘇寧電器」もECへ進出した。

2007年，アメリカのアップル社が画期的なスマートフォンiPhoneを世に送り出したことをきっかけとして，人類社会は本格的に「モバイルインターネット時代」に入った。その後，さまざまなスマートフォンは驚異的なスピードで全

5）　Alipay。アリババグループが構築した中国EC市場の決済システムであり，2004年からサービスを開始した。EC決済における売り手と買い手双方の不安を低減し，中国のネット通販のその後の急成長を支えた。詳細については後段を参照。

世界で広がり，普及していった。パソコンよりどこでもいつでも気軽にインターネットを利用できるというメリットがあるため，2010年から2012年にかけて，中国ではスマートフォンが急速に普及し，それに伴って中国のインターネット人口も急増し，6.88億人に達した。EC各社もこれをチャンスとして捉え，モバイル対応を進めていき，中国EC市場の「黄金時代」の実現を強く後押しした。そしてついに2015年，中国のEC市場ではモバイル経由の取引金額がPC経由を上回ったのである。またEC市場の需要拡大に応じて，中国の物流宅配業界も急速に成長してきた。

　また，経済の高度成長を背景に，中国では富裕層の増大や消費市場のグレードアップなどに伴い，アメリカや日本など，外国製の高品質商品への個人需要が拡大した。アリババが「天猫国際」を，京東商城が「京東海外購」を開始するなど，越境ECのサービスがスタートした。2014年にアリババがニューヨーク証券取引所にて株式上場したことをきっかけとして，他のEC事業者も，株式上場を目指す動きが強まった。

第五段階：新たな探索期（2016年〜現在）

　この時期の中国のEC市場の最大の特徴はインターネットユーザー数の拡大鈍化である。中国互聯網絡信息中心が2020年に発表した「第46回中国インターネット発展状況統計報告」によれば，2020年6月の時点において，中国のインターネットユーザー数はスマートフォンユーザーを含め，全部で約9.4億人となっており，特にスマートフォンユーザーは携帯電話保有者の99.2％に達した。インターネット人口の増加は依然としてあるものの，伸び率は鈍化してきており，中国のEC市場はトランザクション増を前提とする成長モデルとしては限界を迎えていると言えよう。

　EC市場の変化に応じて，2016年に最大手のアリババは「ニューリテール（新小売）」のコンセプトを提唱し，「ネットとリアルの融合」への取り組みを本格化した。そしてEC各社は，物流やアフターサービスの品質改善に取り組むとともに，新たな市場としてアリババが推進している「農村タオバオ」を代表とした中国農村のEC普及に取り組み始めた。また，「売れない時代に売る」ために，「コミュニケーションとECとを融合」させて顧客との距離を近づける「コミュニティEC」のモデル開発が競われており，それに応じて「抖音（中国版

TikTok)」などの娯楽用ショットビデオアプリの商業への転用が急速に行われ，動画アプリの生中継を利用してユーザーとコミュニケーションを取りながら商品を宣伝・販売していくという「網紅帯貨（ネットインフルエンサーが商品を販売する）」のライブコマースがブームとなったのである。

　さらに，アリババグループや京東商城などが代表する中国のEC大手企業はこれまで，中国消費者の多くのデータを収集・蓄積してきているが，これらのデータを活かしながら，如何にAI（人工知能）技術と「IoT（Internet of Things)」を駆使して既存のユーザー消費者に対してより良いサービスを提供していくかが，競合各社にとって新たに模索していかなければならない重要な課題であり，中国のEC市場は新たな模索期に入ったと言えよう。

4-2-2　中国のインターネットとEC市場の急成長の理由

　以上，中国のインターネットとEC市場の5つの発展段階，および各段階の特徴について概観した。ではそもそも，中国のインターネットとEC市場はどのような理由で急成長を実現し，現在世界のIT業界において無視できない存在に成長できたのか。

　実は中国のインターネットとEC市場の急成長の理由には，これまでの3Gが代表する移動通信システムの発展やiPhoneが代表するモバイルインターネット時代の前進など，時代や人類社会の発展のほかに，主に下記のいくつかの特別な理由があった。

① 　中国政府のネット規制政策による副作用。

　2010年3月22日，アメリカのネット検索最大手グーグルは，中国本土で展開するネット検索サービスから撤退する方針を明らかにした。2006年から中国市場に参入した際に，グーグルは民主化や少数民族問題など中国政府の望まない情報を非表示にするという自主検閲を受け入れており，中国市場で着々と成長し続け，シェアも30％以上と，中国本土の大手検索サイト「百度」に次ぐ2位にまで伸ばしていたが，2010年1月，中国政府による厳しいネット検閲に加え，同社の無料メールサービス「Gmail」が中国国内からと見られるハッカー攻撃を受けたことなどを理由に，中国市場からの撤退を検討し，最終的に決断を下した。グーグルの中国撤退は代表的な出来事であったが，実際に同じような理

由でいくつかの世界で著名なIT企業のサービスは中国政府によってシャットダウンされ，中国本土で自由に利用できない状態となっているのである。例えば世界最大の動画共有サイトYoutube，日本で一番利用されているモバイルメッセンジャーアプリLINE，世界最大のソーシャル・ネットワーキング・サービスであるFacebook，元アメリカ大統領のトランプ氏も愛用するTwitterなどである。中国政府がインターネットに対して規制を実施したのは「国家安全」のためであり，中国のIT企業を成長させるという産業保護の目的ではなかったが，副作用の結果としてこれらの世界IT大手企業のサービスは巨大な中国市場から締め出され，中国のローカルIT企業の成長には市場の空間を与えられたのである。これにより中国のローカルIT企業は急成長を果たし，世界のインターネットも，「中国のインターネット」と「中国以外のインターネット」という極めて特殊な状況になってしまったのである。

　図表4-5は「中国のインターネット」と「中国以外のインターネット」を現したものである。この図から読み取れるように，検索サービス大手のグーグルに対応して，中国では「百度」が最大手であり，世界でもグーグルに次ぐ2位にまで成長できている。ほかに，YoutubeやTwitter，Facebook，LINEな

図表4-5	「中国のインターネット」と「中国以外のインターネット」

中国のインターネット　　　　中国以外のインターネット

出所：筆者作成。

どに対応して，中国ではそれぞれ動画共有サイトYOUKU，ミニブログの新浪ウェイボー，ソーシャル・ネットワーキング・サービスの「人人網（renren）」，およびモバイルメッセンジャーアプリの「WeChat（微信）」が存在し，現在では世界市場でも活躍されているIT大手と成長できている。

② 人口は多いが，人々は個人情報やプライバシー保護への関心が薄い。

　中国は世界一の14億の人口を有しており，この巨大な人口はデータを命とするIT産業にとって極めて有利である。それに加えてもう1つ重要なポイントがあり，それは中国の人々は個人情報やプライバシー保護への関心が比較的に薄い。楊・仲田（2011）は中国のインターネット利用者のプライバシー意識について調査研究し，中国の人々は「プライバシーを問題視しておらず……実際の行動からみると，個人情報の取り扱いにはそれほど慎重ではなく，実際にプライバシーが侵害されるリスクに対する認識度が低いと考えられる」（pp.55-56）という結論を出した。実際にも，例えば日本政府は2016年1月から「マイナンバーカード」制度を実施し始め，さまざまな施策を取りながらその普及を推進してきているが，2020年12月1日現在になっても2,900万枚程度の発行数で，交付率は23.1%と止まっている。内閣府によれば，マイナンバーカード交付の最も大きな阻害として，日本国民の個人情報漏洩やプライバシー保護への強い関心が挙げられている。それに対して，中国では1995年に「居民身分証条例」が定められ，1996年から満16歳以上のすべての中国公民を対象として「居民身分証」が配布されるようになり，それも何の問題もなく遂行されたのである。したがってプライバシー保護への関心が比較的に薄い中国では，より詳細なビッグデータが形成しやすいのである。

③ ECの発展に適した中国の経済情勢がある。

　ここでは主に4つの内容がある。1つ目は過剰生産した商品の新しい販路の開拓である。第3章でも考察したとおり，中国は2010年頃から一部の製造業種において過剰な生産能力を持つようになってしまい，その生産過剰を解消するために中国政府は「走出去」政策を積極的に推進した。もちろん輸出だけに頼ってはいけず，中国の広大な国土の連結も，需要と供給とのマッチングによる国内消費の増大も重要になる。2つ目は新しい雇用の創出である。一部の生産過剰の解消で多くの労働力が余るようになったが，ECや物流宅配業などの

発展は社会に新しい雇用を創出したのである。そして3つ目は農村経済への支援である。第2章でも考察したとおり，中国の経済成長における地域間の不均衡という問題があり，多くの農村地域では良い農作物や物産が多くできても，それまでは情報発信インフラの不備や能力の欠如などの原因で販路が見つからず，農村経済の発展は遅れていた。ECの発展は中国農村の問題点を解決し，農村経済の活性化と発展を促進した。さらに4つ目は中国農村部住民の生活利便性の改善である。店舗数の少ない農村部で製品へのアクセスが困難であったものの，ECの浸透がそのアクセスを可能にし，農村部の所得向上がECの発展をさらに後押しするという好循環が生じた。

このように，これまで中国の弱点と考えられた面がECで克服され，さらに新たなデファクトをもたらすまでに至っていることも注目に値する。

④ 消費グループと消費習慣が徐々に変化した。

中国社会も日本と同様に高齢化が進んでおり，中国政府の人的資源・社会保障部が2016年に公表したデータによれば，中国では2015年，65歳以上の人口は1億4,400万人で，全人口の10.5％を占めた。その代わりに，中国の主要な消費者層は徐々に「80後」[6]や「90後」と呼ばれる「改革開放期」生まれの世代へ変わりつつあった。これらの世代ではインターネットユーザーが急増し，ネットショッピングが習慣化したのである。

⑤ 情報化に伴い物流宅配が急成長でき，EC市場の物流を支えた。

2016年頃，日本ではアマゾンや楽天市場などのネット通販の増加によって，ヤマト運輸や佐川急便などの日本の宅配大手のドライバーから悲鳴が続出し，宅配ドライバーたちの過酷な労働条件などが大きな社会話題になったことが記憶に新しい。つまり，ECの成長には強力な物流宅配の下支えが必要である。中国電子商務研究センターが公表したデータによると，2010年以降，EC市場の成長にともに，中国の宅配業務量も年間50％の成長率で急激に増大した（**図表4-6**を参考）。この年々増大しつつある業務量をこなすために，この時

---

6) 中国における用語の1つで，1980年代生まれの世代のことである。1980年代初めから，中国政府は「一人っ子政策」を実施したため，一人っ子がほとんどである。親や祖父母からの愛情を一身に受け育ったため，一般的に「ワガママ」，「利己的」，「世間知らず」と世間から厳しい評価を受けてきた世代でもある。「90後」は1990年代生まれの世代のことを指す。

期，中国では旧来の郵便局や1993年広東省で創業された順豊エクスプレスなどのほかに，1999年上海で創業された韵達エクスプレス，2000年上海で創業された園通エクスプレス，2007年浙江省で創業された申通エクスプレス，2013年上海で創業された中通エクスプレス，および京東商城が独自運営している宅配サービスなども，試行錯誤をしながら急成長を実現した。

⑥　中国政府による手厚い政策支援があった。

　1994年に中国がインターネット時代に正式に入ってから，中国政府はインターネットを利用した技術や電子商取引の成長を積極的に支援してきた。例えば2000年，中国国家経済貿易委員会が公布した『国家経貿委による中小企業の発展への奨励と促進に関する若干の政策と意見』において，「必要な条件が備わっている地域において中小企業の電子商取引を試験的に実施することが可能である」と言及された。また同年に公布した『大中型国有企業における現代企業制度の構築と管理の強化に関する基本規範（試行）』においては，ネット技術によって取引情報の伝送と共有を実現し，電子商取引などの新しい取引方式を探索すべきであることも明確にされた。

　そして2005年，中国政府の国務院が公布した『国務院弁公庁による電子商取引の早期発展の促進に関する若干の意見』では，「電子商取引発展の戦略的な機会を捉え，電子商取引の活用を着実に推進するとともに，電子商取引の健全な発展に役立つ管理システムを構築し，ネットワーク環境の下にある市場への監督管理を強化し，オンライン取引行為を規範化し，情報セキュリティを保障し，電子商取引活動の正常な秩序を守る」と公式に表明され，さらに2015年に公布した『国務院弁公庁による電子商取引の更なる発展と新たな経済原動力としての加速育成に関する意見』において，「電子商取引が経済発展の新たな原動力である」こと，「電子商取引に関わる制度的な障害を取り除くことによりそのさらなる発展を実現すべく，更に多くの特別な政策支援を付与すべきである」ことが明確に強調された。

　また，ECに欠かせない決済方法についても，中国政府は民間の試みを積極的に支持した。2010年，中国人民銀行は『非金融機関による決済サービスの管理方法』を発表し，電子商取引において勃興し始めていた旧来の金融機関以外の第三者決済機関（例えばアリペイ）に対して，決済業務許可制度を中心とす

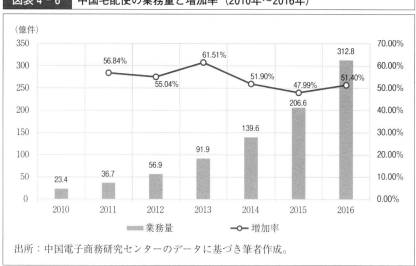

図表4-6　中国宅配便の業務量と増加率（2010年～2016年）

出所：中国電子商務研究センターのデータに基づき筆者作成。

る監督管理を行う基本的な枠組みを確立した。

　以上のように，2000年代に入ってから，中国政府と民間企業による「官民一体」で，中国のインターネットとEC市場は急成長を遂げ，現在は世界最大のEC市場と成長したのである。

4-3　中国のネット通販の主要な立役者たち

　中国のEC市場の急成長には多くのIT関連企業の活躍が欠かせない。この節では今現在，中国で最も活躍されている中国ネット通販のトップ3の立役者，すなわちアリババグループ，京東商城と拼多多の3社とその創業者について概観していきたい。

4-3-1　ジャック・マーとアリババグループ

　中国のネット通販といえば，一番重要な立役者はジャック・マー氏とそのアリババグループであろう。

　ジャック・マー氏の名前は中国語で馬雲といい，1964年９月10日に中国浙江省の省会都市である杭州で生まれた。12歳の時から英語に興味を持つようになり，ラジオで毎日放送されていた英語番組を聴きながら勉強し，英語を練習するために実家の近くのホテルへ行き，訪中外国人たちに対して英語で観光案内も実施していたと言われている。ところが英語以外の勉強が得意でなく，特に数学が苦手で，大学受験は２度も失敗し，1984年の３回目の大学受験でようやく杭州師範大学に入学できたという。

　1988年，杭州師範大学英語学科を卒業したジャック・マーは杭州電子工業学院（現在の杭州電子科技大学）に就職し，英語と国際貿易の授業を担当する講師となった。授業で学生を教えながら，副業として英語の翻訳・通訳業務も行い，杭州の英語翻訳業界において頭角を現した。英語翻訳・通訳の業務が多くなってくると，1992年，ジャック・マーは「海博翻訳社」を創業し，定年退職した英語の教師たちを雇い本格的に翻訳・通訳事業を展開し始めた。

　1995年，英語通訳の仕事でアメリカを初めて訪ねたジャック・マーは友人の案内で初めてインターネットと出会い，新しい時代の到来から衝撃を受けた。帰国後の同年３月，ジャック・マーは杭州電子工業学院を自主退職し，親戚たちから借金して全部で２万人民元を集めて，４月に杭州市でホームページ作成を主要業務とする「杭州海博電脳服務（コンピュータサービス）有限公司」を設立した。同年７月，杭州海博電脳服務有限公司は中国イエローページを開設し，浙江省政府の対外宣伝弁公室から依頼を受けて浙江省の経済や文化を宣伝するホームページを作成し，運用も担当した。1997年，ジャック・マーは中国政府の対外経済貿易部門の要請を受け，北京で中国国際電子商務中心（中国国際電子商取引センター，EDI）を設立し，対外経済貿易部の公式ホームページ，中国外資誘致関連のホームページ，広州交易会のホームページなど，多くのホームページ設計・作成業務に携わった。

　1999年３月，日々の業務で中国の電子商取引の新たな可能性を感じたジャック・マーはまた中国対外経済貿易部門の仕事を辞め，17名のチームメンバーと一緒に杭州へ戻り，同年９月に50万人民元を集めて中国の製品や物産を諸外国へ発信し，B2Bを中心とする電子商取引を構築する「アリババ」を設立した。2000年１月，ジャック・マーは新興IT企業経営者面談会の会場で初めてソフ

トバンクの創業者・孫正義氏と出会い，なんと 5 分ほどの談話で孫氏から20億円の投資を獲得したという。そこからアリババの伝説が始まったのである。

　アリババは中国語では「阿里巴巴」と書き，英語では「Alibaba」となる。周知のとおり，もともと，アリババはイスラム世界における説話集『千夜一夜物語』の 1 篇とされる「アリババと40人の盗賊」の主人公の名前である。物語のなか，アリババは盗賊たちの真似をして「開けゴマ」という呪文を唱えると，洞窟の入口をふさぐ岩の扉が開き，盗賊たちが隠した多くの宝物を発見した。その後，勇敢なアリババと聡明な女奴隷のモルジアナは盗賊たちと知恵比べの末に盗賊たちを壊滅させ，洞窟のなかに残っていた莫大な財宝を国中の貧しい人々に分け与えたという。この物語を知っていたジャック・マーは会社名を「アリババ」にしたのは，「アリババと40人の盗賊」の主人公アリババのようにIT技術を駆使して電子商取引の新しい時代の扉を開け，世界に多くの富を作り出そうという思いがあったからだという。

　しかし，アリババが創業された1999年頃，前段 4 - 2 - 1 でも説明したとおり，中国国内のネット通販において偽物も横行し，代金を騙し取って商品を送付しない事例や，商品を受け取って代金を支払わないことなどの詐欺も多発し，インターネットユーザーたちにはネット情報の信憑性や安全性，そして企業への不信感が強く，中国社会の信頼関係は乏しかった。2003年にアリババはC2C業務をメインとする「タオバオ」を設立したが，ビジネスとして成り立たず，運営は苦難の連続であった。中国社会の信頼関係の問題を解決しなくては中国のECが成長できない。そう確信したジャック・マーは天才的な発想をもって会社の技術チームを総動員し，2004年に「アリペイ」（**図表 4 - 7** を参考）の開発に成功し，公開した。

　図表 4 - 7 はアリペイの「第三者支払」仕組みを現したイメージ図であり，図表のなかにある①から⑥までの番号は手続きプロセスの順番である。①インターネットユーザーはネットショップを閲覧し，ECサイトで購入したい商品を注文する。②注文を確定すると同時に，販売者ではなく，アリペイに対して商品代金を支払う。③商品代金の入金が確認できたアリペイは販売者に対して連絡をし，商品発送の指示を行う。④販売者はユーザーが注文した商品をパッケージして発送する。⑤商品が無事にユーザーの手元に届いたら，ユーザーは

| 図表4-7 | アリペイの「第三者支払」仕組みのイメージ図 |

出所：大塚孝二（2016）「中国最大のオンライン決済サービスALIPAYとは」ライブコ
マース。

アリペイに商品受取の連絡を入れる。⑥ユーザーから商品受取の連絡を受け
取ったアリペイは販売者に商品の代金を支払う。

　アリペイの「第三者支払」はアリペイという「第三者」が売り手と買い手の
間に立ち，金銭のやりとりを仲介することで売買双方の不信関係の解消に成功
するといった，まさに天才的な発想であった。これで「タオバオ」は急成長で
き，中国のEC市場も一気に爆発的な成長を迎えたのである。2009年11月11日，
「タオバオ」はプラットフォームにあるすべてのネットショップを動員して初
めての「双十一」半額割引セールを実施し，1日で5,200万人民元の売上高を
記録して大成功を収めた。それから「双十一」は中国の毎年恒例の「ネット
ショッピング祭り」となり，前掲図表4-4のようにその売上高記録を次々と
更新してきたのである。

　その後も，アリババの成長は止まらなかった。前段でも考察したとおり，
2012年，中国のEC市場ではC2CからB2Cへ徐々に切り替わっていることを迅

速に捉え，アリババは「タオバオ」を正式に「天猫（TMALL）」へ改名し，B2C業務を本格的に始めた。2014年 2 月に，アリババは「天猫国際」を開設して越境ECを始め，同年 9 月にアメリカのニューヨーク証券取引所にて上場した直後の10月，中国の中小事業者に小額融資サービスを提供する「アント金融サービス」も正式に発足した。

　このように，アリババグループはAIやクラウド技術を駆使して次々と新しい事業に手を伸ばし，巨大なプラットフォーマー企業として中国で大きなエコシステムを構築し，そのさまざまなビジネスも中国政府の「走出去」戦略に乗ってついに世界へ展開していったのである。ジャック・マーはまさに20年余りの期間で大きな「アリババ帝国」を構築したのである。

4 - 3 - 2　劉強東と京東商城（JD.com）

　中国のEC市場において，アリババグループのライバルと，敢えて見做されるIT企業は，劉強東氏が1998年に北京で創業した京東商城（JD.com）であろう。

　劉強東氏は1974年 2 月14日に中国江蘇省生まれであり，1996年に名門大学の中国人民大学の社会学部を卒業した後，北京にある外資企業に就職して営業と物流の業務を 2 年間担当した。1998年，劉強東は会社を辞めて，サラリーマンの 2 年間で貯蓄した1.2万人民元で同年 6 月18日に北京の中関村地区で 1 つの小さなブースを賃貸して「京東多媒体」を創業した。これが京東商城の前身であった。最初は主にフロッピーディスクやCD-ROMディスク，プリンターおよびインクなど，パソコン関連の商品の販売に従事し，特に中関村地区にはコンピュータ関連企業が多く存在し，CD-ROMディスクの代理販売業務は大きく成長できた。その後，劉強東は京東の販売商品の範囲をポケットベルや携帯電話などの通信機器，そして一部の家電製品まで広げ，コンピュータ（Computer），通信機器（Communication），家電製品（Consumer Electronics）といった3C商品を中心にビジネスを展開し，中国全土でも12以上のチェーン店を持つ電器販売企業と成長した。

　ところが2002年11月から中国本土で感染拡大したSARSは，劉強東のビジネスに大きなダメージを与えた。中国全国がロックダウンされたため，人々は外

出できず，京東の店舗から顧客の姿が消えていたのだ。危機的な状況に陥って
しまった劉強東はいくつかの店舗を閉めてコスト削減を徹底しながら，さまざ
まな方法を探り，活路を見出そうとしていた。

　ちょうどその当時，中国ではネット通販が台頭した。劉強東はすぐにイン
ターネットを通じてビジネスの可能性を探り，ネット通販の仕組みやホーム
ページの作り方などを独学しながら，2004年1月1日に京東の最初のホーム
ページ「京東多媒体網」を制作し，公開した。これは京東のオフラインからオ
ンラインへの転身の始まりであった。今後はECで勝負すると決意した劉強東
はすべての実店舗を閉店し，限られたリソースをオンラインショップの設計と
運営，そしてオンラインでの顧客対応などに集中した。劉強東とその京東商城
は中国のEC市場に賭けたのである。2007年，3C商品を中心にしてオンライン
ビジネスを展開してきた劉強東は最初の融資を受けて，取扱商品の範囲を3C
商品から全種類商品へ拡げた。そして顧客クレームの一番多い物流と宅配に目
をつけ，京東商城独自の物流システムと宅配サービスを構築することも決断し
た。独自の物流システムと宅配サービスを構築するためには多額の資金投入が

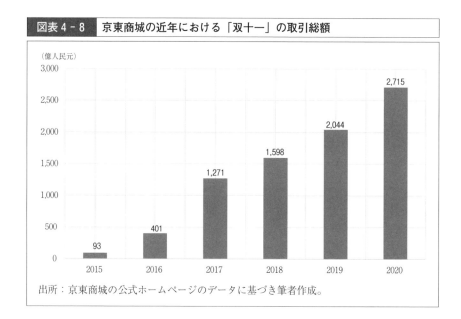

図表4-8　京東商城の近年における「双十一」の取引総額

出所：京東商城の公式ホームページのデータに基づき筆者作成。

必要で，ルートも経験も持たない京東商城がゼロから出発して構築することは極めて無謀だと周辺からの批判は多かったが，まさに2007年の劉強東のこの決断は，独自の物流システムと迅速で丁寧な宅配サービスを京東商城の最大の強みにしたのである。2014年，京東商城はアメリカのNASDAQ市場に上場した。**図表4－8**は京東商城の近年における「双十一」の取引総額を現したグラフである。

4－3－3　黄峥と拼多多

　アリババグループや京東商城などの1990年代末に創業されたIT企業と比べて，拼多多は2015年創立され，非常に若い企業である。誕生して5年程度であるが，前掲図表4－2から読み取れるように，すでに中国のEC市場の3番目の市場シェアを獲得しており，その成長する勢いもまだ止まっていない。

　拼多多の創業者黄峥氏は1980年に中国の浙江省杭州市の普通の家庭で生まれた。アリババグループのジャック・マー氏は少年の時に勉強があまりにも不得意だったのに対して，黄峥は小学校から大学までずっと成績優秀な学生で，クラスメイトや友人たちによく「学覇」[7]と賞賛されていたという。1998年に中国の名門校である浙江大学コンピュータ科学学部に入学したが，2002年に卒業した後すぐに渡米し，世界一流大学のウィスコンシン大学マディソン校（University of Wisconsin-Madison）へ留学した。2004年にまた優秀な成績で大学院を修了し，コンピュータ科学学科の修士号を獲得した黄峥はすぐにアメリカの著名企業であるマイクロソフト社とグーグル社からほぼ同時にオファーをもらい，最終的にエンジニアとしてグーグル社への入社を選んだのである。

　高い給料をもらいながらアメリカのグーグル本社の素晴らしい労働環境のなかで働き，誰から見ても成功した人生ではあったが，黄峥はそれで満足せず，チャレンジは止まらなかった。2007年，グーグル社で3年間を経験した彼は仕事を辞め，アメリカを離れて中国へ帰国することにした。アメリカで働いて貯めた貯金を使い，チャレンジ精神の旺盛な黄峥は次々とIT関連企業を作っていた。最初はEC代理運営の会社を作ったが，競争がすでに厳しくなっていた

7）　勉強がよくできて，成績優秀の学生に対して賞賛する際に使われている中国語。

ためうまくいかず，その後オンラインゲームの会社もまた設立したが，結局オンラインゲーム業界も甘くなかった。何回かの失敗を味わった黄崢は中国のすでにアリババや京東商城などのEC大手によって熾烈な競争が繰り広げられているEC市場をしっかり観察し，消費市場のあるルールに気づいた。つまり，販売業者はメーカーから安い出荷価格で商品を仕入れることができるが，個別の消費者はできない。なぜなら，個別消費者が求める商品の量は少ないからである。理論上，個別消費者は販売業者と同じような購入量をメーカーに提示できれば，メーカーもその消費者に販売業者と同じ安い出荷価格で商品を提供できる。しかし1人の消費者は同じ商品を大量に購入することはほとんどない。「ならば同じ商品を必要とする消費者を多く集めれば良い」。この発想にたどり着いた黄崢はすぐにアプリの開発に動き出し，2015年9月に「拼多多」をリリースし，創業した。

　格安の価格で良い商品を入手できるということで，「拼多多」がリリースされた途端，すぐに多くのユーザーから注目され，利用者は急速に増大した。そして創業して3年未満の2018年7月26日，「拼多多」はアメリカのNASDAQ市場への上場を実現し，2020年5月に発表された「フォーブスグローバル2000」の2020年ランキングにおいて，堂々の1,649位とランクインされたのである。

　黄崢が創業した「拼多多」の成功は，EC市場における新しいビジネスモデルの成功だと言えよう。インターネットユーザーはこのアプリを利用し，自分の友人や親戚，あるいは隣人などと一緒にある商品の需要を多く集めることで，商品の販売業者を経由せず，メーカーから直接に該当商品を安く購入できる。メーカーも最終消費者と直接連絡でき，消費者のニーズを直接に把握できるが，最終消費者も自らの要望を直接メーカーに伝え，旧来の商品流通の中の販売業者を省くことでより安い価格で商品を入手できる。このビジネスモデルはC2Mであり，つまり「消費者から製造者へ（Customer-to-Manufacturer）」である。

4-4　ネット通販の新たな形：ライブコマースと網紅

　前段4-2-1において，2016年以降，中国のインターネットとEC市場は第

五段階の「新しい探索期」に入っており，この時期の中国のEC市場の最大の特徴はインターネットユーザー数の増加鈍化で，トランザクション増を前提とする成長モデルは限界を迎えていることを考察した。アリババグループや京東商城などの大手プレイヤーの間で熾烈な競争が繰り広げられているなか，新興EC企業はこの巨大な市場に参入しても簡単に生き残れないのが現状である。2015年創業の「拼多多」が参入して5年間でトップ3のプレイヤーとなれたのは，新しいビジネスモデル，すなわちC2Mの成功であったことも前段の4－3－3で考察した。

　この競争の非常に激しいEC市場で勝ち残るために，中国のEC各社はさまざまなイノベーションを起こしながら，新しい概念や技術などを導入し，自社の競争力を高めているのである。例えば前述した「ニューリテール」の提唱や「コミュニケーションとECとの融合」などがある。本節で主に考察していきたいのは，「コミュニケーションとECとの融合」を実現するために，中国EC各社が近年，積極的に取り組んでいるライブコマース，いわゆる「網紅帯貨」である。

　ライブコマースは最近の日本でも急成長ぶりを見せており，特に2020年のコロナ禍のなか，百貨店などの小売業者は現実に来店できない消費者たちに向けてSNSのライブ配信機能を利用して商品やサービスを紹介したり，説明したりしていることを，ウィズ・コロナの現在における百貨店の新しい取り組みとしてニュース番組は報道しているが，実際に中国ではライブコマースはすでに「熱戦状態」となっているといえよう。

　ライブコマースとは，SNSのライブ配信機能を利用して視聴者と配信者がリアルタイムでコミュニケーションを取りながら商品やサービスなどを紹介・説明し，視聴者の購買意欲の促進を行うことである。これまでのネット通販のあり方としては，インターネットユーザーがECサイトで商品の写真や文字の描写を見ながら，この商品が自身に合うかどうかを想像し，気になる点があればECサイトのチャット機能を利用して店員に質問をしたり問い合わせたりして，購入するかどうかを決めるというのが一般的なパターンであった。しかしECサイトにはよく誇大広告をしたり，事実と違う写真や描写などが載せられているため，多くのユーザーはネット通販での商品購入に慎重になっている。特に

洋服や化粧品などの商品に関しては，本当に自身に合うかどうかについて想像に頼る部分が多く，ほとんどのユーザーはECサイトで購入しても，商品を実際に手にして使ってみるまでは不安を抱えている。このような不安はユーザーの判断を躊躇させ，最終的に「購買」に至らないという傾向がある。それでライブコマースが誕生したのである。ライブコマースでは，視聴者は配信者やインフルエンサーの生中継で商品やサービスに関する説明と演示を視聴し，気になる点や不明なところがあればそのまま質問ができる。配信者やインフルエンサーもリアルタイムで視聴者の質問に答えることで，できるだけ視聴者の疑問や不安を払拭していき，視聴者の購買を促進することができる。また，写真や言葉の描写より，ライブ動画を利用したプロモーションでは，商品・サービスの特徴や正しい使い方などが強調することができ，視聴者たちの商品・サービスに対する理解を高めることもできる。

　このように，ライブコマースは近年の中国EC市場において急成長となり，2017年から2020年までの年間平均取引総額は**図表4-9**のとおりとなっている。

　そしてライブコマースはSNSのライブ配信機能を利用して行われているが，

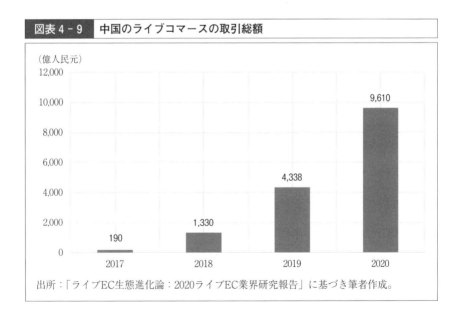

図表4-9　**中国のライブコマースの取引総額**

（億人民元）

出所：「ライブEC生態進化論：2020ライブEC業界研究報告」に基づき筆者作成。

中国ではその主戦場となるSNSは，「タオバオライブ（淘宝直播）」，「京東ライブ」，「拼多多ライブ」のほかに，「抖音」や「ウェーボイ」，「快手ライブ」，「Bilibili動画」，および「小紅書」などがある。また，これらの主戦場でインフルエンサーとして凄まじい影響力を持って活躍している人たちがいて，中国語では彼（女）たちのことを「網紅（ワンホン）」と呼んでいるのである。

中国語ではインターネットのことを「網」といい，大人気のことを「紅」ということから，インターネットの世界で大人気の人たちは「網紅」と呼ばれている。「網紅」たちは芸能人ほどの一般的な知名度を持たないことは多いが，ネット上で多くのフォロワーを集めており，非常に強い発信力と影響力を持っている。アナウンサーやモデルなどもともと有名であった人が「網紅」になるケースも少なからずあるが，昨日まで普通の大学生だったのに一夜にしてSNS動画が注目を浴びてすぐに数百万人のフォロワーを得て「網紅」になる人もいるという。

今現在の中国において，一番有名な「網紅」は，男性では李佳琦（Austin）氏，女性では薇婭（Viya）氏であると言われている（**図表 4 -10**を参照）。

男性の美容家である李佳琦（Austin）は中国のネット上で通称「口紅王子」，「口紅一哥」であり，ライブコマースでは主に女性用の口紅を視聴者にプロモーションしていることから特に中国のインターネット女性ユーザーのなかで莫大な人気を有している。人気が爆発する前に，彼はある化粧品店舗の販売カ

図表 4 -10　中国のライブコマースのトップ「網紅」の李佳琦と薇婭

出所：李佳琦氏の個人ウェイボーと薇婭氏の個人ウェイボー。

ウンターで接客を行うビューティーアドバイザーの１人であった。その店舗が
「タオバオライブ」のライブコマースで商品を販売しようとした時に，李佳琦
は詳しい商品説明ができる進行役として抜擢された。彼のライブ中継を見た視
聴者からは，「タオバオにはすごい中継をする司会者がいる」との声が上がり，
「トークの分かりやすさ」や「ショート動画としての面白さ」，「完成度の高い
ライブコンテンツ」，特に「商品に関する理解や知識」と「美容部員時代に培
われた販促スキル，接客トーク術」などが評判になり，店舗と李佳琦個人の
SNSのフォロワー数は一気に増加し，今では１回のライブ配信で2,000万人民
元（約３億2,000万円）以上も売り上げる人気ナンバーワンの「網紅」である。
　タオバオライブをけん引する女性ナンバーワン「美人すぎる網紅」の薇娅は
2016年にライブ配信者としてデビューし，2019年６月18日の「618EC販促セー
ル」ライブ配信では取引額がなんと驚異の５億人民元（約80億円）を突破した
のである。薇娅夫妻はもともと北京で衣料品店を経営し，優れたファッション
センスと勤勉な努力で会社は順調に成長していた。2008年に事業の拠点を西安
に移転してからわずか４年間に全国で７店舗を展開するようになっていた。し
かし2012年に薇娅のところに転機が訪れた。EC市場の成長から影響を受け，
中国の小売店は大きな打撃を被った。薇娅たちの実店舗でも多くの客は店頭で
商品を試着し選ぶことだけをするが，実際の購入はオンラインショップで行う
というケースがよく見られるようになり，店舗の経営はどんどん悪化していっ
た。EC市場の急成長から大きなダメージを受けた薇娅だったが，逆にEC市場
の魅力に惹かれ，ビジネスの可能性を感じた。わずか半月で全国の７つの実店
舗を畳み，中国南部の広州へ行き，ECで商売することに専念した。実店舗で
接客する経験もノウハウも豊かであり，勤勉な努力家でもあるため，薇娅はゼ
ロからECを勉強し，非常に苦労した時期もあったが，2015年にアリババで自
ら経営するオンラインショップの売上高はなんと3,000万人民元（約４億8,000
万円）以上を達成した。2016年，薇娅はタオバオライブからスカウトを受けて
タオバオライブコマース事業の主要ライバーとして正式にデビューし，2017年
に，あるブランドのプロモーションを担当し，たった１回のライブ配信で7,000
万人民元（約11億円）という破格の取引額を記録した。そこから薇娅の勢いは
止まらず，自らオンラインプロモーション会社を設立し，今現在は36人のライ

バーを抱え，8,000以上のブランドのライブコマース事業を請け負っているライブコマース専門会社の社長ともなっている。

　2020年からのコロナ禍で「非対面」や「非接触」が新たな常識となった現在，ライブコマースは中国のEC市場にとってまさになくてはならない重要なツールとして活用されており，そして「網紅エコノミー（網紅経済）」という言葉が出回るほど，「網紅」たちの活躍も中国のEC市場をさらに盛り上げていくことになるであろう。

4 - 5　おわりに

　以上，中国の熱狂的なネット通販を概観し，中国EC市場の成長プロセス，成長理由，主要な立役者たち，および新たな試みであるライブコマースと不可欠な存在となった「網紅」について考察した。急速に巨大化した中国のEC市場，その規模は大きいが，成長のスピードも速い。これは日本にとって大きなチャンスなのである。

　周知のとおり，近年，中国で富裕層が増加しているとともに，日本も含め諸外国へ旅行する中国人観光客は世界各地で溢れてきている。**図表 4 -11**は日本政府観光局が公開した訪日中国人観光客の人数の推移を現したグラフである。このグラフから読み取れるように，2010年から2013年頃まで政治上の関係悪化によって訪日中国人の人数は低迷していたが，2014年頃から急速に増加してきており，2020年コロナ禍までは毎年100万人以上増というペースで着々と増加してきている。

　訪日目的にはもちろん日本観光や日本文化体験などがあるが，多くの訪日中国人観光客にとって，「買い物」も 1 つの重要な目的である。つまり，高品質の「Made in Japan」は中国富裕層の人々にとって非常に魅力的である。それゆえ2014年頃から日本では中国人観光客の豪快な買い物ぶりを現す「爆買い」という言葉が流行した。そして中国人観光客の「爆買い」の対象となるものも，最初は日本製の炊飯器やトイレ洗浄器などに代表される家電製品が多かったが，その後健康食品や化粧品，日常生活用品，医薬品，菓子類などへと変わり，「一般の日本人が日常的に使っているもの，食べているもの」を次々と大量に

図表 4 -11　訪日中国本土観光客数の推移

（万人）

出所：日本政府観光局（JNTO）のデータに基づき筆者作成。

買っていくようになった。実際に，「爆買い」の対象商品の変化は中国富裕層の人々の日本に対する認識と理解が深まったことを意味しており，つまり「日本製の品質が高い」という単純な概念から「日本人の生活スタイルや文化に憧れ，賛同する」へ変化したと言えよう。

　言うまでもなく，訪日中国人観光客の急増や「爆買い」現象の発生などの背後には大きなビジネスチャンスが潜んでおり，それは越境ECである。

　越境ECを簡単に解釈すると，国境を超えて行われるECサイトの取引のことを意味する言葉である。前段の4-2-1でも考察したように，中国では2014年頃からアリババは「天猫国際」を，京東商城も「京東海外購」をそれぞれスタートし，越境EC業務に突入した。そして彼らが取り組んでいる越境EC業務のなかでの1つの重要な対象国は日本である。

　図表 4 -12は日本政府の経済産業省が公開した2019年の日米中3カ国間の越境ECで取引された金額と関係を現した図である。この図からわかるように，2019年の1年間，中国は越境ECを通じてアメリカから2兆94億円の商品を購入しているが，日本からも1兆6,558億円のものを購入しており，日米2カ国

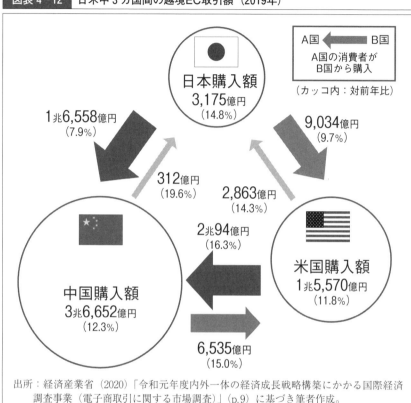

図表 4 -12　日米中 3 カ国間の越境EC取引額（2019年）

A国 ← B国
A国の消費者が
B国から購入

（カッコ内：対前年比）

日本購入額
3,175億円
（14.8%）

1兆6,558億円
（7.9%）

9,034億円
（9.7%）

312億円
（19.6%）

2,863億円
（14.3%）

2兆94億円
（16.3%）

中国購入額
3兆6,652億円
（12.3%）

米国購入額
1兆5,570億円
（11.8%）

6,535億円
（15.0%）

出所：経済産業省（2020）「令和元年度内外一体の経済成長戦略構築にかかる国際経済調査事業（電子商取引に関する市場調査）」（p.9）に基づき筆者作成。

からの購入額は中国越境EC総購入額の12.3%を占めている。

　また，**図表 4 -13**は2019年中国の消費者が越境ECで購入している商品のカテゴリーを現したグラフである。「化粧品・美容関連製品」が40.6%でトップの座を占め，その次には「トイレタリー」や「健康商品」，「食品・飲料」，「家電」，「衣料・バッグ」と「ベビー用品」などが続いた。実際に「化粧品・美容関連製品」や「トイレタリー」，「健康商品」などの製品は日本企業の得意分野であり，**図表 4 -14**にリストアップされた改善事項にうまく対応した上，中国市場の特徴と消費者の好み，ニーズを摑んで，プロモーションして中国の消費

図表4-13　中国の消費者が越境ECで購入している商品（2019年）

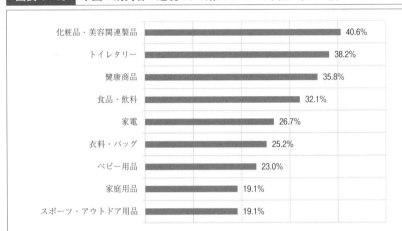

出所：経済産業省（2020）「令和元年度内外一体の経済成長戦略構築にかかる国際経済調査事業（電子商取引に関する市場調査）」（p.108）に基づき筆者作成。

図表4-14　中国の消費者が越境EC事業者に改善を望むこと

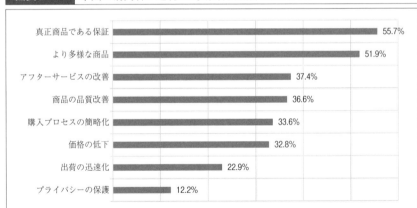

出所：経済産業省（2020）「令和元年度内外一体の経済成長戦略構築にかかる国際経済調査事業（電子商取引に関する市場調査）」（p.108）に基づき筆者作成。

者たちに対してさらに「Made in Japan」の良さをアピールできたら，コロナ禍の現在のような，簡単に国境を跨いだ移動ができなくても，越境ECでビジネスを成功させるチャンスがある。

　また中国政府も日中間の越境ECの促進に積極的な態度を示している。中国政府の商務部国際貿易経済合作研究院は2017年に公表した報告書にて，中国EC市場における日中協力の可能性として，日本製品の需要が潜在的に強いことから，日中双方のECサービス提供企業の協力強化が得策であると指摘した。そして報告書では日中間に越境EC物流大ルートの構築や，越境電子物流パークの設立，航空チャーター便，国境倉庫，通関円滑化を日中協力下で行うべきなど，さまざまな具体的な提案も行われた。2020年11月15日に署名された東アジア地域包括的経済連携（RCEP）もあり，日本企業はより積極的にチャンスを摑み，日中双方にwin-win関係を構築していくべきであろう。

　2019年1月1日，中国では初めて電子商取引に関する包括的な法律である『中華人民共和国電子商務法』が施行された。同法は2018年8月に中国の全国人民代表大会常務委員会で可決され，中国の電子商取引の規範の制定，および消費者保護を目的とし，これまで不明確であった電子商取引事業者の定義・分類や消費者権益保護，当事者に係る信用管理規定，取引従事条件や違反事項にかかる罰則などをより明確化している。中国のEC市場は今後，さらなる高度化，標準化，効率化が進むと思われているのである。

参考文献

　　一般財団法人自治体国際化協会北京事務所（2013）「中国におけるインターネット発展と自治体情報発信の展望」『CLAIR REPORT』。

　　伊藤亜聖（2020）『デジタル化する新興国』中公新書。

　　岡野寿彦（2020）『中国デジタル・イノベーション：ネット飽和時代の競争地図』，日本経済新聞出版。

　　経済産業省（2020）「内外一体の経済成長戦略構築にかかる国際経済調査事業（電子商取引に関する市場調査）」。

　　沈岩（2018）「中国における電子商取引に関する監督管理の概観」『ソフトロー研究』，第28号，pp.1-17。

高田創（2017）「中国の電子商取引が世界一になった理由はここにある」『リサーチTODAY』，みずほ総合研究所

東方財富証券研究所（2020）「2019年度中国ネット通販小売市場データ監測報告」。

馬然（2019）「中国における宅配に対する満足度調査に関する一考察」『大阪産業大学経営論集』，第20巻第2号，pp.135-169。

ミン・ゾン（2019）『アリババ　世界最強のスマートビジネス』文藝春秋。

楊素茵・仲田　誠（2011）「"プライバシー"から見た情報社会：中国のインターネット利用者のプライバシー意識に関する考察」『筑波大学地域研究』，No.32，pp.39-58。

第5章

急速に成長するキャッシュレス決済・「internet+」・IoT

5-1 はじめに

　近年の日本では，PayPayやメルペイ，au PAYなど，便利なモバイル決済サービスが多く出てきており，日本政府もさまざまな政策を打ち出してキャッシュレス決済の普及推進に力を入れているが，キャッシュレス決済の比率は依然として低く，今も現金払いが主流となっている。日本政府の経済産業省が発表したデータによれば，2015年の日本のキャッシュレス決済比率は18.4％であった（**図表5-1**を参考）。それに対して中国（とくに都市部）ではモバイル決済が国民の幅広い支持を獲得しており，それによってキャッシュレス決済比率は近年急速に進み，2015年は60.0％という高い水準に達しているのである。そして現金での支払いを受け付けない店も増えていると言われている。

　キャッシュレス決済とは，クレジットカードや電子マネー，口座振替などを利用して，紙幣・硬貨といった現金を使わずに支払い・受け取りを行う決済方法のことである。主要なキャッシュレス決済の方法には，クレジットカード決済，デビットカード決済，電子マネー決済，およびモバイルウォレット決済などがある。消費者の利便性の向上や店舗の効率化・売上拡大，そして販売データ管理と活用の利便性，および現金取扱コストの削減などといったメリットがあるため，日本政府はこれまでキャッシュレス決済の推進と拡大を目指し，店側に対してキャッシュレス決済導入への支援や消費者側に対してポイント還元など，さまざまな政策を取ってきた。しかし，現実問題として，導入コストが高いことや運用・維持の手間と費用が高いといった理由で日本国内ではキャッシュレス決済が可能な店舗は依然として少なく，とくに2019年7月に発生した「7 pay（セブンペイ）の一部アカウントへの不正アクセス問題」や2020年9

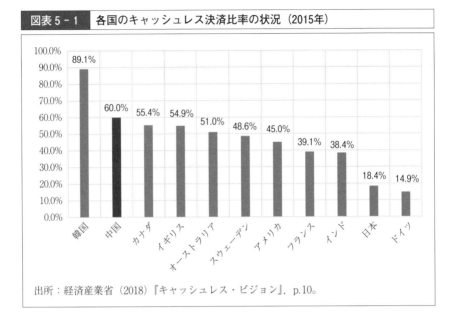

図表 5-1 各国のキャッシュレス決済比率の状況（2015年）

出所：経済産業省（2018）『キャッシュレス・ビジョン』, p.10。

月に発生した「ドコモ口座の不正利用」など, キャッシュレス決済のセキュリティに関する問題が頻発したことにより, 消費者にもキャッシュレス決済に対する不安感が依然として強い。結果として, 日本のキャッシュレス決済はなかなか普及できていないのである。

では中国のキャッシュレス決済はなぜ近年, 急速に拡大してきたのか。中国のキャッシュレス決済にはどのような特徴があるのか。キャッシュレス決済は中国にどのような影響をもたらしているのか。また, キャッシュレスだけでなく, 近年の中国では「internet＋」やIoTなどの分野における成長も著しい。これらはいったいどのようになっているのか。

5-2 中国のキャッシュレス決済

ここ数年,「中国でQRコードを通じてお金を求める物乞いが登場」というニュースが日本でもたびたび報じられていた。格安で手に入れた中古のスマー

トフォンでアリペイやWeChat Payのアプリを入れて，路上で座るかたわらに紙のQRコードをかざしている（**図表5-2**を参照）。財布や現金を持たない市民が一気に増えているため，物乞いもキャッシュレス決済に対応することが彼らにとってまさに「死活問題」なのである。

　冒頭でも少し触れたように，現在の中国はまさにキャッシュレス決済の大国である。大型デパートやスーパー，コンビニはもちろん，野菜や果物を売っている八百屋，朝ごはんを売っている小さな屋台・出店，そしてタクシー乗車料金の支払いなどでもキャッシュレス決済が実際に行われており，第4章で考察したネット通販の支払いはもちろんそのほとんどがオンラインでのキャッシュレス決済によって行われている。バーコードリーダーもカード読み取り機もない街角の屋台でも，紙のQRコードさえカウンターに置けば客側がスマートフォンで「ピッ」と読み込んで支払いは完成される。こうしたキャッシュレス

図表5-2　中国の路上でQRコードを通じてお金を求める物乞い

出所：Hikaru Sano（2017）「電子決済大国となった中国，物乞いもハイテク化している模様」（https://www.appps.jp/262355/　2021年1月20日確認）。

化が近年，中国社会に広く浸透し，ありとあらゆる経済活動や日常生活に不可欠な社会インフラとなりつつある。

　実際に，中国のキャッシュレス決済は近年，急成長を遂げて現在の状況になったのであり，2000年頃まで，中国は日本と同様に「現金主義」の国であった。しかしその理由は，日本の「現金を利用することには安心感がある」と異なり，一般の人々に利用できるキャッシュレス決済の手段が少なかったからと言えよう。実際に，それまでの中国の現金決済はいくつかの問題点を抱えていた。たとえばよく指摘されているのが偽札の問題である。中国のほとんどの百貨店やスーパー，小売店では偽札をチェックする機械が設置されており，一般の人々の現金に対する信用が低い。そして高額紙幣が存在しないことも中国の現金決済の問題点として認識されている。今現在においても中国の人民元の最も高額な紙幣は100人民元（約1,600日本円）であり，やや高額な買い物をする際には多くの紙幣を携帯する必要があるため，不便であると同時に，大量の現金を持ち歩くことに安全上の問題もある。

　2002年，中国政府の主導で中国人民銀行が中心となり，銀行間決済ネットワーク運営会社として「中国銀聯」が設立された。中国銀聯は，中国の銀行間・地域間における決済の一本化を目的にして「銀聯カード[1]」を発行し，中国のキャッシュレス決済の第一歩を踏み出した。第4章でも触れたとおり，中国社会では信用が欠如していたので，アメリカや日本で普及したクレジットカードと異なり，中国で発行されている「銀聯カード」はデビットカードであり，カードでの支払いと同時にカード所有者の銀行口座から引き落としがされる仕組みのカードである。また口座のセキュリティ性を高めるために，ほとんどの中国人は自身の携帯電話を銀行口座に情報登録し，入金・引き落としが行われる度に携帯電話にショートメールが届くように設定しているのである。高い安全性はその発行枚数を一気に高めたが，デビット性の「銀聯カード」を作成するためには銀行口座が必要であり，銀行口座を持っていない多くの人々にとって，これもまた不便であった。また，カードリーダー，読み取り機の導入

1）　「銀聯カード」の発行枚数は2016年末までにすでに62億枚を超えた。また近年，中国人観光客の世界諸国への「走出去」と「爆買い」の後押しもあり，「銀聯カード」は日本も含め，約160の国と地域でサービスを提供していると言われている。

費用や決済手数料などのコストが高いため，百貨店やショッピングモールのような大規模な店舗では導入されているところは多いが，中小事業者や小さな個人商店などでは利用できないことが多かった。さらに個人間の送金も，インターネットバンキングのサービス開始で少しは便利になっていたが，やはり銀行口座の未保有やインターネット利用の普及不足などの現実問題があり便利とは言えなかった。したがって2010年頃までの中国社会において，現金決済は依然として主要な決済方式であった。第4章でも考察したとおり，2004年にアリペイのサービス開始は中国社会の乏しい信用問題をある程度解決でき，中国のネット通販もある程度成長できたが，決済方法の問題がネックになり，ネット通販も爆発的な成長に至らなかった。

　ところが2010年頃から，スマートフォンが急速に普及し，中国はパソコンによるインターネットの普及時期を飛び越えてあっという間に「スマホ先進国」に，つまり，パソコン・インターネットの時代をスキップして一気にモバイル

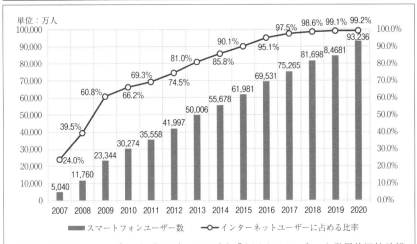

図表5-3　中国のスマートフォンユーザー数の推移とインターネットユーザーに占める割合

出所：中国互聯網絡信息中心（2007年～2020年）『中国インターネット発展状況統計報告』に基づき筆者作成。

113

インターネットの時代に入ったのである（**図表 5 - 3** を参考）。その時から，第 4 章で紹介したネット通販大手も含め，すべてのIT企業はそれらのサービスをスマートフォン対応へ切り替えることや，スマートフォン専用のアプリ開発・設計などを急いだ。そして多様なキャッシュレス決済もモバイル決済一辺へと方向転換をしたのである。また，中国政府は2015年に「インターネットプラス」を推進させるという国の方針を発表し，経済や金融から医療，生活の隅々にまでインターネットとあらゆる分野を結びつけ，国家の成長戦略としてキャッシュレス決済を推進したのである。さらに，競争を続けているアリババグループ（中国語：阿里巴巴）の傘下のアリペイ（Alipay）とテンセント（中国語：騰訊控股）傘下のウィーチャットペイ（WeChat Pay）は店舗から手数料を取らず，ビッグデータで利益を得る戦略を選んだ。とくに，2014〜2015年頃，両社はモバイル決済サービスを利用するユーザーと店舗それぞれに対して大規模なキャッシュバックキャンペーンを展開し，「ちから技」で人々を呼び込み，中国のモバイル決済を中心としたキャッシュレス決済を一瞬で浸透させた。またモバイル決済であるため，利用者同士の間ではスマートフォンを利用して自由に送金できるようになったのである。

　図表 5 - 4 と**図表 5 - 5** はそれぞれ，中国のモバイル決済のユーザー数とモバイル決済金額の推移を現したグラフである。図表 5 - 4 からわかるように，近年中国ではスマートフォンの普及に伴ってモバイル決済のユーザー数は年々増加し，2019年には 7 億人を超えており，これは83.5％程度のスマートフォンユーザーがスマートフォンを利用して決済を行っていることを意味している。そして図表 5 - 5 から，中国では2011年からモバイル決済の金額が年々急増しており，とくに2012年，2014年と2015年の対前年増加率は100％を超え，さらに2019年の決済金額は2011年の340倍以上となっていることも読み取れる。

　また，中国支付清算協会が2018年に発表した調査報告書『2018移動支付用戸調研報告』によれば，モバイル決済の利用頻度に関する質問に対して，78.8％という約 8 割の中国のモバイル決済ユーザーは「毎日利用」と回答した。これは，モバイル決済は生活のあらゆる場面において便利に利用できることを意味しており，利用者たちは非常に高い頻度でモバイル決済サービスを利用していることがわかる（**図表 5 - 6** を参照）。

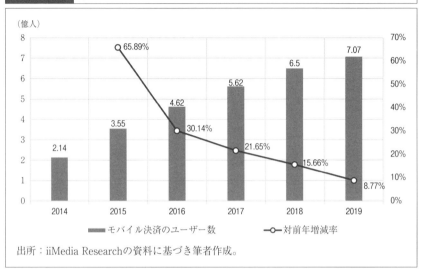

図表 5 - 4　中国のモバイル決済のユーザー数の推移

出所：iiMedia Researchの資料に基づき筆者作成。

図表 5 - 5　中国のモバイル決済金額の推移

出所：iiMedia Researchの資料に基づき筆者作成。

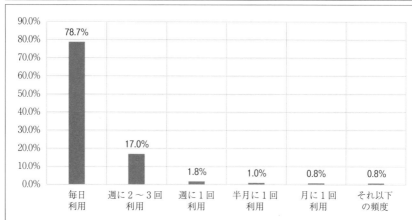

図表 5 - 6　中国のモバイル決済ユーザーの利用頻度 （2017年）

出所：中国支付清算協会（2018）『2018移動支付用戸調研報告』
（https://www.mpaypass.com.cn/news/201812/27094816.html　2021年 1 月17日確認）

5 - 3　アリペイとWeChat：中国で最も利用されているアプリ

　前段において，中国のキャッシュレス決済はモバイル決済が中心となっていることを紹介した。実際に中国のキャッシュレス決済にはもう 1 つの特徴があり，それはアリペイとWeChat Payの大手 2 社が 9 割以上の市場シェアを占めていることである（**図表 5 - 7** を参照）。

　図表 5 - 7 は2019年第 4 四半期の中国モバイル決済の市場シェアを示したグラフである。このグラフから読み取れるように，アリペイは55.1％と半分以上，そしてWeChat Payも38.9％と 4 割近くの市場シェアを持っており，両社を合わせるとなんと中国のモバイル決済シェアの94％も占有したのである。実際に，アリペイは 1 つの独立したアプリとして人々の生活のほぼすべての取引において利用できる「生活アプリ」であるが，WeChat Payは中国最大のコミュニケーションツールアプリである「微信（WeChat）」のなかの 1 つの機能である。ここでは，アリペイと「微信」について具体的に見ていきたい。

図表 5 - 7	2019年第 4 四半期の中国のモバイル決済の市場シェア

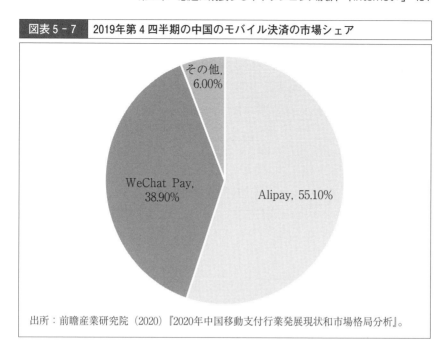

出所：前瞻産業研究院（2020）『2020年中国移動支付行業発展現状和市場格局分析』。

5 - 3 - 1　アリペイ（Alipay）

　アリペイは，2004年にアリババグループが運営するオンラインモール「淘宝網（タオバオ）」におけるオンラインショッピングに対する消費者の信用不安に対処するため，エスクロー機能を有する決済サービスとして誕生したものである。「淘宝網」で買い物する際に，アリペイを使うことでもたらされる利便性と安全性を，消費者に体験してもらうために，簡単・安全・快速な決済手段のソリューションを提供することに力を注ぎ，「信用」を商品とサービス双方の核心的思想として貫いてきたのである。それで一定数のユーザーを確保した後，アリペイは提供するアプリを通じて，単に支払いを行う電子財布から生活必需品へと，その提供サービスを進化させている。アリペイアプリのユーザーは，タクシーやホテル予約，映画チケットの購入，公共料金の支払い，病院の予約，振り込みや資産運用商品の購入を 1 つのアプリから直接行うことが可能となっている。アリペイアプリはプラットフォームとして，アリババグループ

のO2O[2]市場に参入する入り口となっているのである。内外のさまざまなサービスにつながる「生活アプリ」としての機能を１つのアプリで完結していることから，アリペイは「スーパーアプリ」とも呼ばれている（**図表5‑8**を参照）。

　また，アリペイは日本を含め，世界200以上の都市と国，18の通貨に対応している。このため，中国人観光客は海外へ旅行する際に，その国の貨幣と事前に両替しておかなくても，アリペイ決済に対応できる店や施設などで便利に支払いができる。支払い方法は非常に簡単で，アリペイで店舗が設置したQRコードをスキャンし，支払い金額とパスワードを入力するだけで支払いが完了し，慣れていない外国の小銭を探す煩わしさもない。

　アリペイが急速に中国のみならず世界諸国で普及した要因には，アリペイが中国社会の現実に適した仕組みであったことと，世界諸国への中国人観光客の急増は誰から見ても明白であるが，それだけではない。強いコスト競争力もアリペイが世界に広まった重要な要素であった。例えば事業者が負担するコスト

図表5‑8	「生活アプリ」としてのアリペイ

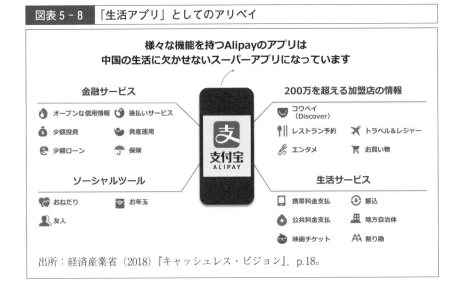

出所：経済産業省（2018）『キャッシュレス・ビジョン』，p.18。

---

2)　O2O（Online to Offline）とは，オンラインとオフラインの活動が連携しあうことである。

は決済額の1千分の6とされ，ライバルのクレジットカードなどよりかなりのコスト優位を保っている。そして技術上の問題でユーザーが損失を被る割合も決済額の100万分の1しかなく，ユーザーにとっても安価で信頼でき，時間もかからない優れた決済手段となっているのである。

5-3-2　微信（WeChat）

　微信（WeChat）は，中国の大手IT企業のテンセント（騰訊控股）が開発・運営しているSNSである。テンセント広州企画研究センターは2010年から以前より提供していたインスタントメッセンジャーであるテンセントQQ[3]の発展型として微信の企画を始め，2011年1月21日からまずは中国国内でサービスを開始した。同年4月に，世界へ向けた「WeChat」としても展開された。日本でよく利用されているLINEに相当する。微信は，文字，音声，写真，動画，表情，グループチャットなどのコミュニケーション機能を有するモバイルインターネットアプリとして，時代の変化とともに，顧客のニーズに合わせながらバージョンアップを継続してきた。2012年4月にリリースされた微信iOS4.0バージョンで追加されたモーメンツ（朋友圏）機能は，自分がアップした記事を，友人が見てコメントしたり，「いいね」を押したり，また記事投稿以外にも，お勧めの音楽や読んだネット記事などを友人とシェアできたりなど，ユーザーのネット空間でのコミュニケーションの幅，楽しさを格段に増やしてきた。今や「中国人のスマートフォン利用者であれば誰もが利用している」と言われるほどの人気アプリとなっており，初対面の中国人同士でもお互いに微信の連絡人を追加することで，名刺代わりに利用されている。

　2013年8月，テンセントは微信のなかの1つの機能として，QR・バーコード決済サービスとして「微信支付（WeChat Pay）」を開始した。銀行口座情報を登録したユーザーが「微信支付」を導入した店舗等の商品やサービスの支

3）　QQは中国初のインスタントメッセンジャーソフトで，1999年に「中国語ICQのベータ版QQ」として誕生してから，個人や企業，学校，公的機関から，ネットカフェ，ECサイトのカスタマーサポートなどのビジネス分野にまで広く使われるようになり，あっという間に中国全土を席巻した。プライベートでもビジネスでも，メールアドレスの代わりにQQ番号が使用されたり，企業のWebページや名刺の連絡先にもQQ番号が記載されるなど，中国で最も普及されたコミュニケーションツールとなっていた。

図表5-9	中国のスーパーアプリとしての「微信」

中国最大のSNSとして成長した微信（WeChat）は様々な機能を持つことで
アリペイと肩を並べるスーパーアプリになっています。

SNS機能

友人登録した人々に対してメッセージの送信や通話（音声・ビデオ）ができる。
モーメンツで最大9枚の写真や15秒のビデオを，メッセージとして公開することができる。
企業は「公衆号」を登録・利用することで宣伝・広告を行うことができる。

モバイル決済機能

「微信支付」を利用してQRコードをスキャンしてキャッシュレス決済ができる。
連絡人との金銭の送受は簡単にでき，お正月やお祝い事の「紅包」の送付・受取も簡単にできる。

生活サービス機能

携帯料金や社会保険料，医療保険の支払い，病院予約，行政サービスなど，様々なサービスがオンラインで利用できる。
電車・フライト・ホテルの予約，タクシーオンライン予約，映画チケットの購入もできる。

金融サービス機能

「零銭通」を利用して低リスクの投資を行うことができる。
「騰訊理財通」で保険を購入することができる。

出所：筆者作成。

払い，もしくは他のユーザーへの送金等をアプリ経由でできるサービスであり，市場導入にあたり，中国人が旧正月やお祝い事でよく渡す中国版ご祝儀「紅包」の機能を搭載させたことで，一気にブレークした。

図表5-9は「微信」の多種多様な機能を現した図である。微信の本質はSNSであるため，まず重要な機能として，メッセージの送信や通話，そしてモーメンツなどのコミュニケーションツールとしての機能がある。ほかの機能として，たとえばモバイル決済や生活サービス，金融サービスなどの機能は，微信の「微信支付」のなかの延長サービスであり，「現金を持たなくても，微信支付が利用できるスマートフォンさえあれば，生活に困らない」という生活環境を作り出した。アリペイとは真っ向からの競合となっている。

5-3-3 アリペイと微信との比較

図表5-10はアリペイと微信支付との比較である。

図表5-10	アリペイと微信支付との比較

項目	アリペイ	微信支付
本質	決済プラットフォーム	SNS，コミュニケーションアプリ
強み	金融	社交，ワンストップサービス
収益方法	ユーザーへの信用貸付で発生した利子，O2O市場での決済手数料，広告など。	有料スタンプ，スマホゲームの課金アイテム，O2O市場での決済手数料，法人の公式アカウント（公衆号）の審査料など。
安全性	年に0.88人民元の費用で保険を掛ければ，上限100万人民元まで回数制限なしで賠償。	微信が原因で，ユーザーの財産損失が発生した場合は，全額賠償。
代表的なサービス・機能	決済，振り込み（あらゆるアリペイアカウント，銀行の個人口座），アント・フィナンシャル（余額宝，ゴマ信用，アント花唄，アント借唄など）。	決済，振り込み（登録した連絡人の微信アカウント），お年玉，零銭通，騰訊理財通など。

出所：盧未龍他（2017）に基づき筆者作成。

　図表5-10からわかるように，アリペイの本質は決済プラットフォームであるが，微信支付はあくまでもSNSである微信の1つの決済機能であり，その本質はやはりSNS，コミュニケーションアプリである。したがって代表的なサービス・機能から読み取れるように，アリペイの強みは金融サービスにあるが，微信支付の強みはやはりそのSNS性にある。前述したとおり，微信は中国で9割以上の人が使用する中国で一番人気のSNSプラットフォームであり，微信支付を利用するユーザーは同じプラットフォームのなかで「ワンストップサービス」を受けられ，アリペイでは体験できないサービス体験が可能となっている。この簡単便利な「ワンストップサービス」が多くのユーザーを惹きつけ，微信支付の利用者の拡大につながった。

5-4　中国の「internet+」

　以上では主に中国のキャッシュレス決済，特にモバイル決済について簡単に

考察した。キャッシュレス決済は単なる利便性を追求したものではなく，中国社会の変化に大きな意味を持っており，それにより「さらなるイノベーションと進化が実現可能となった」のである。実際にも，近年の中国社会と人々の日常生活には様々な大きな変化があり，その変化をもたらしたのは中国政府が本腰を入れて推進した「internet+」であった。

　「internet+（互聯網+）」は日本語で「インターネットプラス」といい，IT技術の進展を踏まえて，中国政府が打ち出した重要な国家戦略の1つである。2014年11月，中国の李克強総理は世界インターネットフォーラムにて基調講演をした際に，「インターネットは"大衆創業，万衆創新"の新しい工具である」と提唱し，インターネット技術の活用をさらに推進することを促した。その翌年の2015年3月の全国人民代表大会のなかで，その代表であるテンセントの創業者・馬化騰氏が「internet+をもって，我が国の経済社会におけるイノベーションと発展を推進することに関する提言」を提出した。それを受けて，李克強総理はその直後の第12回全国人民代表会議3次会議にて政府の仕事を報告する際に，はじめて「internet+」に関する行動計画を発表した。具体的にはインターネット，特にモバイルインターネット，クラウドコンピューティング，ビッグデータ，IoT（物のインターネット，Internet of Things），AI（人工知能）などの発展を推進し，インターネット技術に伝統産業を付加することで，インターネット的な考え方で伝統産業を新たな形で発展させ，インターネットの革新成果を経済社会の各分野に深く融合させ，中国の実体経済と社会に新しい成長と進化をもたらすことを目指したのである。同年7月4日，中国国務院は『国務院の"internet+"行動を積極的に推進することに関する指導意見』を公表し，「internet+」は正式に中国の国家戦略となったのである。

　これまで，中国政府の強い後押しを受けて，中国の「internet+」は中国の様々な側面において大きく成長し，社会と経済に大きな変化をもたらし，人々の日常生活にも大きな影響を与えてきた。また中国社会に存在していた一部の社会問題も，「internet+」の発展によって解決されたという。**図表 5 -11**は近年の中国でよく利用されている一部のアプリをまとめた表である。ネット通販について第4章ですでに考察したため，ここではネット通販以外の人々の日常生活に深く関係する「情報通信」，「飲食・宿泊」，「移動」，「医療」，「教育」，

「娯楽活動」および「行政サービス」の7つの分野の変革について見てみたい。

①　情報通信領域において，従来の人々は連絡を取る時に電話回線を利用して音声の通話やショートメールなどで実施していたが，「internet+通信」の発展によって，今ではほとんどの連絡は即時通信アプリ（例えば微信）を利用して音声，文字，および映像通話で実施されている。2020年のコロナ禍で中国で

図表5-11	近年の中国でよく利用されているアプリ

アプリ名称	ロゴ	内容・機能
微信 （WeChat）		テンセント（騰訊控股）が2011年から運営している中国で最も利用されているコミュニケーションツールアプリ。スーパーアプリの1つ。日本で利用されているLINEに相当する。モバイル決済のWeChat Payというモバイルウォレット機能もあり，そのなかにパブリックサービス，配車サービス，高速鉄道や飛行機の予約，ホテル予約などもできる。旧正月やお祝い事でよく渡す中国版ご祝儀の「紅包」機能やユーザー個人間送金機能もある。世界でのアクティブユーザー数は12億人以上（2020年9月発表）と言われている。
アリペイ （支付宝，Alipay）		アリババグループ（阿里巴巴）が運営している中国で最も利用されているモバイル決済ツールアプリ。人々の生活のあらゆる場面で使えるスーパーアプリ。買い物やタクシー・ホテル予約，映画チケットの購入，公共料金の支払い，病院の予約，振り込みや資産運用商品の購入，小額消費者金融サービスなどもできる。世界でのユーザー数は12億人以上（2019年10月発表）と言われている。
タオバオ （淘宝，Taobao）		アリババグループ（阿里巴巴）が運営している中国で最も大きなC2C（個人間取引）ネット通販プラットフォームアプリ。中国国内のアクティブユーザーの数は6.54億人（2019年3月発表）。毎年11月11日に開催される「"双十一"ネット通販半額セール買い物祭り」の主戦場。偽物が多いとされているが，アリババの「Tモール」と合わせて中国のEC市場の半分以上のシェアを確保している。
Tモール （天猫，Tmall）		アリババグループ（阿里巴巴）が運営している中国で最も大きなB2C（企業と消費者との間の取引）ネット通販プラットフォームアプリ。世界のアクティブユーザーの数は8.74億人（2020年8月発表）と言われている。毎年11月11日に開催される「"双十一"ネット通販半額セール買い物祭り」の主戦場。アリババの「タオバオ」と合わせて中国のEC市場の半分以上の市場シェアを確保している。
JD.com （京東商城）		京東商城が運営している中国の大手B2Cネット通販プラットフォームアプリ。中国国内でのアクティブユーザーの数は3.34億人（2019年11月発表）と言われている。アリババグループが運営するTモールの最大のライバルとなっており，中国のネット通販市場の約26％以上を占めている。京東商城が自ら運営している物流と宅配システムはその最大の強みだと言われている。

小紅書 （RED）		中国最大規模のソーシャルコマースプラットフォーム。2013年にリリースされた「越境EC＋口コミ」のアプリ。写真や動画を使用した高品質な口コミが投稿されており、「中国版Instagram」とも呼ばれている。登録ユーザーの数は 3 億人以上（2019年 7 月発表）と言われている。
拼多多 （Pinduoduo）		2015年にリリースされた「C2M（消費者から製造者へ・Customer-to-Manufacturer）」のネット通販プラットフォームアプリ。中国のEC市場には出遅れてはいたが、新しいビジネスモデルで多くのユーザーから支持され、国内のアクティブユーザーの数は7.31億人（2020年 9 月発表）となっており、中国のEC市場の 3 番目の市場シェア（12.8％：2019年）を確保できている。
餓了麼 （Ele.me）		中国最大の出前サービスアプリ。2008年に創業され、2009年にインターネットサイトを公開。2010年以降にモバイル対応を実現し、現在は中国出前サービス市場の最大手となっている。2016年 4 月にアリババグループの出資を受け入れてアリババの傘下に入ったが、2017年 8 月に中国出前サービス市場シェアの 3 位プレイヤー「百度外売」を買収した。ちなみに中国出前サービスの市場シェア 2 位は「美団（Meituan）外売」である。
大衆点評 （Dianping）		2003年に上海で創業された中国最大手の口コミ投稿サイトである。2015年 8 月に美団（Meituan）と合併し、新会社「美団点評」を設立した。中国最大のユニコーン企業と呼ばれている。2015年時点での月間アクティブユーザーの数は 2 億人、登録された店舗数は1,400万件を突破している。中国においては、2,500を超える都市、世界においても860を超える都市が登録されている。
滴滴出行 （DiDi）		中国最大のライドシェア企業である滴滴グループが運営しているインターネット配車サービスアプリ。2012年にリリースされ、サービス開始した。2016年 8 月にアメリカの最大手インターネット配車サービス企業Uberから中国事業を買収。中国国内でアクティブユーザーの数は5.5億人（2019年 4 月発表）とされている。
抖音 （Douyin, TikTok）		ByteDance社（字節跳動）が開発運営しているモバイル向けのショートビデオ映像プラットフォームアプリ。中国では「抖音」となっているが、海外版は「TikTok」と呼ぶ。2016年にリリースされてサービス開始、現在は世界一の人気アプリに成長している。ダウンロード数は驚異の170億回超となっている。中国では「抖音中毒（＝抖音にはまりすぎて仕事や生活に支障が出てくる）」という流行語が出てくるほど人気となっている。
ビリビリ （哔哩哔哩, bilibili）		近年の中国で急成長を遂げ動画共有サイトおよびビデオ,生放送、ゲーム、写真、ブログ、漫画などのエンターテイメント・コンテンツ企業である。ビリビリ動画と呼ばれている。2009年 6 月に「Mikufans」として創業されたが、2010年 1 月に「bilibili」に改名。2012年 2 月にモバイルアプリをリリース。月間平均アクティブユーザーの数は 2 億人（2020年 5 月発表）と言われている。
今日頭条 （Toutiao）		2012年からリリースされ、ニュースの配信を始める。人工知能を活用したニュース配信プラットフォームアプリ。累計利用者数は6 億人で、毎日のアクティブユーザーは1.2億人も上る（2019年10月発表）と言われている。運営会社は「TikTok」と同じByteDance社である。

出所：筆者作成。

もロックダウンが行われていたなか，テレワークやオンラインでの業務執行などが急速に推進され，様々なオンラインビデオ会議ツールが急成長期を迎えた。例えばアリババグループの「釘釘（dingtalk)」，テンセントの「騰訊会議（VooV)」などがある。

　②　飲食・宿泊についても，「internet+」はそれまでの伝統的なあり方を大きく変革させた。例えば外食について，まず言及されるべきものは中国で急速に成長してきたフードデリバリーである。日本ではUber Eatsや「出前館」のサービスがよく利用されるが，中国では「餓了麼」，「美団外売」と「百度外売」のトップ３がほとんどの市場シェアを確保している。**図表 5 -12**は近年，中国のフードデリバリー市場の推移を現したグラフである。2020年のデータはまだ発表されていないが，コロナ禍のなか，中国のフードデリバリー需要はさらに高くなっているだろう。

　そして実店舗の運営においても「internet+」が利用されており，例えば今の中国では，紙のメニューやタブレットを無くし，QRコードをテーブルに貼

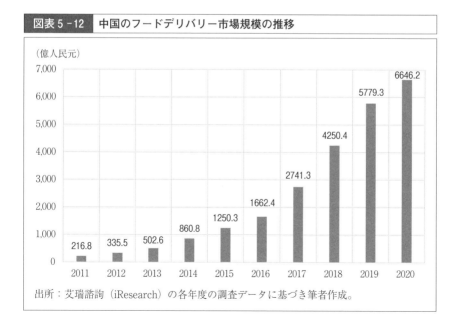

図表 5 -12　中国のフードデリバリー市場規模の推移

（億人民元）

出所：艾瑞諮詢（iResearch）の各年度の調査データに基づき筆者作成。

るだけで顧客に自らのスマートフォンでスキャンして注文をしたり，決済したりしてもらい，運営の効率を高めながらコストダウンもはかっているという店舗が増えている。また宿泊ホテルの予約も，かつては旅行会社を経由することや，パソコンでインターネットを利用して予約することなどが一般的であったが，今は移動しながらスマートフォンで随時にアプリを利用して予約・決済ができるようになっている。

　　③　人々の移動について，「internet+移動」の応用はさらに多種多様となっている。宿泊ホテルの予約と同じように，移動しながらスマートフォンでフライトを予約したり，高速鉄道の乗車券を購入したりできるだけではなく，ネット配車サービスを提供している企業のアプリ（例えば「滴滴出行」や「首汽約車」など）をスマートフォンで利用してタクシーや高級送迎車の予約などもでき（**図表5-13**を参照），さらに近い距離の移動であれば，自転車のシェアリングサービスを提供している企業のアプリ（例えば「Mobike」や「ofo」など）を利用して近くに置かれている自転車を見つけ，解錠して乗ることもでき

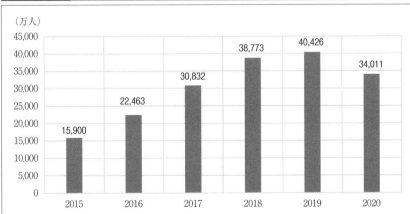

図表5-13　ネット配車サービスのユーザー数の推移

（万人）

年	ユーザー数
2015	15,900
2016	22,463
2017	30,832
2018	38,773
2019	40,426
2020	34,011

注：新型コロナウイルス感染拡大の影響を受け，人々の移動が制限されていたため，2020年のユーザー数は大幅に減少した。
出所：中国互聯網絡信息中心（2010年～2020年）『中国インターネット発展状況統計報告』に基づき筆者作成。

る。もちろんこれらのサービス利用への代金支払いもすべてモバイル決済で簡単に済ませることができる。

④　医療や受診についても，「internet+」は大きな変化をもたらしている。かつての中国では，病気になれば医者に診てもらうために，まずは整理券をもらわないといけないが，どこの病院でも患者が溢れていたため，整理券を確保するために朝早くから長い行列を作っていた。患者の多いところの整理券は奪い合い状態であるため，悪徳業者は該当整理券を高価で転売するという社会問題が発生していたのである。中国政府は警察を動員して転売行為の撲滅に力を注いでいたが，効果は薄かった。ところが「internet+受診予約」に基づいて病院は受診予約アプリを作成し，整理券をオンラインで購入し，受け取ることによって，悪徳業者による整理券の転売行為を一気になくしたのである。

また，医療サービスのあり方も大きく変わろうとしている。中国では優秀な医療資源が大都市に集中しており，そのため地方都市で患者は特定の診療を受けられないことがよくあった。しかし「internet＋医療」によって，5G[4]の普及と遠隔操作技術・設備の進展とともに，ますます多くの遠隔診療が実現できるようになってきている。

⑤　2020年からコロナ禍の影響を受け，「internet＋教育」はこれまでの教育のあり方も変えようとしており，中国政府も民間企業も積極的に「internet＋教育」の未来を探っている。日本でも小学校教育から大学教育まで様々なオンラインビデオ会議ツール（例えばzoom）を利用してオンライン授業が行われているが，中国でも同様で，新型コロナウイルス感染が一番厳しかった2020年の2～3月において，前段でも触れたアリババグループが運営しているアプリ「釘釘」は中国の学校オンライン教育でよく利用され，一番大きく成長できたオンラインビデオ会議ツールとなったという。**図表 5 -14**は近年，中国のオンライン教育のユーザー数の推移を現したグラフである。このグラフから，2020年の新型コロナウイルス感染拡大の影響で，中国のオンライン教育のユー

4)　第5世代移動通信システムは，1G，2G，3G，4Gに続く国際電気通信連合が定める規定IMT-2020を満足する無線通信システムである。4Gと比べて，主に「高速大容量」，「高信頼低遅延」と「多数同時接続」の3つの特徴がある。5G技術に関して，中国の企業ファーウェイ（華為）が大幅にリードしていると言われている。

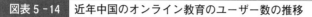

図表5-14 近年中国のオンライン教育のユーザー数の推移

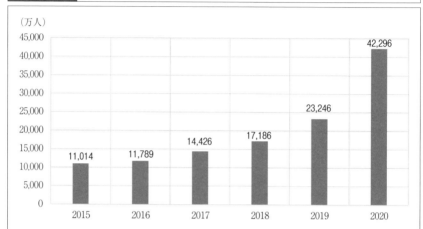

出所：中国互聯網絡信息中心（2010年〜2020年）『中国インターネット発展状況統計報告』に基づき筆者作成。

ザー数が急増したことが読み取れる。

⑥　娯楽活動も人々の日常生活に必要不可欠な部分であり，スマートフォンの普及に伴い，スマートフォンを使って様々なオンライン娯楽サービスを楽しむ人々が増えてきた。例を挙げると，スマホオンライン映像を鑑賞して楽しむユーザーの数は年々増大していることが，**図表5-15**から読み取れる。

　スマホオンライン映像サービスを提供している企業の中で，特に近年中国で人気となっているのは，図表5-11にリストアップしたビリビリ（哔哩哔哩，bilibili）もあるが，世界中で莫大な人気を誇っているショートビデオアプリのTikTok（中国版は「抖音，Douyin」と呼ぶ）もある。TikTokは中国企業のByteDance社（字節跳動）が開発運営しているモバイル向けのショートビデオ映像プラットフォームアプリであり，2016年にリリースされてサービス開始したが，今では世界一の人気アプリに成長しており，合計のダウンロード数は驚異の170億回超となっている。中国では「抖音にはまりすぎて仕事や生活に支障が出てくること」を意味する「抖音中毒」という流行語まで出回っており，ユーザーが非常に多いため，各企業もTikTokの企業アカウントを作成し，

図表 5 -15　中国のスマホオンライン映像ユーザー数の推移

出所：中国互聯網絡信息中心（2010年～2020年）『中国インターネット発展状況統計報
　　　告』に基づき筆者作成。

TikTokを利用して広告宣伝を積極的に行っている。

　また，オンラインゲームも現在中国の人々の娯楽活動の重要な１つとなって
いる。**図表 5 -16**は中国のスマホオンラインゲームのユーザー数の推移を表し
たグラフである。かつて，オンラインゲームは専用のゲーム機やゲームソフト
を購入して，インターネットと繋げて楽しむことが一般的だったが，今は気軽
にスマートフォンを使ってゲームのアプリをダウンロードし，すぐに楽しむこ
とができる。

　⑦　「internet+行政」による中国の行政サービスの進化も著しい。かつて，
中国の行政サービスには透明性や効率性などの問題があり，長期間にわたり，
市民たちから多くの不満が溢れていた。しかし今，多くの都市では多くの行政
サービスがスマートフォンを操作するだけで，オンラインで効率よく実現する
こともでき，透明性もかつてと比べてずっと高くなっているのである。

　図表 5 -17は中国の行政サービスのオンライン化の2020年６月時点の状況を
表したグラフである。このグラフからわかるように，「市」や「県」といった
市民生活に一番近いところの行政部門では，「情報データ公開」のプラット
フォームの個数は一番多くなっており，行政サービスの透明性を高める役割を

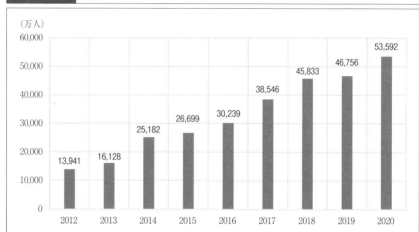

図表 5 -16　中国のスマホオンラインゲームのユーザー数の推移

出所：中国互聯網絡信息中心（2010年〜2020年）『中国インターネット発展状況統計報告』に基づき筆者作成。

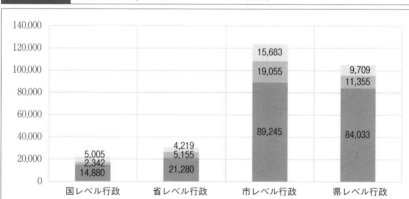

図表 5 -17　中国の行政サービスのオンライン化（2020年 6 月，プラットフォームの個数）

出所：中国互聯網絡信息中心（2020）『第46回中国インターネット発展状況統計報告』に基づき筆者作成。

担っているが，「オンライン手続き」のプラットフォーム個数も多く設定されており，人々はスマートフォンの該当アプリを開いて操作するだけで簡単に手続きを済ませることができる。ただし，中国互聯網絡信息中心（2020）の報告書の中で言及したとおり，中国の現在の行政サービスのオンライン化は依然として模索の初期段階にあり，セキュリティ問題や個人情報保護の問題，およびシステム運営効率の問題，システム間の連携がまだ十分にできていないなど，さまざまな問題を抱えており，利用者の立場に立って改善していかなければならないのである（中国互聯網絡信息中心（2020）p.76）。

5-5　中国のIoT

　前段で考察した中国の「internet+」と同様に，近年の中国ではIoTも大きな成長を実現できている。IoTとは，Internet of Thingsの略語であり，自動車，家電，ロボット，施設などあらゆるモノがインターネットに繋がり，情報のやり取りをすることで，モノのデータ化やそれに基づく自動化などが進展し，新たな付加価値を生み出すというものである[5]。IoTは，情報の収集・蓄積，解析，反映・応用のあらゆる面において革新をもたらすため，ビッグデータの活用を具現化するとともに，各産業のビジネスや産業構造そのものを大きく変革する可能性を秘めており，ビジネスに留まらず，工場の生産性の向上から，社会インフラの効率的な管理など，社会の様々な分野での幅広い活用の可能性も期待されている。前段で考察したように，「internet+」は「コトのインターネット」であるのに対して，IoTは「モノのインターネット」である。

　IoTは「モノのインターネット」であるが，様々なものをインターネットで繋げるためにはAIやビッグデータ，クラウド，そしてセンサーなど，多くの高度な技術が必要とされる。2015年，IoTは重要な国家戦略の1つである「中国製造2025[6]」のなかの1つの内容として中国政府によって提起されて以来，多くの中国企業は様々な分野において技術開発に力を注ぎ，急速な成長を遂げ

---

5)　総務省（2015）『平成27年版　情報通信白書』，p.292。
6)　中国政府が2015年5月に発表した国家戦略である。次世代情報技術や新エネルギー車など10の重点分野と23の品目を設定し，製造業の高度化を目指す。詳細は後段の5-6で考察する。

てきた。ここでは中国の典型的な主要企業について紹介しておきたい。

5-5-1　スマートフォン・5Gの世界覇者：ファーウェイ（華為技術，HUAWEI）

　中国のIT大手企業と言えば，まず頭に浮かんでくるのはファーウェイだろう。ファーウェイはこれまでよくメディアを賑わせたアメリカの「GAFA（Google，Apple，Facebook（現メタ），Amazon）と対立する中国の「BATH（Baidu，Alibaba，Tencent，Huawei）」の1社であり，日本の通信市場に2005年に進出し，東京都千代田区大手町に日本本部「ファーウェイ・ジャパン」を作った。特に2018年からアメリカと中国との間で繰り広げられている貿易戦争（後にIT覇権争いへ発展）において，アメリカのトランプ政権の制裁対象となったため，世界中のメディアに頻繁に取り上げられ，一気に世界に知れわたる中国最大手のICT企業となったのである。

　ファーウェイは1987年，中国の深セン市で，任正非氏と数人の友人の共同出資で設立された零細企業であった。設立当初は小型の交換機，火災警報器などの開発・生産，工事などを営んでいたが，大きく利益を上げていたのは香港からの小規模構内向け内線電話交換機（PBX）の代理販売であった。その後，製品の代理販売において限界を感じた任正非は，自主的な技術開発を基礎においた経営戦略への転換を決意した。1993年，ファーウェイは電話事業者用デジタル電話交換機C&C08-2000（2000は回線数を表す）の開発に成功し，そして翌年の1994年にC&C08-10000回線の開発にも成功した。このC&C08と万門級型交換機を武器に，ファーウェイは通信インフラ整備が遅れていた中国の農村地域を中心に売上を著しく増加させた。1998年には中国の電話交換機市場の30.1％のシェアを占めるにいたったのである。後に，このC&C08シリーズの交換機製品は市場で高く評価され，2003年末までに合計1億回線の実装を実現し，業界最高を記録した。その後，ファーウェイは5G技術を含む通信領域の研究開発，製造，販売に特化し，中国最大手のICT企業に成長し，世界においても上位の巨大企業となっている。起業当初のファーウェイの顧客は中国電信，中国移動，中国網通，中国聯通などの中国企業が中心であったが，2000年代以降はブリティッシュ・テレコム，ドイツテレコム，テレフォニカ，テリア・ソネラ，ア

ドバンスト・インフォ・サービス，シンガポール・テレコムなどと取引があり，170ヵ国の530社の通信事業者へ設備・サービスを提供しており，輸出を拡大している。2017年から2019年，ファーウェイは毎年4,024件，5,405件と4,411件の国際特許出願件数で３年連続で企業別特許出願件数首位となっており（**図表5-18を参照**），2018年現在，ファーウェイは約18万人の従業員を有し，売上高は7,212億人民元（約11兆7,200億円）に達した。通信関連機器のシェアはすでに2012年にスウェーデンのエリクソンを抜いて世界１位の規模となっており，スマートフォンのシェアは２位のアップルに続いて世界３位になっている。

図表 5 -18　**国際特許出願件数企業別ランキングのトップ５社（2017年～2019年）**

順位	2017年	中	2018年		2019年	
1	ファーウェイ(4,024)	中	ファーウェイ(5,405)	中	ファーウェイ(4,411)	中
2	ZTE (2,965)	中	三菱電機 (2,812)	日	三菱電機 (2,661)	日
3	INTEL （2,637)	米	INTEL （2,499)	米	サムソン電子(2,334)	韓
4	三菱電機 (2,521)	日	クワルコム （2,404)	米	クワルコム （2,127)	米
5	クワルコム （2,163)	米	ZTE （2,080)	中	OPPO （1,927)	中

出所：IPO（世界知的所有権機関）のデータに基づき筆者作成。

　図表5 -18は2017年，2018年と2019年の３年間の国際特許出願件数の企業別ランキングのトップ５社を表した表である。この表から明らかなように，2017年から2019年までの連続３年間，ファーウェイは国際特許出願件数で世界一となっているだけでなく，その出願件数は２位の企業より1,000件以上も多くなっているのである。実際に，ファーウェイがこのような強い研究開発能力を有している理由には，研究開発を非常に重視しているファーウェイの経営のあり方にある。まず，ファーウェイの社員体制について見てみると，18万人のグローバル社員のうち，研究開発要員はなんと８万人を超えており，全体の約45％を占めている。また毎年，持続的な巨額の研究開発投資を実施しており，平均で言うと売上高の約10％以上にも上っていると言われている。例えば2017年のファーウェイの年間研究開発費は１兆4,800億円にも上っており，日本でいう

| 図表 5 -19 | スマートフォンの世界出荷台数シェア |

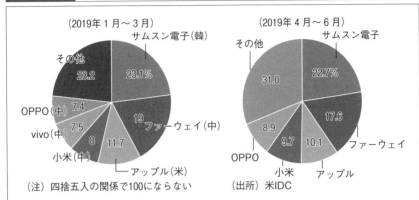

（注）四捨五入の関係で100にならない

出所：『日本経済新聞』の記事「ファーウェイが再び 2 位浮上　1 ～ 3 月のスマホ世界
　　　シェア（2019年 5 月 2 日）」,「ファーウェイ, スマホ出荷世界 2 位を維持　4 ～ 6 月
　　　（2019年 8 月 1 日）」

大企業の年間売上高（一般的には 1 兆円とされる）を超える規模であった。

　また, **図表 5 -19**は『日本経済新聞』が2019年 5 月と 8 月の記事にて掲載し
たスマートフォンの世界出荷台数の市場シェアを表したグラフである。周知の
とおり, 2018年からアメリカのトランプ政権が中国からの輸入品に対して高い
関税をかけ, 米中の間で貿易戦争が発生したが, 2019年になって米中間の貿易
戦争は経済面を越えて国家安全やハイテクなどといった様々な面へと広げられ,
ファーウェイはトランプ政権の制裁対象となったのである[7]。先進諸国からも
アメリカのトランプ政権に同調し, ファーウェイを自国市場から追い出そうと
決定した国々が次々と現れてきた。市場全体に逆風が吹き付けるなか, 幅広い
品揃えで自国市場に強みを持つファーウェイの出荷台数は50.3％増の5,910万
台となり, 上位 4 社のなかで唯一, 前年同期に比べ7.2％ポイント上昇し, シェ

---

7)　『日本経済新聞』の2018年12月 6 日の記事「ファーウェイ副会長カナダで逮捕　米, 引き
　　渡し求める：イランへ違法輸出か」にて,「カナダ司法省は 5 日, 中国の通信機器最大手, 華
　　為技術（ファーウェイ）の創業者の娘である孟晩舟・副会長兼最高財務責任者（CFO）を逮
　　捕したと明らかにした」と報じた。詳細については, 記事のサイト（https://www.nikkei.
　　com/article/DGXMZO38602770W8A201C1EAF000）を参照。

ア19.0％で首位の韓国サムソン電子（23.1％）に迫っており，ファーウェイの強さを示している。

　アメリカと中国との間で繰り広げられている熾烈なハイテク覇権争いのなか，注目されている1つの重要な技術は5Gであり，これもまたファーウェイが世界を大幅にリードしている技術である。5Gとは，ひと言でいえば，「高速・大容量」「低遅延」「同時多数接続」を可能にする通信インフラ技術である。インターネットにあらゆるモノやデバイスが接続されるIoT時代において，既存の通信規格である3Gや4Gでは性能面で追いつかず，IoTの進展を阻害してしまう（**図表5-20**を参照）。それに対して，5Gは4Gと比べて「20倍の速さ」，「10分の1の遅延」，そして「10倍の接続可能数」の高性能を誇っており，まさにIoT時代に必要不可欠なインフラである。

図表5-20　4Gと5Gの性能比較

	最大データ通信速度	遅延時間	同時多数接続台数
4G	1ギガビット／秒	10ミリ秒	10万台／1km^2
5G	20ギガビット／秒	1ミリ秒	100万台／1km^2

出所：田中（2019, pp.138-139）に基づき筆者作成。

　図表5-21は『日本経済新聞』が2020年1月5日の記事「5G特許，中国に勢い　韓国と北欧が追う」にて掲載した5G技術の必須特許に関する出願シェアを表したグラフである。この図表から，国別では5G技術に関して中国が最も高い出願シェアを確保しており，企業別ではファーウェイが全体の15.05％のシェアを確保し，フィンランドのノキアや韓国のサムスン，LG電子，そしてアメリカのクアルコムなどよりも高いシェアを持っていることが読み取れる。様々な可能性を秘めているIoTのインフラとされる5Gをめぐって，米中の対立と競争は今後も続き，技術面において世界の諸企業を大幅にリードしているファーウェイの動きが注目される。

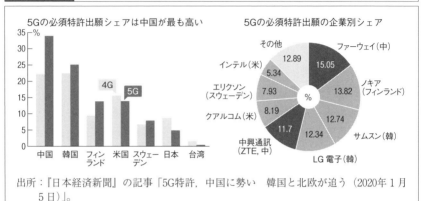

図表 5-21　5G技術の必須特許に関する出願シェア（2019年3月時点）

5Gの必須特許出願シェアは中国が最も高い

5Gの必須特許出願の企業別シェア

出所：『日本経済新聞』の記事「5G特許，中国に勢い　韓国と北欧が追う（2020年1月5日）」。

5-5-2　「交通大脳」を構築する中国配車サービス大手：滴滴出行

　滴滴出行は中国最大のネット配車サービスのブランド名であり，提供する企業は2012年に程維氏と王剛氏によって設立された北京小桔科技有限公司（Beijing Xiaoju Technology）である。2013年，現在の滴滴出行の前身の一社である「嘀嘀打車」へテンセント（Tencent）社が投資を行い，そして同時期に競合する「快的打車」を展開した「快智科技」へはアリババグループ（Alibaba）が投資した。つまり「嘀嘀打車」と「快的打車」の競争は，テンセント社とアリババグループとの間の競争の顕れとなったのである。2014年当時，ライバル関係にあった「嘀嘀打車」と「快的打車」は競争で勝つために，「紅包大戦」を繰り広げた。具体的には，「嘀嘀打車」を利用すると，ドライバーと乗客それぞれにテンセントの微信支付（WeChat Pay）で5人民元（約80円）ずつの「紅包」が支給される。それに対して「快的打車」を利用すると，同じくドライバーと乗客にアリババ系のアリペイ（Alipay）で5人民元ずつの「紅包」がもらえるというキャンペーンであった。しかもこの「紅包大戦」キャンペーンには「半年」という利用期間は設定されていたが，期間内の利用回数は設定されておらず，利用すればするほど多くの返金がもらえるということと

なっていた。ある試算では，両社が当時，この「紅包大戦」に投じた総金額は24億人民元（約390億円）となっていたという。

「嘀嘀打車」と「快的打車」が「紅包大戦」を行う最中の2014年5月に，「嘀嘀打車」は「滴滴打車」と名称を変更[8]し，8月にはグレードアップしたサービスである高級車配車サービス「専車」を開始した。この新しい試みは好評を得て「滴滴打車」は「快的打車」との競争で徐々に優位を確保しつつあった。しかし市場競争の秩序は急激に変化する。2015年2月，「紅包大戦」で熾烈な競争を繰り広げていた「滴滴打車」と「快的打車」はいきなり合併し，新しい「滴滴打車」となった。この合併劇の背景には，2014年よりアメリカのUber社が中国に本格進出したことがあると言われている。しかしUber社の中国での展開はうまく行かず，結局，2016年8月に，滴滴出行は3,500万ドルでUber社の中国事業を買収した。これで滴滴出行は一気に中国のネット配車サービス企業の最大手へと成長したのである（**図表5 -22**を参照）。

| 図表5 -22 | 2019年12月中国ネット配車サービスの市場状況 |

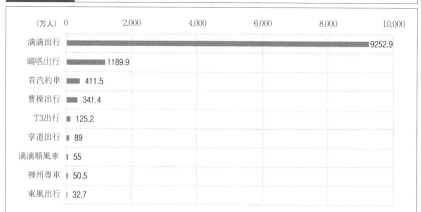

出所：前瞻産業研究院（2020）『2020-2025年中国網約車行業商業模式創新与投資機会深度研究報告』のデータに基づき筆者作成。

---

8)　2015年9月，「滴滴打車」は「滴滴出行」へと再び名称を変更した。

　滴滴出行は海外でも影響力を増している。2017年には東南アジアの配車サービス「Grab」に融資し，また同年8月には欧州の「Taxify」や中東の「Careem」と戦略的提携をした。2018年1月にはブラジルの配車サービス「99」を買収し，同年2月には日本のソフトバンクと提携を発表し，同年6月にDiDiモビリティジャパンを設立したのである。

　近年，滴滴出行はビッグデータやIoT領域において頭角を現してきている。2018年1月25日，滴滴出行のCTO張博氏は新たなプロジェクトである「滴滴スマート交通ブレーン（滴滴交通大脳）」を開始したと発表した。この「滴滴交通大脳」と呼ばれるプロジェクトは都市のモビリティへの向き合い方を変えるものであり，中国の配車サービス最大手である同社は政府やその他の協力相手からデータを得て，AIとクラウド技術を駆使して都市交通をマネジメントするというソリューションでもある。

　周知のとおり，近年の中国では人々の収入の増大とともに，乗用車の普及もある程度実現してきている。そのため，都市部では交通渋滞が頻発し，深刻な社会問題となりつつある。滴滴出行の「滴滴交通大脳」プロジェクトはこれらの問題を解決しようという目的で設立され，これまで3年ほど開発が続けられており，現在は50を超える世界の都市で試験的に運用されている。滴滴出行の車両からのビデオカメラ，信号を受けるセンサーやGPSからのデータの解析，インテリジェント信号機の設置，地方の交通警察や都市計画者との協力など，多くの領域に跨った努力がなされているのである。また滴滴出行が公表したデータによると，2017年に同社のプラットフォーム上で働いたドライバーの数は2,100万人を超えるという。この巨大な数によって収集されてきた日平均3,000万件超の配車データから形成されたビッグデータは，滴滴出行を世界レベルでのライバルであるUberに比べても異質な存在へと変化させている。そして現在，「滴滴交通大脳」はもはや交通渋滞の解消や配車の最適化のためにAIやビッグデータを使うだけではなく，モビリティのあらゆる側面をインフラから車，そして人に至るまでIoT技術を駆使してカバーしようとしている。

5-5-3　中国の検索と自動運転技術の王者：百度（Baidu）

　中国のIoTには1つの重要な内容として，車の自動運転技術の開発と応用が

注目されている。2015年に発表された「中国製造2025」戦略のロードマップで自動運転・コネクテッドカーが位置づけられて以来，様々な政府計画に自動運転が位置づけられるようになった。各計画に共通している中国の自動運転の特徴は主に以下の4点がある。

①自動運転の実現にあたり車両単独でなくネットワークとの連携に重点を置く。

中国の自動運転は，自動車単独ではなくネットワークに接続して，外部環境からの情報提供・連携などをもとに実施することに重点を置く。このため，政府の計画の中で，自動運転は常に「コネクテッドカー」の一機能として位置づけられる。

②センサー・レーダー・車載半導体で先進国に後れを取っていると認識し国産化を目指す。

自動運転に必要な車載高精度センサー，車載用半導体については，国際的な競争力が弱いとして，国産化と国際競争力を目指すための研究開発を実施する。

③ネット企業や情報通信機器事業者の競争力強化を取り込んでいる。

2016年省エネ車・新エネ車ロードマップでは，中国のコネクテッドカー分野の強みとして，百度，テンセント，アリババなどのインターネット企業を有すること，ファーウェイや大唐などのように通信産業で世界に影響力を有する企業を有していることを強みとしている。

④コネクテッドカーの走行時のリアルタイム監視を行う。

新エネ自動車では，販売後の車両の走行中の位置情報やバッテリーの状態を政府が指定する機関にリアルタイムに送信する制度が2017年からすでに導入されている。コネクテッドカー分野では，自動運転自動車の公道テストの際に，テスト車両の位置や自動運転モードの状態を地方政府が指定する機関にリアルタイムに送付する制度が実施されており，特にスマート自動車イノベーション発展戦略（2020年2月）ではスマート自動車の個別識別認証とリアルタイムでの追跡システムの構築を示唆したのである。

中国で車の自動運転技術の熾烈な開発競争が繰り広げられているなか，IT大手の百度の近年のパフォーマンスが目立っている。

百度は2001年1月に，李彦宏氏によって北京の中関村で創業された検索サー

ビスを提供する中国の大手IT企業であり，「BATH」の１社である。アメリカの検索大手企業Googleが2010年に中国本土市場から完全に撤退してから，百度は中国本土の最大の検索サービス提供企業として急速に成長できたのであり，現在は中国の人々にとって欠かせない存在となっている。

　2015年，中国政府の「internet+」戦略の発表に応じて，百度はスマートシティ，自動運転，およびAI（人工知能）領域へ本格的に参入した。同年12月，百度の自動運転システムを搭載した自動車は北京市内の高速道路と市内道路でテスト走行を実施したという。2017年，百度は自動運転技術開発プラットフォームであるApolloを設立し，百度だけでなく他の自動車メーカーやソフトウェア開発企業などもこのプラットフォームに参加してもらい，協力し合い・競い合うように開発している。2018年９月，百度は初めて「路車協調（車路協同）」を提起し，スマートシティ，スマートロードとスマートカーの相互協同という構想を発表した。つまり，自動車だけでなく，信号機や路上の自動運転用センサー，地図サービスなどを整合し，自動車単体の自動運転よりもスマートな自動運転を実現するというものである。

　2020年９月に北京で開催された百度のライブ形式のイベント「百度世界大会2020」では自動運転関連の発表に時間が裂かれ，李彦宏氏は中国の自動運転の未来像について語った。その見立ては，「2025年までに，百度の自動運転に必要なデジタル基盤が完成し，高度な自動運転車両が一部エリアで商用化され，新型の交通情報インフラが中国の主要都市や日常的な運転シーンで使用できるようになるとしている。そして2035年までに，自動運転のネットワークが完成し，大規模な自動運転の商用化が実現され，新型の交通情報インフラが中国のほぼ全域で使用可能となる。そして21世紀中頃に，完全に運転の自動化が実現されるとしている」というものであった。「路車協調」構想の実現をより明確に宣言したのである。

　この「路車協調」は百度や中国の自動運転の強みであり，スマートシティと企業が一体となって自動運転のためのインフラを作り上げるからである。車両単体の自動運転性能で言えば，Googleやテスラなどのアメリカ企業が一歩リードしているとされているが，スマートシティがサポートするとなると，国を挙げて自動運転技術を発展させようとしている中国では，中国企業のほうが圧倒

的に有利である。「路車協調」構想が実現されれば，百度の自動運転・コネクテッドカーはスマートシティと連動することで，路肩のセンサーや信号機，マップと常に情報を交換し，目的地までの最適なルートを自動で走行できる。

5-5-4　物流と配達を変えたIoT企業：菜鳥網絡

　第4章では中国の熱狂したネット通販について考察した。そしてネット通販の急成長の1つの理由として，中国の宅配物流の成長についても簡単に考察した。実際に近年，中国の宅配物流業界においてもIoTが活用され，その典型的な企業は「菜鳥網絡（Cainiao）」である。

　「菜鳥網絡」は中国国内のEC市場の急成長に伴う莫大な物流負担に対応するために，アリババグループが2013年5月28日に，中国国内の複数の物流企業や運送会社（銀泰集団，復星集団，富春集団，申通物流，園通物流，中通物流と韵達物流）と共同で設立した物流会社である。物流企業ではあるが，自社でトラックなどの運行は行っておらず，物流ネットワークの構築やビッグデータの活用，AIなどによる最適化を実現し，物流効率を向上させる物流プラットフォームの運用を通じて，中国のそれまでの物流を根本から変えようとするIoT企業である。

　中国のEC最大手であるアリババグループは中国のネット通販の急成長のなかで取引の量は順調に拡大していたものの，商品の物流と配達はすべて外部の物流業者に委託していた。毎年の恒例イベントとなっている「双十一」の大型セールとなると，年々増えてくる莫大な注文によって，物流企業はその一気に増える商品の量で倉庫が物理的に満杯になり，混乱に陥ってしまうことがしばしばあった。例えばネットで購入した商品がなかなか届かなかったり，商品が紛失したり，多くの問題が頻発し，物流崩壊の問題は実際にアリババグループのEC市場におけるさらなる成長の阻害要因となっていた。それに対してEC市場におけるアリババグループの最大のライバル社である京東商城は自社の物流会社を運営しているため，高効率・高品質な配送サービスの提供によって，EC市場での売上高を着実に伸ばしてきた。

　この状況を打開するために，アリババグループは2013年，AIやビッグデータなどを用いて既存の物流企業のサポート役として，この「菜鳥網絡」を設立

したのである。菜鳥網絡が力を注いだ最初の事業はトレーサビリティの確立であった。手書きで行っていた宛名書きをデジタル化し，物流会社ごとに異なるデータの標準化を果たした。荷物の追跡システムの構築はもちろん，どのルートで輸送したほうが良いか，どの荷物をセットで発送したほうが効率的なのかを，AI技術で判断を行い，物流の最適化を最先端の技術で実現したのである。また，ネット通販ユーザーの住所データベースの構築にも力を入れ，菜鳥網絡のプラットフォームに入っている物流企業であれば共有できるシステムとした。さらに，菜鳥網絡は中国各地で物流用の大型倉庫を作り，ネット通販ユーザーの近くに配達拠点である「菜鳥ステーション」の設置にも力を入れた。大型倉庫では大量の自動運転運搬ロボットを導入し，AIで貨物棚を効率よく移動させており，そして一部の大学や団地の「菜鳥ステーション」では自動運転無人配送ロッカー車を運行させ，ネット通販ユーザーに最新の体験とサービスを提供したのである。

　以上のように，様々な側面において最先端の技術を駆使した結果，2016年以降，荷物急増による物流崩壊は消え，「双十一」ネット通販の大型セールで購入から到着まで10日以上かかった配送時間は，3～4日にまで短縮された。2018年6月，アリババグループの創業者であるジャック・マー氏は「2018世界スマート物流サミット」にて講演を行い，「中国全土で24時間以内，全世界72時間以内の配送を完了させる」という目標を宣言し，「宅配便の取扱量が今の10倍にあたる1日10億個となる時代に備え，未来観，大局観を持った対策を打ち出さなければならない。以前の物流業界は『体力労働』だったが，今後は『脳力労働』になる。」と，物流IoT企業の菜鳥網絡と中国物流産業のさらなる進化を促したのである。

5-6　おわりに

　リープフロッグ（leapfrog，カエル跳び）型発展という言葉がある。アフリカで固定電話が普及する前に携帯電話が普及したという事例が代表的であるが，先進国の技術導入ステップと比較して一足飛びに新たな技術の導入により一気に発展される現象を意味する。中国においてはパソコン・インターネット時代

が成熟する前にスマートフォン・モバイルインターネット時代が到来したことも，本章で考察した中国のモバイル決済を中心としたキャッシュレスの確立も，そして「internet+」の応用・IoTの急成長も，中国のリープフロッグ型発展と言えよう。しかしこの中国のリープフロッグ型発展は中国政府が打ち出した様々な新興産業支援政策の強い後押しがあったからこそ急速に実現できたと言えよう。

　近年，中国政府が打ち出した様々な新興産業支援政策において，国家戦略として位置付けられている「中国製造2025」は世界から熱い視線を集めている。「改革・開放」政策が施行されて以来，多くの紆余曲折があったものの，中国の製造業は総じて持続的な成長が実現でき，それによってあらゆる分野にわたる独自の産業体系が形成され，工業化・現代化が大いに進展した。しかし先進国と比べると，中国は量的拡大を遂げた「製造大国」となったが，「製造強国」とは言えず，自主的イノベーション能力や資源利用効率，産業構造，情報化レベル，品質や生産効率などで大きく後れを取っており，製造業全般におけるグレードアップを迫られているのであった。2014年から，中国工業情報化部は国家発展改革委員会，科技部，財務部，および中国工程院など20の政府機関と連携して，製造業振興の長期戦略プランを策定し始め，2015年5月19日，中国政府は国家戦略「中国製造2025」を正式に公布したのである。

　「中国製造2025」戦略では，中国の現状に基づいて，建国100周年の2049年までに3段階で製造強国化を実現するという長期のロードマップを掲げたうえで，その第一段階として，2025年までの具体的な発展目標や重点分野を示している。具体的には，重点施策として，①イノベーション能力の強化，②ITと工業の融合推進（スマートファクトリーなど），③基盤技術の強化，④質の向上とブランド作りの強化，⑤環境にやさしい製造業の全面的な普及などの「9大戦略目標」が掲げられているほか，「5大プロジェクト」と「10大重点産業分野」が指定されている（**図表5-23**と**図表5-24**を参照）。

　特に「9大戦略目標」のなかでは，目標2の「情報化・工業化融合の深化」を主軸に置くことが明確にされており，「internet+」やIoT，そしてスマート製造などを核心として推進することが強調された。製造業のデジタル化を促す第4次産業革命の潮流が高まるなか，中国ではIoTを踏まえたインダストリア

図表 5 -23　「中国製造2025」戦略の「 3 ステップ」

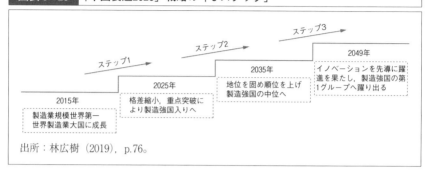

出所：林広樹（2019），p.76。

図表 5 -24　「中国製造2025」の戦略目標と重点プロジェクト

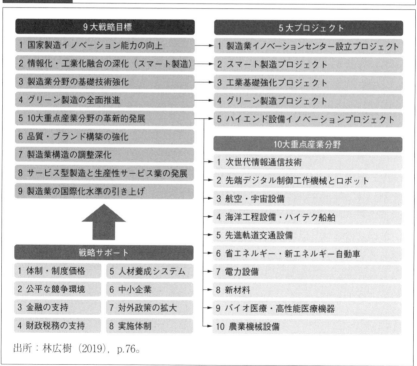

出所：林広樹（2019），p.76。

ル・インターネット（中国語：「工業互聯網」）を強く指向する政策トレンドが明確になっており，IoTを活用して工場・企業内と企業間，顧客・消費者をもつなげるインダストリアル・インターネットが重視される背景には，世界最大の製造業基盤と消費者市場に加え，世界をリードするEC産業の発展実績などがある。中国政府の国家戦略「中国製造2025」の強い後押しを受け，中国の経済と社会におけるさらなる成長と進化が期待される。

参考文献

許海珠（2019）「IT企業の成長と変貌する中国」『関西大学経済論集』，第68巻，第4号，pp.261-284。

経済産業省（2018）「キャッシュレス・ビジョン」。

経済産業省（2020）「キャッシュレスの現状及び意義」。

近藤信一（2017）「中国のIOT市場の現状と『中国製造2025』に関する日系企業のビジネスチャンス」『産業学会研究年報』，第32号，pp.137-153。

蔡佳（2018）「応対去現金化的影響和風険」『金融時報』，2018年7月9日。

前瞻産業研究院（2020）『2020年中国移動支付行業発展現状和市場格局分析』。

総務省（2015）『平成27年版　情報通信白書』。

総務省（2018）『平成30年版　情報通信白書』。

総務省（2020）『令和2年版　情報通信白書』。

田中裕之（2016）「現代製造業のグローバルな再編と21世紀前半世界(1)」『立正大学経済学季報』，第65巻第3・4号，pp.143-156。

田中道昭（2019）『米中メガテックの競争戦略：GAFA×BATH』日本経済新聞出版。

中国互聯網絡信息中心（2010年〜2020年）『中国インターネット発展状況統計報告』。

中国支付清算協会（2018）『2018移動支付用戸調研報告』（https://www.mpaypass.com.cn/news/201812/27094816.html　2021年1月17日確認）。

趙瑋琳（2018）「中国のキャッシュレス・イノベーション：普及要因の考察，プレーヤーの成長と社会信用の構築」『加速する中国のデジタルイノベーション』，富士通総研。

夏目啓二・陸雲江（2015）「中国通信機器企業の国際競争力：ファーウェイを中

　　　心として」『龍谷大学経営学論集』，第54巻第 3 / 4 号，pp.19-35。

林広樹（2019）「まだら模様の"中国製造2025"」『機械設計』，第63巻第 2 号，
　　　pp.75-80。

丸川知雄（2020）「中国の産業政策の展開と『中国製造2025』」『比較経済研究』，
　　　第57巻第 1 号，pp.53-66。

盧未龍・土井正・高橋武則（2017）「中国の第三者決済サービスにおける競争優
　　　位の源泉に関する一考察」『目白大学経営学研究』，第15号，pp.1-16。

第 **II** 部

現代中国の経済と
社会の「影」

第 **6** 章

中国の技術移転政策と知的財産権問題

6－1　はじめに

　ソロー[1]の新古典派経済成長理論によれば，長期的な経済成長の唯一の源泉は技術進歩である。主な先進国で技術革新により内生的な経済成長をもたらし，その他の国では技術の模倣や物的・人的資本の蓄積を行いながらキャッチアップを進めていくことは，世界経済の現実の姿と言えよう。そのため，外生的技術進歩が必要となる発展途上国の経済成長にとっては，先進国からの技術移転が極めて重要な役割を果たしている。歴史を振り返れば，アメリカ・日本などの先進国も，経済発展の初期に他国の技術模倣による技術移転を行い，工業化を開始させたものである。しかしこのような技術移転は知的財産権の侵害を伴うため，先進国と発展途上国の間では技術摩擦が常に発生しており，本書の第9章で考察する長期化しつつある米中貿易「戦争」はまさにその代表であると言えよう。

　2019年5月9〜10日に開催された米中間の閣僚級貿易交渉会合では合意に至らなかった。アメリカが大きな問題として指摘した事項の1つは，「中国の強制的な技術移転政策」であった。2018年8月にアメリカが中国製の通信機器の政府調達を禁止して以来，米中間の貿易関係は一気に冷え込み，両国関係も急速に悪化した。当時のアメリカのトランプ政権は，「中国がハイテクにおける覇権を握ろうとしている」と，危機感をあらわにした。そして第5章で考察したように，中国は習近平・李克強政権のもとで「中国製造2025」を掲げ，ハイ

---

　1)　ロバート・ソロー（Robert M. Solow），アメリカの経済学者，マサチューセッツ工科大学名誉教授。1924年8月23日ニューヨーク市ブルックリン生まれ。1951年ハーバード大学Ph.D.獲得。1987年にノーベル経済学賞受賞。

テク分野での世界トップレベルを目指している。表舞台では高い関税をかけあう貿易摩擦を激化させてきた米中両国は，その裏では，ハイテク覇権争いを繰り広げていたのである。

　本章は，中国における技術移転政策を整理し，その技術移転の実態と問題点を明らかにしたうえ，近年の中国で発生している知的財産権の問題を，2つの日本企業の事例を踏まえながら考察していきたい。

6-2　「改革・開放」後の中国の技術移転

6-2-1　試験段階——経済特区における技術移転

　本書の第1章と第2章でも考察したとおり，中国政府は1978年12月に開かれた中国共産党第11期第3回中央委員会会議において「国全体としては，統一した対外政策の実施に基づき対外貿易体制を改革し，対外的な経済・技術面の交流と協力の規模を積極的に拡大し，経済特区の設立と運営や沿海都市の一層の開放に努めなければならない」[2] と決め，「改革・開放」政策を打ち出した。さらに1979年6月に公開された中国第5期全国人民代表大会第2回会議の政府活動報告において，「経済交流と技術導入は，各国の経済技術の発展にとって不可欠の重要な手段である」[3] とも明記され，中国政府の「外国資本と先進技術によって中国経済を振興させよう」という明確な方針が確定された。同年7月1日，外資による直接投資を許可する最初の法的規定となる『中華人民共和国中外合資経営企業法』が採択・施行されたのである。

　実際でも，1979年から1980年の間に，中国政府は広東省と福建省を実験地域として，深セン，珠海，汕頭，アモイの4都市で経済特区を創設し，特区内の外資企業に対して優遇政策を実施することにした。つまり上記の限られた行政地域において，中国のほかの地域と異なる特殊な経済政策や管理体制が実施されたのである。これらの経済特区では，輸出に重点を置く「外向型経済発展戦略」が取られ，技術・管理ノウハウ・知識・対外政策の「四つの窓口」として

---

2)　『中国共産党第11期第3回中央委員会会議公報』を参照。
3)　中国研究所編（1980）p.297。

の機能を発揮していくことが期待されていた。

　経済特区が設置された後，合作企業を中心として，中国政府は外資の導入を始めた。合作企業とは，中国側の出資と外国側の出資の双方により設立される点では合弁企業と同じだが，出資比率にかかわらず，出資者間で責任の分担および収益の分配などを約定するものである。当時，中国側は土地使用権や建物，労働力などを提供し，一方の外国側は資金や技術などを提供し，合作生産や共同経営を行うことが一般的であった。しかし当時の中国ではインフラ設備も不十分で，外国投資に関する法律や関連政策などもまだ不完備な状態であり，日本や欧米諸国の企業にとって政治的・社会的リスクもあった。そのため，当時の中国は主に香港，マカオ，台湾などの華人・華僑企業から投資を受けており，その主な方法は合作企業を中心とした「前店後廠」と「三来一補」であった。「前店後廠」とは，香港に貿易や管理の機能を置き，背後に位置する広東省に生産拠点を置くという意味であり，かつて香港にあった繊維アパレル企業が深センや珠海など中国本土に移転する際に徐々に形成された委託加工貿易方式である。また，「三来一補」とは以下の4種類[4]の委託加工方式を指している。すなわち，①「来料加工」（外国企業が中国企業に原材料を無償で提供し加工業務を委託し，中国企業は外国企業の要求にしたがって加工のみを実施する。完成後の製品はすべて委託した外国企業が引き取り，受託した中国企業は加工賃のみを受け取る），②「来様加工」（外国企業が仕様やサンプルを示し，中国企業が中国国内で同様な原材料を調達して，仕様やサンプルの要求にしたがって加工し，外国企業に納品する），③「来件装配」（外国企業が所要部品を持ち込んで，中国企業に加工・組立のみを依頼するノックダウン方式），④「補償貿易」（外国企業が中国側に設備機械を提供・輸出し，中国企業は製品を製造する。設備機械の輸入代金と製品の輸出代金は相殺される）である。こうして合作企業を中心とした委託加工貿易方式によって，加工・組立技術と一部の設備機械が徐々に移転されたのである。**図表6-1**は1979年～1984年中国の企業形態別の外国直接投資利用状況をまとめた表である。

　しかし不完全な投資環境であったため，外国企業による投資は投資回収ス

---

4)　上田（2011）p.141。

| 図表 6 - 1 | 企業形態別直接投資利用状況（1979〜1984年）（単位:万ドル） |

企業形態別	件数	契約額	実行額
外資直接投資合計	3,248	933,412	340,440
合弁企業	931	138,198	42,791
合作企業	2,212	471,394	122,347
合作開発	31	242,291	131,105
独資企業	74	47,133	9,801
その他*	−	34,396	34,396

*委託加工・組立貿易において外資が実際に提供した設備金額である。
出所：卫（2014）p.235。

ピードの速いサービス業（ホテルやレストランなど）に集中していた。それに応じて中国政府の外資導入の重点も技術より資金の導入に置かれていたのである。

6 - 2 - 2　沿海地域開放段階——経済技術開発区における技術移転

　1986年10月に中国政府の国務院は外国投資指導チームを設置した。ほぼ同時に，国務院は「外国投資の奨励に関する規定」，すなわち「国務院二十二ヵ条」を発表した。この「国務院二十二ヵ条」におけるもっとも重要なポイントは，初めて外資導入の重点を輸出型，技術先進型，エネルギー開発，交通，および素材生産などのインフラと基礎産業に置いたことである。さらに1987年，国家計画委員会（現国家発展改革委員会）計画経済研究所の王建副研究員が「国際大循環」理論を打ち出し，「両頭在外，大進大出」（輸入と輸出という 2 つの太いパイプを外国市場と繋ぎ，輸出入の大躍進をすすめる）を主張し，提言した。これによって，中国の外資導入政策は，輸出志向と輸入代替の結合型工業化戦略で推進することが明確化された。

　この戦略に基づいて，経済特区を設立した経験を踏まえ，中国政府は経済技術開発区の設立を決定した。つまり，経済特区を主体とする広東省，福建省などの華南地方の外資導入に対して，上海，天津，大連など従来の工業基地を中心とする華東・東北地方の都市に経済技術開発区を設置し，先進技術を持つ生

産型外資企業を重点的に導入することによって，南北相互補完を図ることをめ
ざしたのである。経済技術開発区は，1984年に設立された14の開放都市[5]を主
体としながら，所在都市の機能を利用して郊外地域に画定された小ブロックの
区域である。国の特別許可を受けたこれらの区域で，投資に向けたハード環境
とソフト環境の整備を円滑に進めることに力を集中するとともに，外資導入，
工業プロジェクトの振興，製品の加工と輸出，および先進技術の導入などを遂
行しながら，経済成長の道を模索した。ここでの技術導入を支えるため，旧国
家経済貿易委員会，財政部，税関総署は1986年に「導入技術の消化吸収を推進
することに関する若干の規定」を制定・発表し，企業が導入技術の消化・吸収
を行ったうえ，技術のほかの国内企業への移転を実現するべく努めることを奨
励した。

　また，「国務院二十二ヵ条」の「外引内連」（開放地域は外国先進技術の導入
と国内伝統産業の改造の橋渡しの役割を果たすべきである）という方針に基づ
いて，古い工業基地と開放都市にある国有企業の優位性を発揮させ，技術水準
の高い外国投資をより多く導入することをめざしたことが，経済技術開発区の
重要な特徴であり，それによって中国の国有企業の生産効率の向上を目的とし
て，外国企業と国有企業との合弁企業が多く設立されてきたのである。例えば，
有名な宝山鋼鉄公司，煙台万華ウレタン股份有限公司などはすべて日本企業の
生産ラインの導入によって設立されたものであり，アメリカの大手コンピュー
タ企業のワング社は上海市計算機開発公司と合弁で上海王安コンピュータ発展
公司を設立し，1980年代にハイスペックの王安コンピュータVS系列のスーパー
ミニコンピュータを中国で生産し始めた。日本企業の東芝もこの時期に，中国
の長虹やTCLなど有力な大手国有企業と提携し，1986年に松下電器も北京市
との間でカラーテレビ用ブラウン管製造に関する1億米ドル以上を投資する合
弁企業の設立に合意し，日立製作所も福建省で現地の国有企業とカラーテレビ
製造合弁企業を設立した[6]。これらの「国有＋外資」という形で設立された合
弁企業は生産の稼働を通じて，諸外国企業から多くの先進設備を導入しただけ

---

5)　14の開放都市は上海，天津，大連，秦皇島，煙台，青島，連雲港，南通，寧波，温州，福州，
　　広州，湛江，北海である。
6)　樊（1992）p.33。

図表 6 - 2 　企業形態別外資利用状況（実行ベース）

（単位：億ドル）

	合弁企業		合作企業		独資企業	
	契約件数	投資金額	契約件数	投資金額	契約件数	投資金額
1985	1,412	5.82	1,611	5.85	46	0.13
1986	895	8.04	582	7.94	18	0.16
1987	1,395	14.86	789	6.20	46	0.25
1988	3,909	19.75	1,621	7.80	410	2.26
1989	3,659	20.37	1,179	7.52	931	3.71
1990	4,091	18.86	1,317	6.74	1,860	6.83
1991	8,395	22.99	1,778	7.63	2,795	11.35
合計	23,756	110.69	8,877	49.68	6,106	24.69

出所：卫（2014）p.238。

でなく，生産に関連するプロセスや経営管理のノウハウなどの技術移転も実現したのである。

　しかし，この時期において移転できた技術は依然として多くなく，内容もそのほとんどは当時の中国企業に比べて比較的に先進的な実用技術であり，高度なコア技術などに関するものはほとんどなかった。そして「先進設備」と言っても，当時の中国企業にとっては「先進」的であるが，諸先進国では「先進設備」と言えるものは50％にも満たなかった。つまり，当時中国の工業は諸外国に比べて大きく遅れていたため，技術移転の量も質も制限されていたのである。さらに，1989年に「天安門事件」の発生によって，外国企業による直接投資は激減し，技術の導入も冷え込んでいったのである（**図表6-2**を参照）。

6-2-3　全面開放段階──開放都市における技術移転

　鄧小平が1992年に深セン，珠海など中国の南部都市を視察した際に実施した「南巡講話」がきっかけとなって，中国経済は対外開放の新局面に向かった。そこで，「地域全体の優位性発揮」をめざした地域経済発展計画が策定され，中国では新たに「十の経済区・七の経済地帯」が設定された（**図表6-3**を参照）。

| 図表6-3 | 「十の経済区・七の経済地帯」 |

「十大経済区」	「七大経済地帯」
① 東北経済区（黒龍江・吉林・遼寧三省と内モンゴル自治区東部） ② 華北環渤海経済区（北京・天津・河北・山東） ③ 長江デルタ経済区（上海市・江蘇・浙江） ④ 南方沿海経済区（広東・広西・福建・海南） ⑤ 長江中流経済区（湖南・湖北・江西・安徽） ⑥ 黄河中流経済区（山西・陝西・河南，内モンゴル自治区西部） ⑦ 黄河上流経済区（甘粛・寧夏・青海） ⑧ 新疆経済発展区 ⑨ 長江上流経済区（四川・貴州・雲南） ⑩ チベット特殊経済区	① 東北地区 ② 北京・天津・河北・山東を含む環渤海地区 ③ 上海浦東地区を先導とする長江沿岸地区 ④ 珠江デルタを中心とする東南沿海地区 ⑤ 中原地区 ⑥ 西南および華南の一部省・自治区を含む大西南地区 ⑦ 大西北地区
地域性により区分され，生産のための産業配置という視点から形成する経済圏構想	地域優位性を考えながら，市場という視点から形成する経済圏構想

出所：河内（1995）p.179。

「十の経済区・七の経済地帯」は当時中国の副総理である鄒家華によって提案された新たな外資導入戦略であった。「中国を縦に連ねる沿海地帯につづいて，朝鮮・シベリア地域を視野に入れた東北部地域，ロシア・モンゴルと東ヨーロッパ市場をにらんだ内モンゴル・新疆ウィグルなど西北部国境地域，インドシナ・ASEAN市場との結合をめざす西南地域，"T字型経済発展戦略（東部沿海地区をTの横線とみなし，長江を縦線として延々と遡行すること）"を伸ばした長江上中流域の内陸地域など経済発展の遅れている辺境，中部および西部を沿海地域に連携させ，相互の優位性を引き出す」[7]というものであった。これは，開放都市・地域を中核に横の連携を強調し，外資主導による地域経済圏の形成をめざすものであり，国内経済の流れから「隔離」されてきた従来の「経済特区」モデルに比べてより拡大した「経済圏構想」モデルが志向されたのである。

　そして中国政府は外資導入を通じた先端技術の中国への移転にさらに力を入

---

7)　中国国家計画委員会（1996）『国民経済和社会発展"九五"計画和2010年遠景目標鋼要』。

れた。この時期に実施された外資優遇策を見ると，技術導入が主要対象とされ，技術導入契約によるノウハウの取得が重要視されたことがわかる。例えば外資が中国に進出する際に，技術移転をめぐって「工業技術提供契約」の締結が求められていた。この「工業技術提供契約」は主としてノウハウ[8]の導入を目的とし，内容には製造過程（方法），製品の技術データ（文書，有形物，数式，図面など），技術者育成などが必要条件となっていたのである。また，この段階での技術導入政策におけるもう1つ基本的な考え方は，市場の一部を外国企業に譲ることと引き換えに，外国企業の優れた技術を吸収することであり，それは中国語で「以市場換技術（市場を以って技術と交換する）」と呼ばれる方針であった。この方針に基づき，中国政府は投資環境を改善しながら，外国の資金，技術，人材，管理ノウハウを積極的に導入し，導入規模も年々拡大していくなかで，外資企業に対して国内市場を一段と開放したのである。

　こうして，中国政府は外国企業の直接投資や導入したノウハウ・技術をうまく利用して，インフラ設備の整備，ハイテク・新技術産業の育成，伝統産業の設備更新に重点を置きながら，中国国内の資源と市場における比較優位性を最大限に活用し，経済発展を推進した。もっとも重要なのは，外資企業が中国でサプライチェーンを構築することによって，中国製造業全体のレベルが向上し，やがて「世界の工場」中国の基礎を築くことになったことである。例えば自動車産業において，「以市場換技術」戦略は，海外の一流メーカーとの合弁を通じて，技術が1回限りではなく，継続導入されるようになった。中国の国家発展開発委員会工業部門のある担当者が，ドイツの自動車企業を含めた外資企業が中国の自動車産業で果たした役割を次の3つにまとめている[9]。すなわち，①企業管理，品質管理，生産管理および商品技術などの面において，外資の合弁企業は重要な貢献をした。②合弁企業の存在により，中国の自動車部品産業の発展が促進された。③自動車産業を主管する部門をはじめ，中国政府は外資

---

8)　日本通商産業省の定義によると，ノウハウとは，具体的には，有形ノウハウとして図面，設計図，仕様書，報告書，指導書，見本，原料明細，未完成技術の諸データ，マーケティング関連資料，製造機械の仕様書などが上げられ，無形ノウハウとして秘密方法，秘密情報，個人的熟練，技術者の派遣あるいは指導があげられる。

9)　王（2007）p.47。

との協力関係を通じて，車両の管理制度および技術に関わる法体制の整備などにも大きな影響を受けた，である。

　しかし外資と合弁するプロセスのなかで，高効率と高度成長を追求した中国側は技術の導入を積極的に行っていたが，本来「導入→消化→吸収→革新」という一連の流れを通じて技術を自分のものにすべきであるところ，時間と資金を惜しんで十分に実施してこなかった。多くの中国企業は外資の技術提供にずっと頼り続けてきたのである。とくに，その時期に「造船不如買船，買船不如租船（船を造るより買うほうがいい，船を買うより借りるほうがいい）[10]」という考え方が流行ってしまい，効率優先を追求する中国企業では外国の先進技術に対する依存が一層強まった。それに加えて，諸外国の企業は自身のコア技術に対してブラックボックス化したり，特許戦略で守ったりして技術流出への管理を強化した。結果として，外資による中国市場の独占・寡占傾向がますます強くなっていったのである。

　各産業におけるコア技術が外資企業に握られたままで，自主的・オリジナル技術が育たないことへの危機感を覚えた中国政府は積極的に「独自の知的財産権を有する技術」の開発を奨励する政策を展開し，高新技術産業開発区の設置を始めたのである。

6-2-4　「ハイテク産業」への移行段階──高新技術産業開発区における技術移転

　2000年代に入って，アジアの経済成長は世界経済の牽引車となってきた。東アジアで生産を行う企業にとって，東アジアはもはや先進国市場向けの単なる「安価な生産拠点」ではなく，それ自体が重要な市場になってきている。そのため，東アジアは自らの市場から汲み取ったニーズに基づいて革新的な製品・サービスを開発し，それらを自らの市場に投入するという，開発拠点へと徐々に変容している[11]。もちろん中国でも同様に，「生産拠点」から「開発拠点」への転換が始まったのである。本書の第2章でも考察したように，中国国内の

10）「改革・開放」前に，遠洋大型汽船の製造について劉少奇が提案したもので，当時は合理な資源（労働力・資金）配分をめざすものとされていた。
11）都留（2012）p. 24。

人件費の高騰や経済発展に伴う地域格差の拡大，環境破壊などさまざまな社会問題も噴出していたため，中国政府は産業構造のグレードアップを追求し，沿岸部都市の経済開発区にあった労働集約型企業を追い出して技術集約型企業に入れ替える，いわゆる「騰籠換鳥」という外資誘致政策の転換を実施したのである。

　そんななか，多くの外国企業による中国での研究開発拠点設立の動きに注目が集まっている。富士通総研が2010年に公開した報告書[12]によると，2009年末まで，外資企業によって中国で設立されたR&Dセンター或いは研究開発拠点は1,200ヵ所あまりに達しており，そのうち，商務部及び地方商務局によって認可された独立法人形式の外資系R&Dセンターは460社で登録資本は74億ドル，投資総額は128億ドルに達した。世界の大企業500社（「フォーチュン500」）のうち，400社以上は中国にR&D拠点を設立している。また，関係資料によると，大中型製造業における外資企業のR&D拠点数は全体の21%（2006年）を占め，R&D要員は全体の19%（2006年）となっている。さらに，商務部の発表によると，中国の大中型製造業のR&D支出総額における外資企業の割合は2002年の19.7%から2008年の27.2%までに拡大し，所有する発明特許件数は中国全体の29%を占めている。

　具体的に企業例をみると，2005年4月，日立グループは北京で「日立（中国）研究開発有限公司」を設立し，北京・上海という2拠点体制を構築した。それまでの中国における研究開発テーマである情報通信システム，オープンソースソフトウェア，デジタルアプライアンスなどを拡大展開していくとともに，材料，バイオなど先端分野のテーマの探索も開始した。ヤフーは2009年6月，北京市に「ヤフー北京世界研究開発センター」を設立し，現地化の促進，顧客サポート，グローバル技術開発，製品開発に重点を置いているが，そのほかの対応としては情報収集・技術モニタリングなどもあげられる。パナソニックは2009年6月，杭州市で「松下家電研究開発（杭州）有限公司」を設立し，中国消費者の生活スタイルと消費市場変化の動向を探り，電化製品や住宅設備

12）富士通総研（2010）「加速する外資企業の対中研究開発進出」（https://www.fujitsu.com/jp/group/fri/report/china-research/topics/2010/no-129.html　2021年5月22日確認）

関連の機器などの研究開発を行っている。トヨタは2009年7月，上海にも近い蘇州市に「中国豊田研究センター」を設立し，中国を低コストの生産拠点，魅力的な市場，そして優秀な人材で支えられる研究開発，リバース・イノベーションの舞台として総合的に利用している。もちろん，中国で研究開発を急速に展開する企業は日本企業だけではない。フランス製薬大手のサノフィ・アベンティス社は，2008年に上海市で設立された「中国研究開発センター」を日本，ロシア，インドなどの広域をカバーする「アジア・太平洋R&Dセンター」に格上げすることとした。バイエル・シェーリング・ファーマ社は，2009年2月に1億ユーロを投資して北京市でグローバルR&Dセンターを設置し，最初からグローバル拠点として位置づけた。さらにアメリカの自動車大手GM社は2010年3月，上海市の浦東に「科学技術研究開発センター」を着工し，総投資額1.5億ドル，中国国内市場を狙うため，中国に研究開発拠点を設け，商品開発を現地化する動きを加速させている。マイクロソフトは2010年，上海市で「マイクロソフトサイエンスパーク」を開設し，米国以外のグローバル戦略研究拠点と位置づけた。

　前段で述べたとおり，コア技術が外資企業に握られたままで，自主的・オリジナル技術が育たないことへの危機感を覚えた中国政府は「騰籠換鳥」政策により「外資への選別」を行い国内の産業構造のグレードアップを行うと同時に，「中国の独自の知的財産権を有する」技術の開発を推進した。その象徴の1つとして，1980年代に設立された中国の「校弁企業」といわれる大学発ベンチャー企業，例えば聯想計算機公司グループ（中国科学院計算技術研究所），北大方正（北京大学），清華紫光（清華大学）などはこの時期に急成長を果たし，一時的に国内市場占用率のトップを占めた。これらの「校弁企業」は中国政府の信息産業部科技司から生まれた内資企業と協力し合い，さまざまな技術領域において「中国の独自の知的財産権を有する」技術の開発と形成を急速に推進した。例えばTD-SCDMA方式や，無線LAN通信におけるWAPI規格，EVDという中国規格のDVD，中国規格の映像圧縮技術AVSなど，情報通信分野の技術を中心に広い分野で「独自技術規格」化が推進されてきたのである（**図表6-4**を参照）。

　しかし，これらの「自主創新」政策を背景とした中国の独自技術の開発推進

| 図表6-4 | 中国の「独自技術規格」 |

国際規格	中国規格	R&D機構	場所
CDMA	TD-SCDMA	中国郵政部電信科技研究所＋大唐電信科技産業集団	北京高新技術区
WIFI	WAPI	西安電子科技大学＋西電捷通	西安高新技術区
	IGRS	北京大学，北京郵政大学＋レノボ，華為など24企業	北京中関村
DVD	EVD	阜国数字，新科，長虹，夏新など9企業	上海高新技術区
	HVD	創維，長虹，TCL，万利達など19企業	上海高新技術区
MPEG2	AVS	創維，TCL，華為，ハイアールなど12企業	北京中関村

出所：卫（2014）p.245。

にも以下のような問題がある。すなわち，①「中国独自技術規格」といっても，既存の国際規格に比べ，成熟度が低く商用化まで時間がかかっている，②製品化，商品化，産業化に向けた青写真がなく，かつ既存の国際規格からの置き換えコストが大きい，③目先の利益を最大化に走る傾向が強く，企業内のR&D能力が欠けているため，自主開発より既存国際規格を受け継ぐ方向に走る，④研究資金調達や政策優遇などを受けるために技術の「捏造」が起こりやすくなる，⑤研究開発の基となる「コア技術（コア部品）」あるいは技術の知的所有権を持っていない，これらのことが多いため，完全な意味での自主開発とは言えない場合が多い。

　例を挙げると，2010年11月17日，アメリカニューオーリンズ市で行われた世界スーパーコンピュータの判定で，中国天津高新技術産業開発区（中国国防科技大学と協力）が開発した「天河1号」は世界第1位になったが，主なプロセッサーはアメリカ製であった。また「天河1号」には「中国芯（中国製半導体）」の「飛騰一1000」が使用されていたが，7,000以上のCPUと3,300のプロセッサー・ナンバーはインテル社の製品で，大半のチップはアメリカ企業の製品であったという[13]。元橋（2013）によると，中国国内で獲得された発明特許

13）詳しくは汪（2011）を参考されたい。

に関する企業の国籍別割合では，日本や欧米企業が占める割合が非常に大きい。現地との連携が進んでいるため，中国国内大学や企業の割合は上昇傾向にあるが，また1－2％程度しかないという。それはほとんどの外資企業は「コア技術の流出」を懸念しており，中国でR&Dが行われると言っても，中国現地企業の関与が少ないのである。

6-2-5　新段階──技術移転から自主創新へ

　WTOへ加盟後，中国政府はWTOとの国際市場開放公約にしたがって，段階的に市場を開放し，様々な規制を緩和してきた。外資導入政策における技術移転に関する規制もWTOの規約に抵触するため取り消されたのである。中国に進出する外資企業においても，コア技術を秘匿できる独資企業の割合が一気に増加した。

　世界の経済環境が急激に変化しているなか，中国政府は自国経済を発展させるために，自らの技術力を高め，国際競争力の高い経済構造を作る必要があると認識し，それまでの「中国の独自の知的財産権を有する」技術開発の推進を踏まえ，2006年に「自主創新」という戦略を打ち出した。つまり，「自主創新」を旗印にして科学研究政策を戦略的に大転換し，これまで技術移転政策を中心とした外資政策・地域政策・人材政策も変換し，独自の技術力を育成して経済のさらなる発展を支えるための新たな政策枠組みを構築することにしたのである。もちろん，中国の「自主創新」戦略は閉ざされた環境ですべてを自らの力でイノベーションを起こすという意味ではない。世界中の研究開発リソースと積極的に連携し，自国の研究開発リソースと融合させ，そこから新たな成果を生み出すというオープンイノベーション戦略なのである。

　地域政策は「改革・開放」後の「特区」政策を引き継いで，特定の地域で特定の産業に特化した地域集積型産業基地の設立が中心となっている。例えば，西安高新技術産業開発区では，現代サービス産業エリアと高新技術産業エリアに分けて，保税区もソフトウェアパークも保有しながら，長安通信産業パーク，電子工業パーク，草堂サイエンスパーク，創業研発パーク，バイオ医薬産業パーク，エコ産業パーク，新材料産業パーク，先進製造業パークの8つの産業基地が設けられており，国内外の多くのハイテク企業が入居している。つまり，

産業の特化により各自の発展に必要な資源を集中できる産業基地は，産業間の連携やサービスの相互提供などを通じて，高新技術産業開発区を再統合したものである。それは「自主創新」戦略が展開される重要なプラットフォームと位置付けられており，中国における技術移転の効果的な展開や活性化の役割が期待されている。

　また，高度人材の招致と活用も，「自主創新」戦略を推進するにあたって非常に重要である。2000年以後，中国政府は海外の優秀な留学人材の帰国を促進するために，**図表6-5**のように一連の人材政策を実施した。

　さらに2008年になると，中国共産党中央組織部は「海外ハイレベル人材招致"千人計画"」政策を打ち出した。同政策では，2008年からの5～10年の間で，世界トップレベルの研究者・科学者2,000名を特別財政予算による厚遇で中国に招聘することを決定し，その海外ハイレベル人材となる対象は以下の諸条件のいずれかに該当する者であると設定した[14]。すなわち，①海外の著名な高等教育機関，研究機関において教授またはそれに相当するポストに就いた者，②国際的に知名度の高い企業と金融機関において上級管理職を経験した経営管理人材及び専門技術人材，③知的財産権をもつ，またはコア技術に精通している者，海外での起業経験を持ち，関連産業分野と国際標準を熟知する高度人材，④国が至急に必要とするその他のハイレベルイノベーション高度人材，である。

　こうして，多くの高度人材，とくに「海亀」と呼ばれた海外帰国者たちは，「自主創新」戦略を推進している中国において，主要な戦力としてますます重要な役割を果たしている。現在，中国科学院士の84％，中国工程院士の75％，教育部直属の72大学の学長の78％，大学院博士課程の指導教授の62％，大学院や学部の責任者の48％が海外からの帰国留学生であり，科学院長と研究所長のポストにおいては，その比率は95％以上にも達している。他にも，国家重点実験室及び教育研究基地主任の72％，「長江学者[15]」の94％，国家「863計画」の

14）詳しくは科学技術振興機構Science Portal China（http://www.spc.jst.go.jp/policy/talent_policy/callingback/ callingback_05.html　2021年5月22日確認）を参照されたい。

15）「長江学者」は，1998年に始まった中国教育部と香港李嘉誠基金会が共同で資金助成を行う高等教育人材の育成計画である。香港李嘉誠基金会は香港最大の企業グループである「長江集団」の創設者である李嘉誠氏によって設立されたチャリティー基金であることから「長江学者奨励計画」（長江学者）の名称が付けられた。

図表6-5	中国におけるハイレベルの留学人材の招致・活用策

年	政策名	実施部門
2000年	「海外のハイレベル人材の帰国と就業を奨励することに関する意見」	人事部
2001年	「海外留学生の多様な方式で国に奉仕することを奨励することに関する若干の意見」	人事部
2002年	「留学帰国人員の科研（科学研究）始動基金の管理規定」	教育部
	「国家傑出青年科学基金の実施管理方案」	財政部・教育部
2005年	「海外のハイレベルの留学人材を定義することに関する指導意見」	国務院・人材部
2007年	「海外の優秀な留学人材の招致活動を一層強化することに関する若干の意見」	教育部

出所：卫（2016），p.90。

首席科学者の72%が海外からの帰国留学生であるという[16]。

　このように，中国政府は「自主創新」を中心となるイノベーション戦略の実行により，外資企業の誘致や海外研究機関との連携などを通じて，自国の技術革新に力を入れて，積極的に自らの技術開発能力を形成させようとしてきた。また第5章でも考察したように，2015年から，中国政府は「中国製造2025」を実施しはじめ，**図表6-6**に示したような一連な産業政策も公表した。近年，中国では5G技術をはじめとするハイテク分野の技術が急速に進展してきており，世界トップレベルに到達しようとしている。一部の領域において，今はもはや中国から海外へ技術移転していく時代になりつつあり，これは近年のイノベーション政策を実行した結果であろう。

16）白木（2011）p. 28。

| 図表 6 - 6 | 「中国製造2025」に関連する中国の産業政策 |

年	政策名
2015年 5 月	「中国製造2025」
2015年 7 月	「国務院が積極的にインターネット＋を推進する行動に関する指導意見」
2016年 1 月	「スマート製造発展企画（2016 - 2020年）」
2016年 5 月	「製造業とインターネット融合発展の深化に関する指導意見」
2017年 1 月	「次世代AI産業発展三年行動計画の促進（2018 - 2020年）」

出所：筆者作成。

6 - 3　中国の知的財産権問題

　技術は経済成長の要因の 1 つである。グローバル経済の時代において，経済協力と交流を推進していくなか，先進国から途上国への技術移転は自然に発生している。しかしこれまでの全世界における技術移転の歴史を見てみると，知的財産権[17]の侵害が影のように伴っている。そのため，先進国と途上国の間では多くの技術・知的財産権に関する摩擦が生じており，場合によって，貿易摩擦にまで発展するケースもある。

　「改革・開放」政策が打ち出されて以降，中国政府は「対内改革」と「対外開放」を実施し，前段で考察した技術移転も遂行しながら，40年余をかけて国民経済を発展させてきた。もちろんその間，知的財産権に関するトラブルも続出していたのである。ここでは，中国の知的財産権に関する制度・体制の整備

17）日本特許庁の説明によれば，知的財産権制度とは，知的創造活動によって生み出されたものを，創作した人の財産として保護するための制度である。「知的財産基本法」において，「知的財産」とは，発明，考案，植物の新品種，意匠，著作物その他の人間の創造的活動により生み出されるもの（発見又は解明がされた自然の法則又は現象であって，産業上の利用可能性があるものを含む。），商標，商号その他事業活動に用いられる商品又は役務を表示するもの及び営業秘密その他の事業活動に有用な技術上又は営業上の情報をいう。したがって「知的財産権」とは，特許権，実用新案権，育成者権，意匠権，著作権，商標権その他の知的財産に関して法令により定められた権利又は法律上保護される利益に係る権利をいう。

プロセスや状況などを考察したうえ，日本企業2社の商標案事例を取り上げて
これまで中国で発生した知的財産権問題をめぐる紛争を簡単に整理したい。

6-3-1　中国の知的財産権保護に関する法制度の整備

　計画経済期の中国においては，私権である知的財産権は高度集中的な社会主
義公有制に基づく社会制度と相容されず，否定されていた。知的財産は他のす
べての物質財産と同様に，無償で全国民が共有すべきものであると認められ，
個人財産としての知的財産権を定める法制度も存在しなかった。

　「改革・開放」政策が打ち出されて以降，中国は国内においてさまざまな改
革を実施しながら社会体制と投資環境を整え，外国に対して「開放」政策を実
施して外資を積極的に誘致した。その結果，国際経済協力と技術交流の拡大が
進み，知的財産権法制度の整備も進展させた。1979年1月，鄧小平がアメリカ
を訪問する際に締結した「米中科技合作協定」，同年7月に締結した「米中通
商協定」のなかで，特許・商標・著作権の保護に関する条項が含まれていた。
これを契機に，知的財産権保護に関する意識がほとんどなかった中国は1982年
に『商標法』を制定し，1984年に『専利法（特許法）』を制定するなど，知的
財産権保護に関する法制度の整備が始まった。1986年，はじめて知的財産権と
いう言葉を使った『中華人民共和国民法通則（民事法)』が中国政府によって
公表・施行された。同法では著作権，商標権，特許権，発見権，発明権および
その他の科学技術成果権の6種類の知的財産権が侵害されてはならないことや，
侵害された際の補償などについて明確に規定された。

　この時期，たしかに中国の知的財産権保護に関する法制度の整備は進んだが，
先進諸国の基準に比べて依然として不十分であり，とくに前段で考察した技術
移転を推進する際に「以市場換技術」というやや強制的な技術移転戦略も実施
されていたため，知的財産権保護の実践は現実味に欠けていた。そのため，
1990年代に入り，米中の間では3回にわたって知的財産権保護をめぐる激しい
米中摩擦が発生していたのである[18]。その後，1995年1月，WTOが設立され，

---

18) 1991年，1994年，1996年，知的財産権保護問題をめぐって，アメリカと中国の間では3回に
　わたって激しい紛争が発生した。詳しくは黄蓮順（2009）を参考されたい。

同年7月，中国は加盟に関する交渉を始めたが，「知的所有権の貿易関連の側面に関する協定（Agreement on Trade-Related Aspects of Intellectual Property Rights，通称TRIPS協定）」が大きな難関の1つとなって，交渉が難航した。アメリカをはじめとする先進国は，中国が国際基準の知的財産権の保護条件を容認しなければならないと要求したのに対して，中国は自国の経済・技術の発展現状を考慮してこの要求を拒否した。しかし知的財産権保護に関して何らかの譲歩をしないとWTOへの加盟は実現できないため，結局，最後のチャンスを逃したくない中国は大きく譲歩し，すべての交渉を完了させ，2001年に無事にWTO加盟を実現したのである。

WTO加盟をきっかけに，中国政府は知的財産権保護に関連する法律を修正し，制度整備をさらに推進した。2004年5月，「国家知的財産権保護工作組」が組織され，発足した。そして2006年に発表された「第11次5カ年計画」では，「独自の知的財産権とブランドをもつ国際競争力のある優良企業を育成する」という国家目標が掲げられ，「知的財産権保護に関する行動計画」の策定が始まったのである。その後，中国全土50の都市で「知的財産権保護通報センター」が設置された。さらに2008年6月に策定された「国家知的財産権戦略要綱」において，2020年までに知的財産権の創造，運用，保護，管理の水準が高い国を目指し，5年以内に自前の知的財産権の水準を大幅に引き上げ，知的財産権の運用効果を大きく高め，保護状況を著しく改善し，社会全体の知的財産権意識を高めることを明確にしたのである[19]。

近年，技術移転から「自主創新」という新たな段階に入った中国は，一部の技術分野で力を注ぎ技術水準を向上させ，先進国との技術ギャップを縮小させてきた。自国の技術革新やイノベーション活動を促進するために，さらに本書の第9章と第10章で考察する米中貿易「戦争」や米中競合による圧力もあり，これからの中国は「大国の責任」として，自ら進んで知的財産権保護の法制度をさらに改善・整備しなければならなくなったのである。

19）詳しくは国務院（2008）『国家知的財産権戦略要綱』を参照されたい。

6-3-2　「無印良品」と「小丸屋」：中国で発生した商標案

①　「無印良品」商標案

　「MUJI」「無印良品」は日本の大企業である株式会社良品計画が展開している著名なブランドである。会社の沿革を見てみると，1980年，株式会社西友のPB（プライベートブランド）として「無印良品」が誕生し，主な商品種目は家庭用品9品目と食品31品目であった。翌年の1981年，「無印良品」ブランドの衣料品が発売され，さらに1982年，提携店への卸売も開始した。「無印良品」ブランドの商品は良い素材とシンプルなデザインで多くの消費者に歓迎され，売上規模も次第に大きくなってきたため，1985年，無印良品事業部が株式会社西友の社内で設立された。その後，無印良品事業部は海外での生産調達を始め，工場直接発注や独自流通ルートの構築など，海外での生産調達を拡大し，1989年になってついに株式会社西友から独立し，株式会社良品計画が設立された。1990年，株式会社西友から「無印良品」ブランドの営業権を譲り受けた株式会社良品計画はすぐに海外展開を果たし，1991年にイギリスのリバティ社とパートナーシップ契約を締結してロンドンで海外1号店をオープンした。海外の消費者からの支持も受けた「無印良品」ブランドはさらなる成長を実現した。1998年，株式会社良品計画は東京証券取引所第二部での上場を果たし，2年後の2000年に無事に東京証券取引所第一部での上場も実現した。その後，株式会社良品計画は海外進出を本格化させた。2003年にはシンガポールと台湾でそれ

図表6-7　日本の「無印良品」と中国の「无印良品」

出所：「無印良品」商標訴訟で本家・良品計画が中国企業に敗訴確定。賠償金1,000万円支払いを命じる判決（https://www.businessinsider.jp/post-204062　2021年5月23日確定）

ぞれ，MUJI（SINGAPORE）PRIVATE LTD.と台湾無印良品股份有限公司を設立し，2004年にはイタリアと韓国でそれぞれ，MUJI ITALIA S.p.A.とMUJI Korea Co., Ltd.を設立した。さらに2005年には中国で無印良品（上海）商業有限公司，スペインでMUJI SPAIN, S.L.，そしてドイツでMUJI Deutschland GmbH，2006年にはアメリカのニューヨークでMUJI U.S.A. Limitedを設立した。現在，株式会社良品計画は世界中で26の海外子会社を有しており，「MUJI」「無印良品」ブランドも世界各国の消費者に大いに歓迎・支持され，グローバル展開に成功した日本大手企業の1つと言えよう。

　しかし，この「無印良品」ブランドをめぐって，株式会社良品計画と中国の企業の間では，20年以上にわたって激しい争いが展開されてきたのである。

　事件の発端は1999年にさかのぼる。1999年，設立10周年を迎えた株式会社良品計画はグローバル展開を計画し，その一環として中国で「无印良品[20]」商標の申請・登録を行った。しかし，商標の申請・登録種目を決める際に，株式会社良品計画は国際商標区分の「第3類」「第9類」「第16類」「第20類」「第21類」「第25類」「第26類」「第35類」「第41類」を申請・登録したが，なぜか「第24類[21]」を申請・登録することをしなかった。単なるミスだったのか，それとも戦略の誤りだったのかはわからないが，この失敗が株式会社良品計画の中国市場での展開に問題の種を蒔いたことは間違いない。株式会社良品計画の「失敗」を発見した中国の海南南華実業貿易公司は2000年，すぐさま中国で「无印良品」商標の「第24類」を申請・登録し，2001年に無事に獲得したのである。その後，自らの「失敗」を認識した株式会社良品計画は中国政府の商標局に繰り返して異議を提起し，海南南華実業貿易公司の「无印良品」商標の取消を求めたが，当時の「無印良品」ブランドの中国での認知度はまだ低く，海南南華

20）「無印良品」の「無」は中国で使われている簡体字で書くと「无」になる。

21）日本政府特許庁が公表した国際分類第9版によれば，商標国際区分の第24類には下記の商品が含まれている。すなわち，織物，メリヤス生地，フェルト及び不織布，オイルクロス，ゴム引防水布，ビニルクロス，ラバークロス，レザークロス，ろ過布，布製身の回り品，かや，敷布，布団，布団カバー，布団側，まくらカバー，毛布，織物製テーブルナプキン，ふきん，シャワーカーテン，のぼり及び旗（紙製のものを除く。），織物製トイレットシートカバー，織物製いすカバー，織物製壁掛け，カーテン，テーブル掛け，どん帳，遺体覆い，経かたびら，黒白幕，紅白幕，ビリヤードクロス，布製ラベルである。

実業貿易公司の商標獲得行為は悪意をもった先取り登録であることが認められなかったため，中国商標局は株式会社良品計画の異議と要求を却下した。ここから，「无印良品」商標（第24類）をめぐって，株式会社良品計画と中国企業との間の20年以上にわたる商標争いが本格化したのである。

2004年，北京棉田紡績品有限公司は海南南華実業貿易公司から「无印良品」商標（第24類）を買い取り，2011年6月に北京无印良品投資有限公司を設立し，「无印良品」商標（第24類）の使用権を北京无印良品投資有限公司に与えた。それから，北京无印良品投資有限公司は中国全土で「无印良品｜Natural Mill」という小売チェーン店を展開し，「无印良品」ブランドのさまざまな布製品を販売した。前述したとおり，株式会社良品計画は2005年に上海で無印良品（上海）商業有限公司を設立しており，中国市場への進出を本格化させている。北京无印良品投資有限公司の動きを問題視した株式会社良品計画は2012年，中国の裁判所にて北京棉田紡績品有限公司と北京无印良品投資有限公司を提訴し，「无印良品」商標（第24類）使用の差し止めを求めた。しかし今回の裁判も株式会社良品計画の敗訴で終わった。2012年6月29日，中国最高裁はそれまでの流れをすべて確認したうえ，株式会社良品計画の提訴を却下し，北京棉田紡績品有限公司と北京无印良品投資有限公司の権利を支持したのである。「无印良品」商標（第24類）の奪還をめざして，株式会社良品計画は2014年にも中国商標局に対して「差し止め」や「撤回」を求めたが，中国商標局はやはり北京无印良品投資有限公司の権利を支持した。ここにきて，「无印良品」商標（第24類）は北京棉田紡績品有限公司と北京无印良品投資有限公司にあることはほぼ確定されたのである。しかし事態はそのままでは収束しなかった。

株式会社良品計画は「无印良品」商標（第24類）で失敗したが，2003年4月に中国ですでに英語表記の「MUJI」商標（第20類，第24類，第25類）を獲得していた。北京无印良品投資有限公司は一部の商品ラベルや広告宣伝活動において，「muji」や「Mujihome」などの表記を利用したため，2014年，株式会社良品計画は商標権利の侵害や不正競争などを理由にして再び北京无印良品投資有限公司を提訴した。2017年，北京知的財産権裁判所は判決を下し，北京无印良品投資有限公司に対して「muji」や「Mujihome」などの表記使用を禁止し，約200万人民元の賠償を命令し，株式会社良品計画の主張を支持した。それま

での長い戦いのなか，株式会社良品計画はようやく初めての勝利を獲得したのである。

　ところが2014年，株式会社良品計画の上海子会社では作業ミスが発生し，一部の布製商品は商品タグに印刷された「无印良品」の4文字が除去されておらず，そのまま中国の専門店やネットショップで販売されてしまっていた。2015年，北京棉田紡績品有限公司と北京无印良品投資有限公司は北京知的財産権裁判所で株式会社良品計画と無印良品（上海）商業有限公司を提訴し，権利侵害の停止と賠償を求めた。2017年，北京知的財産権裁判所は株式会社良品計画と無印良品（上海）商業有限公司に対して権利侵害の停止と40万人民元の賠償命令を下した。判決に不服として株式会社良品計画は上級の裁判所に控訴したが，2019年に北京市高級人民裁判所は株式会社良品計画の控訴を却下し，賠償金62万人民元に増額して一審判決を支持したのである。

②　「小丸屋」商標案

　小丸屋住井[22]は寛永元年の1624年に京都で創業したうちわや扇子，舞台小道具などを製造する老舗企業である。創業以来，住井家は10代にわたって「小丸屋」という屋号を守りながら，竹や和紙を使って「深草うちわ」や「京丸うちわ」，京扇子，舞踊小道具などを職人の技で製作し，日本の伝統文化，とくに「北野をどり」「都をどり」「京おどり」「鴨川をどり」など京都の春の風物詩と呼ばれるさまざまな舞台を支えてきた。現在，小丸屋住井の従業員は全部で7名，年間売上高は1.5億円で，まさに細く長く，堅実な経営を行ってきた日本の典型的な長寿家族企業である。しかし，このような規模の小さい小丸屋住井でも，商標をめぐるトラブルに巻き込まれてしまった。

　実際に近年の中国では，「日本の長寿企業に学ぼう」という考え方が，家族企業経営者の間で流行っており，その背景には中国の家族企業の事業承継問題が深刻化していることがある。周知のとおり，社会主義中国が民間企業の誕生を許したのは，「改革・開放」政策が打ち出されて以降である。「改革・開放」の推進にともない，多くの家族経営を主とする中国の民間企業が誕生したが，

22）詳しくは「会社概要：小丸屋住井」（https://komaruya.kyoto.jp/aboutus/　2021年5月23日確認）を参照されたい。

図表6-8	京都の小丸屋住井本店と製品

出所：小丸屋住井のホームページ（https://komaruya.kyoto.jp）。

経験不足や社会環境の変化など，さまざまな原因ですぐに破綻し，とくに中小企業の平均寿命はわずか2.5年である[23]という中国メディアの報道もある。またうまく倒産を避けてきた企業でも事業承継の経験がなく，初代経営者の高齢化にともない，どのようにすれば次世代に経営のバトンタッチを実現できるか，つまり事業承継問題は厳しい社会問題になってきたのである。そこで彼らが注目したのは，日本の長寿家族企業である。また近年，「日本製」品質の良さに魅了され，中国人観光客は日本で「爆買」を繰り広げており，とくに職人の手で作られたものは中国の富裕層の間で大人気となっていて，その貴重さゆえに高値で取引されている。こうして一部の観光業者は日本老舗企業・職人企業をめぐるツアーを作り，中国の富裕層である家族企業経営者たちを引率して「学びの旅」や「研修の旅」を頻繁に展開したのである。小丸屋住井は約400年の歴史を有する長寿家族企業でありながら，職人企業でもあるため，中国の家族企業経営者たちの「学びの旅」のちょうど良い訪問学習の対象であった。

　2017年11月25日，ある「学びの旅」ツアーは1週間の日本滞在を終え，中国へ帰国した。このツアーも日本滞在中，小丸屋住井を訪問し，住井家の10代目当主である住井啓子氏との交流も実現した。しかし同年12月，ツアー参加者の

23）人民網日本語版「中国の中小企業，平均寿命はわずか2.5年」（http://j.people.com.cn/94476/7935576.html）（2012年9月4日付，2021年5月23日確認）

　1人，南京にある家族企業の経営者は中国の知的財産局に「小丸屋」商標（第
20類）の申請と登録を提出したのである。商標の国際分類第20類の内容はちょ
うど小丸屋住井の木製・竹製製品に合致している。

　2018年8月20日，中国で「小丸屋」商標の獲得前の告示が出されたところ，
偶然にも小丸屋住井はそれを把握し，中国の商標関係の事務所を経由してすぐ
に異議提起などの対応を行った。小丸屋住井の10代目当主である住井啓子氏は
「"小丸屋"は約400年前にうちの祖先が作って，代々が大切に守ってきた屋号。
彼らがお越しになった時に正しい経営のやり方についていろいろ教えたのに，
こんな理不尽なことはあってはならない，必ず取り戻す」と周囲に対して全面
対決の決意を表明した。

　しかし多くの努力をしても事態を変えることはできなかった。2020年3月22
日，中国の知的財産局は小丸屋住井の異議と提訴を却下し，南京の企業に「小
丸屋」商標（第20類）を与えた。中国の知的財産局から小丸屋住井に届いた却
下通知書の理由欄には「"小丸屋"は日本では歴史が長く，有名であるが，中
国ではあまり知られていないため，悪意のある先取り登録としては認められな
い」という記載があったのである。

6-4　おわりに

　以上では，改革開放後の中国は格安の人件費や安い原材料，そして巨大な市
場などをうまく利用し，「対内改革」を通じて社会制度と投資環境を改善しな
がら，「対外開放」において「点（経済特区）→ 線（開放都市と経済技術開発
区）→ 面（開放地域と高新技術産業開発区）」の外資誘致政策の展開により，
外資導入とともに技術移転の規模を急速に拡大させてきたことについて論じた。

　1980年代当初，中国の工業は諸外国に比べて大きく遅れていたため，技術移
転の量も質も制限されていた。移転できた技術の多くは当時の中国企業に比べ
て比較的に先進的な実用技術であり，高度なコア技術などに関するものはほと
んどなかった。より多くの高度技術を移転するために，1990年代，中国政府は
「対外開放」政策の制度緩和をさらに進め，中国に進出してくる外資企業に対
して「以市場換技術」方針を用いてやや強制的な技術移転政策を実施した。し

かしこの時期，効率優先と高度成長を追求した中国側はせっかく導入してきた先進技術をうまく消化・吸収できておらず，外資企業への技術依存がむしろ高まった。またWTO加盟をめぐって諸先進国から技術移転や知的財産権保護などに関する要求が厳しくなり，中国国内においても自主的・オリジナル技術の重要度が高まり，中国政府は外資企業から移転した技術を利用しながら，「独自の知的財産権を有する技術」の開発を奨励し，徐々に「自主創新」へと路線を転換した。とくに近年，中国政府は技術移転政策の中心とした外資政策・地域政策・人材政策も変換し，全力をあげて技術革新・イノベーションを促す新たな政策的枠組みを構築したのである。

　ところがこれまでの40年間において，技術移転や知的財産権保護に関して中国政府の政策や実際のやり方には多くの問題も発生し，アメリカ，日本をはじめとする諸先進国との間で多くの紛争が発生してきた。2018年から米中両国の間で発生した貿易「戦争」が2019年になってハイテク覇権争いへ転換しており，その背景にもこれまでの中国の技術移転政策や知的財産権保護に対するアメリカ政府の不満があると思われる。

　たしかに知的財産権保護に関して，中国では法制度の整備が遅れており，偽物や模倣品，海賊版などが横行し，外資企業だけでなく，中国のローカル企業もその被害を受けており，「無印良品」や「小丸屋」のような道義にもとる商標案も多発してきたのである。しかしこれらの問題をそのまま放置してはならず，グローバリゼーションを活用して中国経済をさらに成長させるために，中国政府は「自主創新」と知的財産権保護の法整備に力を入れなければならない。実際にも，国内外の圧力を受けた中国政府は関連する法律の改善を急いでいることがわかる。例えばアメリカのプロバスケットボール（NBA）の伝説的選手であるマイケル・ジョーダン（Michael Jordan）氏が，中国のスポーツブランドが自身の名前を不正に使用し，商標権を侵害されたとして2012年から8年にわたって訴えていた裁判について，中国最高裁は2020年4月についに同氏を勝訴とする最終判決を言い渡した[24]。また2020年10月17日，第13回全国人民代

24）詳しくはAFPBB News記事「ジョーダン氏，中国での商標裁判に勝利　8年の争いに幕」
　（2020年4月9日付，https://www.afpbb.com/articles/-/3277853　2021年5月23日確認）

表大会常務委員会の第22回会議は改訂した『中華人民共和国専利法』を採決し，2021年6月1日から施行することを決定した。今後も中国政府の動きと中国社会の変化に注目していきたい。

参考文献

Alexander Gerschenkron（1962）*The Globalization and Development Reader : Economic Backwardness in Historical Perspective*, WILEY Blackwell。

Dean Baker, Arjun Jayadev, Joseph Stiglitz（2017）*Innovation, Intellectual Property, and Development: A Better Set of Approaches for the 21ˢᵗ Century.*（https://cepr.net/images/stories/reports/baker-jayadev-stiglitz-innovation-ip-development-2017-07.pdf　2021年5月22日確認）。

John H. Dunning（1992）*Multinational Enterprises and the Global Economy（International Business Series）*, Addison-Wesley.

M.V. Posner（1961）*International Trade and Technical Change*, Oxford Economic Papers, vol.13, pp.323-341。

Schumacher E. F.（1973）*Small Is Beautiful: A Study of Economics As If People Mattered*, Blond & Briggs.

Raymond Vernon（1966）International Investment and International Trade in the Product Cycle, *The Quarterly Journal of Economics*, vol.80, pp.190-207。

安藤哲生（1989）『新興工業国と技術移転』三嶺書房。

卫娣（2014）「中国における外資導入政策と技術移転戦略的展開」『経済学論叢』（同志社大学経済学会）第66巻第2号，pp.223-254。

卫娣（2016）「中国における経済発展と技術移転政策の戦略的転換―新たな技術移転戦略の構築―」日本比較経営学会編『比較経営研究』第40号，pp.76-96。

稲葉守満（2013）「経済発展理論の展開とアシモグルの制度論」『政経研究』（日本大学法学会），第四十九巻第三号，pp.235-269。

上田慧（2011）『多国籍企業の世界的再編と国境経済圏』同文舘出版。

角南篤（2006）「中国の世界レベル研究拠点形成政策と『111計画』」『中国レポート』（独）科学技術振興機構（http://www.spc.jst.go.jp/experiences/chinarep/downloads/report0611_01.pdf　2021年5月22日確認）。

角南篤・岡山純子・趙晋平（2008）「中国のイノベーション政策と研究資金制度

改革」『研究技術計画<特集>アジアのイノベーション・システム』Vol.22, No.2, pp.88-93。

河地重蔵他（1994）『現在中国経済とアジア―市場化と国際化』世界思想社。

金堅敏（2012）「高まる中国のイノベーション能力と残された課題」研究レポートNo.387, 富士通総研（FRI）経済研究所。

黄蓮順（2009）「中国－米国間の知的財産権をめぐる通商摩擦：WTO加盟以前を中心に」『アジア市場経済学会年報』, No.12, pp.73-82。

小島清（2003）『雁行型経済発展論〈第1巻〉日本経済・アジア経済・世界経済』文眞堂。

末廣昭（2000）『キャッチアップ型工業化論―アジア経済の軌跡と展望』名古屋大学出版会。

関下稔（2011）「R&D投資の国際化と多国籍企業の海外子会社」『経済系』（関東学院大学経済学会）, 第246集, pp.1-26。

白木三秀編著（2011）『チェンジング・チャイナの人的資源管理』白桃書房。

田中英式（2013）『直接投資と技術移転のメカニズム』中央経済社。

高中公男（2001）『海外直接投資論』勁草書房。

都留康・守島基博（2012）『世界の工場から世界の開発拠点へ―製品開発と人材マネジメントの日中韓比較』東洋経済新報社。

範建亭（2004）『中国の産業発展と国際分業―対中投資と技術移転の検証』風行社。

ポール・ロビン・クルーグマン著／高中公男訳（2001）『国際貿易の理論』文眞堂。

横井和彦（2007）「中国における特区政策の展開」, 布留川正博編著『グローバリゼーションとアジア』, ミネルヴァ書房。

若杉隆平, 伊藤萬里（2006）「知的財産権の強化と技術移転」『三田学会雑誌』, 第99巻第2号, pp.31-46。

丸川知雄（2013）『現代中国経済』有斐閣。

元橋一之（2013）『「現地化」で日本企業は後れ』, 日本経済新聞（12月30日付）。

JETRO（2011）『「中国事業環境研究会」報告書』（http://www.jetro.go.jp/jfile/report/07000521/houkokusho.pdf　2021年5月22日確認）。

日経BP知財（2005）『止まらない中国・台湾・韓国への技術流出　原因は流出経路の変化と複合課題化』（http://chizai.nikkerbp.co.jp/chizai/etc/fpdanalysis20050531.html　2021年5月22日確認）。

董輔礽編（1999）『中華人民共和国経済史（下巻）』経済科学出版社。

汪玉凱（2011）「伝統経済増長方式将難以為継」『社会科学報』。

王志楽（2007）『跨国公司中国報告』中国経済出版社。

武進高新技術開発区ホームページ（http://www.wj.gov.cn/class/OKCMQDMF/）。

西安高新技術産業開発区ホームページ（http://www.xdz.com.cn）。

新華網「中国共産党第11期第3回中央委員会会議公報」（http://news.xinhuanet.
　　com/ziliao/2005-02/05/content_2550 304.htm　2021年5月22日確認）。

中国研究所編（1980）『新中国年鑑1980年版』大修館書店。

中国国家知的財産局HP「国家知的財産権戦略要綱」（http://www.sipo.gov.cn/
　　ztzl/ywzt/zscqzl/20　0806/t20080612_406 335.html　2021年5月22日確認）。

中国対外貿易経済合作部HP（http://www.mofcom.gov.cn/）。

中国国家統計局HP（http://www.stats.gov.cn/）。

中国国務院新聞辦公庁HP（http://www.scio.gov.cn/）。

中国海関総署HP（http://www.customs.gov.cn/）。

中国人民代表大会HP（www.npc.gov.cn）。

中国商務部・中国投資指南HP（http://www.fdi.gov.cn/）。

第7章

「○○族」たち──社会構造の問題で 生み出された新たな弱者集団

7-1 はじめに

　毎年の３月末，日本全国の学校では卒業式がいっせいに行われ，そして４月初め，さくらがひらひらと日本全国で満開する季節になると，各企業ではピカピカの新入社員の入社式がいっせいに盛大に行われており，春の風物詩となっている。日本の人々にとって，これはすごく当たり前のことではあるが，実際にこの風物詩の背後にあるのが，日本の雇用慣行である。

　周知のとおり，日本の雇用慣行には「終身雇用」，「年功序列」，「企業別労働組合」という３つの主要な特徴があり，「日本的経営」の「三種の神器」とも呼ばれてきた。もちろん日本の雇用慣行にはこの３つのほかに，また多くの細かい特徴が存在しており，そのなかの１つは「新卒一括採用」である。日本の新卒一括採用の歴史は古く，最初に始めたのは1895年の三菱（当時の日本郵船）と三井銀行で，1914年の第一次世界大戦開戦による人手不足から，卒業予定の新卒者を対象に，学校卒業前に入社選考と採用試験を行って合格者に「内定」を出し，卒業後すぐに入社・勤務させるようになり，これが一般化したと言われている。新卒一括採用は，終身雇用や年功序列の一部として機能する制度であり，企業には優秀な人材への囲い込みができる，採用の手間とコスト削減ができる，そして自社に忠誠心を持ち，自社の風土に相応しい人材を育成しやすいといったメリットがある。たしかに1990年代に入ってから，経済の長期的低迷に伴い，日本社会では非正規雇用労働者が急速に増加してきたなか，「フリーター」と呼ばれる不安定な職業に就いて働く労働者や，さらに「ニート（Not in Education, Employment or Training, NEET）」と呼ばれ，いわゆる就学・就労していない，また職業訓練も受けていない人たちも増えたことが

多くの関心を引き寄せ，メディアはしばしば社会問題として報じていた。しかし新卒一括採用は依然として日本企業のもっとも重要な人材採用の方法として成り立っており，コロナ禍が発生する前までの5年間（2014〜2019年）では，有効求人倍率[1] が1.0を超えており，とくに2018年の年度平均は1.63倍という高水準となっていた（**図表7-1**を参照）。各大企業はさまざまな方策を取りながら争って新卒者の囲い込みを進め，多くの中小企業では人材の採用ができないという深刻な問題で悩まされていた。大学では卒業予定者のなかに，多数の

図表7-1	日本の求人，求職及び求人倍率の推移

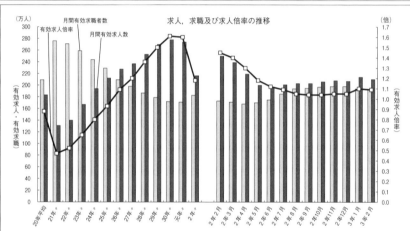

（注）1．月別の数値は季節調整値である。なお，令和2年12月以前の数値は，令和3年1月分公表時に新季節指数により改定されている。
　　　2．文中の正社員有効求人倍率は正社員の月間有効求人数をパートタイムを除く常用の月間有効求職者数で除して算出しているが，パートタイムを除く常用の月間有効求職者には派遣労働者や契約社員を希望する者も含まれるため，厳密な意味での正社員有効求人倍率より低い値となる。
　　　3．文中の産業分類は，平成25年10月改定の「日本標準産業分類」に基づくもの。
出所：厚生労働省（2021）「一般職業紹介状況（令和3年2月分）」

1）　公共職業安定所に申し込まれている求職者数に対する求人数の割合。有効求職者数（前々月からの求職者数とそれ以前からの雇用保険受給者の合計）で前々月からの求人数を除したもの。

企業から内定を獲得した学生の数も少なくなく，就職活動は「売り手市場」で「絶好調」とも言われていた。また図表7−1から読み取れるように，コロナ禍が発生した2020年においても，日本の有効求人倍率は2018年の高水準から大きく下落しているものの，1.0倍以上を保っており，人口減少による日本社会の中長期的人材不足の問題がその背景にあることが想像できよう。

　有効求人倍率は経済成長の状況に大きく左右される指標である。**図表7−2**は1973年から2020年までの約40年間における日本の有効求人倍率の推移を示した図である。図表7−2から読み取れるように，オイルショックやバブル崩壊，そしてリーマンショックなどの発生は有効求人倍率への影響が深刻であり，今回のコロナ禍からも大きな影響を受けていることがわかる。しかし新卒一括採用の雇用慣行があるため，社会平均の有効求人倍率は低くなってきても，大学新卒者への採用は重要視され，株式会社リクルートが2019年4月に発表した「第36回ワークス大卒求人倍率調査（2020年卒）」によれば，「2020年3月卒業

| 図表7−2 | 日本の有効求人倍率の推移（全国平均） |

出所：NHK【データで読む】有効求人倍率1.03倍　その歴史を振り返ると（2020年10月）（https://www3.nhk.or.jp/news/html/20201030/k10012687521000.html　2021年4月27日確認）

179

予定の大学生・大学院生対象の大卒求人倍率は1.83倍と，前年の1.88倍より0.05ポイント下落。8年ぶりに低下したが，高水準を維持」しており，大学新卒者は一般の求職者に比べて常に優位に立っていることがわかる。

　日本の上記した有効求人倍率や新規大卒者の有利な就職状況と対照的に，近年，中国の新規大卒者の就職状況は非常に厳しい状況であると言わざるをえない。本章では中国社会の労働市場における構造的問題と労働市場の特徴を踏まえたうえ，2008年リーマンショック以降の中国で一気に注目を浴びた新たな弱者集団の「蟻族」,「ネズミ族」と「マンホール族」の状況を考察していきたい。

7-2　中国の労働市場の構造的問題

　まず，中国社会全体の状況を見てみると，**図表 7-3**は中国の人口構成の推移・予測と都市部求人倍率の推移を表した図である。図表中左のグラフからわかるように，中国は生産年齢人口が増大し経済を押し上げる，いわゆる人口ボーナスを享受していた。したがってこれまで，中国は格安の人件費を利用して開放政策の施行で多くの外資（主に製造業）を呼び込み，「世界の工場」と

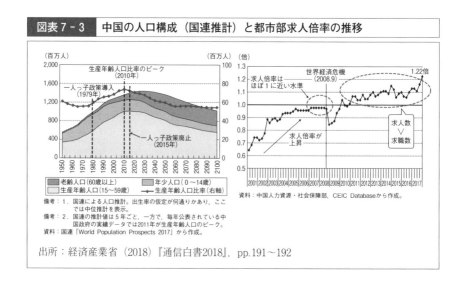

図表 7-3　中国の人口構成（国連推計）と都市部求人倍率の推移

出所：経済産業省（2018）『通信白書2018』，pp.191～192

呼ばれるようになった。しかし生産年齢人口は2010年頃にピークアウトしたとみられ，労働力の減少に直面しており，これからはむしろ高齢化の進展とともに社会保障制度が大きな社会問題となってくると考えられる。中国政府は2015年に，1980年代初めから実施した「一人っ子政策」を廃止したものの，急速な生産年齢人口の回復は困難であるとみられる。また中国全体の生産年齢人口が減少に転じるとともに，内陸の農村部にあった余剰労働力も減少していると指摘されており，右のグラフから，2008年リーマンショックの影響を受け，中国の都市部における求人倍率が一時的に大きな下落があったものの，2010年以降，経済の回復とともにその水準は1.0を上回って推移し，人材の確保が課題となっていることも読み取れる。このため，本書の第2章で考察した近年中国の人件費の高騰問題とつながっているといえよう。

　しかし，中国の都市部全体の状況では求人倍率が1.0以上となっており，求職者の人数より求人件数のほうが多いとは言え，労働市場では求職者の「売り手市場」になっているわけではない。なぜかというと，中国の労働市場では高失業率と人手不足が併存するというなかなか想像しにくい状況が発生しているからである。

　図表7-4は中国の主要102都市の失業率を表したグラフである。図表7-3の右のグラフからわかるように，2012年から2014年までの中国都市部の求人倍率は確実に1.0を超えているにもかかわらず，図表7-4から読み取れるように，中国の主要都市の失業率は6.0％以上という高水準を維持したままである。

　失業を形態によって分類すると，一般に次の3つがある。①需要不足失業は循環的失業とも呼ばれ，景気後退に伴う雇用機会の減少による。②構造的失業は，労働市場全体では需給バランスがとれていても経済などの構造変化に伴い技能などが一致せずに生ずる。③摩擦的失業は，転職時における情報の不完全性に伴うものである。中国の都市部で発生している失業は主に②の「構造的失業」である。

　劉（2014）は，上記した中国の労働市場の問題の発生原因について，下記の4点を指摘した。すなわち，①中国の経済改革と企業改革によって，新しい企業の設立と，古い国有企業の消失または規模縮小が頻繁に行われ，労働者の企業間における流出と流入が拡大し，労働市場の摩擦に繋がった。②求人側と求

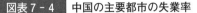

| 図表7 - 4 | 中国の主要都市の失業率 |

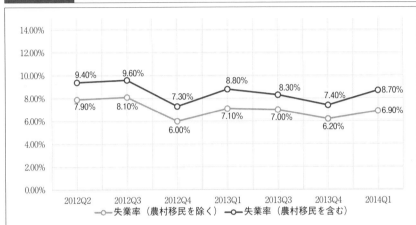

出所：劉洋（2014）「高失業率と人手不足が併存する中国労働市場」（独立行政法人経済産
業研究所2014年度コラム：https://www.rieti.go.jp/jp/columns/a01_0400.html　2021
年4月27日確認）

職側の間での情報の不完全性にも原因がある。③生産性の上昇がマッチング効
率性に対して有意な負の影響を持っており，失業者と高いスキルを求める企業
の間にミスマッチが生じている。④同職種間のミスマッチと地域間のミスマッ
チも関連している。とくに③と④は中国の労働市場におけるミスマッチ，つま
り構造的問題が存在していることを指摘しており，実際に，中国の労働市場に
おける重要な構造的問題の1つは，中国の高等教育，つまり大学教育の規模に
ある。

　西村（2017）は，中国の労働市場の厳しい状況，とりわけ中国の大学卒業生
が直面している就職状況を「就職超氷河期」とコメントしたうえ，その原因は，
中国の高等教育規模拡大政策が実施され，大学卒業生の人数が急激に増加した
ことにあると指摘する。21世紀の国家経済と社会の高度成長に必要な高度人材
をより多く育成するために，1999年，中国政府の教育部は『面向21世紀教育振
興行動計画（21世紀に向けての教育振興行動計画）』を発表し，高等教育の規
模拡大政策を実施した。各大学の定員数は右肩上がりに増大し，中国政府の教
育部の統計によると，1998年に約87.7万人だった卒業生（大学生83万人，大学

院生4.7万人）は，2016年には760万人（大学生704万人，大学院生56万人）まで増加し（**図表7-5**を参照），そして2017年には795万人，2018年には820万人，2019年には834万人，さらに2020年にもまた過去最多を更新し，874万人を超えたのである。この急増した大卒者の人数は大卒者向きの有効求人を大幅に超過し，構造的ミスマッチを生み出したのである。

　西村（2017）は「人力資源社会保障部の2013年の統計を使って学歴別の求人倍率を計算すると，"大学専科（＝短大）"を含む大卒・大学院卒が0.84倍であったのに対し，学歴要求なしを含む小学・中学・高校卒は1.17倍であった。2002年以降このような状況が続いている」と指摘した。また三尾（2013）も中国の雇用ミスマッチの背景にあるのは大学の急増と大学定員の急拡大であると指摘し，「教育程度別（＝学歴別）に見ると，高校と修士以上は求人倍率が1倍を超える需給の締まった状況にあるものの，中学以下と大学・短大卒は1倍を下回っている。学歴不問の求人が多いことを勘案すれば，中学以下の労働需

図表7-5	中国の大学卒業生・大学院生の推移（1980〜2016年）

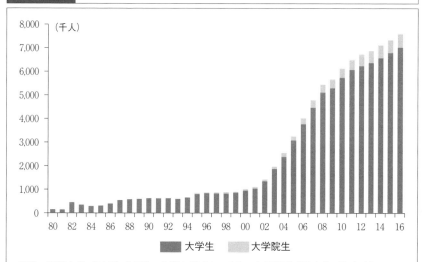

出所：西村友作（2017）「卒業＝失業？新卒800万人の中国就活事情」『日経ビジネスWeb版』（https://business.nikkei.com/atcl/opinion/16/112900054/112900001/　2021年4月27日確認）

給には大きな問題はないと思われる。…しかし学歴不問の求人が多くても，大学・短大卒の学歴を持つ者が喜んで応募するとは考えにくい。大学・短大卒の学歴を持つ者はその学歴に見合った就職を望むのが自然だからである。大卒者（短大卒を含む）だけに雇用のミスマッチが発生したのは，1998年以来の高等教育改革で大学が急増したことが背景にある」とも述べた。

　図表 7 - 6 は2013年 1 ～ 3 月の中国の学歴別の求人と求職者の状況を表したグラフである。このグラフから，「中学以下」では求職者の人数は求人件数を超えており，学歴が低いという理由で就職難が発生しているが，「短大卒」，「大卒」でも求職者の人数は求人件数より多くなっており，中国の労働市場では大量の「高学歴」労働者に対して十分な雇用を提供できていないというミスマッチが発生していることが読み取れる。

　中国では古い時代から「科挙」制度が実施されていた。科挙制度は 6 世紀の隋王朝時代に始祖の文帝によって初めて導入され，1904年の清王朝末期に廃止されるまで，1300年以上続いた官僚登用制度である。家柄や出自，身分に関係なく，誰でも受験できる公平な試験で，ペーパー試験の成績がさえ良ければ高

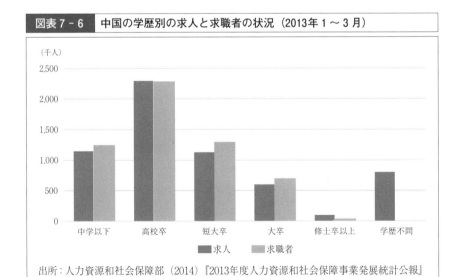

| 図表 7 - 6 | 中国の学歴別の求人と求職者の状況（2013年 1 ～ 3 月） |

出所：人力資源和社会保障部（2014）『2013年度人力資源和社会保障事業発展統計公報』
　　　のデータに基づき筆者作成。

級官僚として登用するという制度であるため，長い間，科挙制度は中国の社会的地位の低い階層や貧しい人々にとって，自分の力で運命を変えて立身出世を果たす唯一の登竜門の道であった。

　本書の第1章で述べたように，1949年社会主義中国が建国して文化大革命発生まで，中国政府は計画経済をベースに中国社会の秩序を構築し，人材の育成も活用も国家の計画に基づいて展開されていた。学校から出た卒業生（高校卒が多い）は自ら就職活動をする必要がなく，中国政府の指揮命令に応じてさまざまな職場に配属されていたのである。文化大革命期では中国社会は大きな混乱に陥り，学校教育も人材育成も一時的に中断されていたが，文化大革命後，大学受験制度が回復されてから1990年代初まで，中国の大学教育はエリート教育として位置づけられ，中国政府は全学費を負担し，貴重な人的資源である大学卒業生の活用も「国家分配」の政策を取り，文化大革命前とほぼ同様に，指揮命令で大学卒業生を「国家幹部」として各職場に配属していた。つまり，その時の中国の大学卒業生は中国社会のエリート人材として優遇され，強い優越感を持っていた。とくに2000年頃まで，農村戸籍の学生は都市部の大学に進学できれば，自身の戸籍も都市戸籍へ切り替えることもできていた。昔の科挙制度のように，大学に進学することは，中国の多くの若者にとって自身の立身出世を実現するための一番の近道であった。

　1990年代半ばから，「改革・開放」政策の深化にともない，中国政府は市場の活性化をさらに推進するため，大学教育の学費負担を「国費」から「自費」へ切り替え，大学卒業生の就職にも「国家分配」と「自由就業」の「双軌制」を導入しながら，段階的に「自由就業」の自由を与えた。大学卒業生たちは自分の好きな仕事に従事できるという就職の「自由」を手に入れると同時に，それまでの中国政府が就職先を斡旋してくれるという「国家分配」の保障を失い，自身のキャリアに関して「自己責任」が強調されるようになったのである。ところがその直後，前述したとおり，中国政府は高等教育の規模拡大政策を実施し，大学の入学定員数も大幅に拡大され，大学卒業生の人数も逐年増加し，社会の構造的問題で大学卒業生の就職状況も次第に厳しくなってきた。つまり，中国の大学教育はすでにかつてのエリート教育時代から大衆教育時代へ転換したのである。しかし，大学進学率の上昇に伴い，「大卒」資格の価値が低下し

ているにもかかわらず，高静（2011）が指摘した「大企業に就職したい」や「ブルーカラーになりたくない」，「現場労働には従事したくない」，「高所得の体面を保つ仕事に就きたい」，「メンツが立たない職にはつきたくない」など，多くの大学卒業生が持っている就職に関する意識から，旧態依然のエリート意識が就職の足かせとなっているといえよう。

　もちろん中国の社会・経済の発展につれ，高度人材への需要はある程度増大してきており，「短大卒」の学歴を持つ者への需要が増えたが，「大卒」と「大学院卒」の人数はさらに増大してきたため，大学卒業生の就職は依然として厳しい状況である。李・王（2017）は北京市の2016年の労働市場と就業構造を分析したところ，「高校卒」と「短大卒」の求人が増え，とくに「短大卒」の求人倍率は年平均2.76倍にも達していたが，「大卒」と「大学院卒」への求人倍率はそれぞれ0.74と0.48にとどまったという。

　このように，労働市場の構造的問題によって生み出された高学歴を持つ若者の就職難が続くなか，中国社会ではさまざまな「種族」が誕生した。かつて，成功するチャンスが一番多いと思われる首都北京で「漂流」し，「一攫千金」や「人生の頂点」を目指し，苦労しながら奮闘する人，いわゆる「北漂族（＝北京で漂流する人たち）」がよくメディアに取り上げられ，その苦難についてはもちろん描かれていたが，ほとんどの報道では「奮闘」「挑戦」「夢を摑む」といったキーワードを強調し，積極的・前向きな捉え方が比較的多かった。しかし近年，とくに2008年リーマンショック以降に新たに誕生した，社会から大きな関心を集めた「蟻族」，「ネズミ族」，「マンホール族」といった弱者集団は重大な社会問題として捉えられ，これらの種族の厳しい生活環境や仕事条件などが注目されるようになった。

7-3　蟻族

　中国で「蟻族」という言葉がはじめて登場したのは，対外経済貿易大学の副教授（当時）の廉思氏が2009年9月，中国の広西師範大学出版社から出版された『蟻族——大学卒業生聚居村実録』であった。本書の初版は1ヶ月足らずでたちまち売り切れとなり，その後半年ばかりの間に10回近くも版を重ね，中国

国内に広く「蟻族」の名が轟きわたることとなった。新華社，人民日報，光明日報，参考消息，中国経済時報，南方週末，中央人民ラジオ局，中央テレビなどをはじめとして，数百におよぶ国内メディアが本書に対する論評を報道しており，「蟻族」「蟻族現象」は2009年の中国におけるもっともホットなキーワードとなったのである。こうした中国国内における大きな反響と同時に，「蟻族」は海外メディアからも注目を集め，共同通信，ロイター通信，タス通信，AP，CNN，BBC，日本のNHK，読売新聞など海外の主力メディアもこの中国で新たに誕生した弱者集団を大きな扱いで報道していた。では「蟻族」とは何か。

　高学歴，弱小，群居……高い知識を持っているのに単独で生きるには弱すぎ，群れをなすようにして特定の地域に棲みついていく……まさに蟻そのものの特性をもつ人々が近年の中国に出現しており，廉思氏は大学を卒業してもまともな職につくことができていないこれらの若者たちに対して「蟻族」と名付けたのである。このような「大卒低所得群居集団」は，北京はもとより上海，広州，西安，重慶など大都市の近郊に数万人規模で展開しているという。現在中国においては，「蟻族」という言葉はもはや定着したボキャブラリーであり，「蟻族現象」は中国の抱える複雑極まる難問で，一種の危機を内包した課題であると見るのが常識となりつつある。では，「蟻族」には具体的にどのような特徴をもっているのか。主に下記の7点がある。

　第一に，基本属性について，廉・関（2010）によると，「蟻族」を年齢別に見ると，22～29歳が全体の92.8％を占めており，"蟻族"のほとんどが「八〇後[2]」に属している。大部分が大学を卒業して5年以内の若者である。主に中国の北京や上海，広州などの大都市に集中しており，全国で100万人以上とされている。

　第二に，「蟻族」のほとんどは地方出身者であり，裕福ではない農村部家庭の出身者が多い。幼い頃から勉強を続け，借金してまで高い学費を支払って農村部を離れて大都市の大学に通っても，たどり着いた先はまともな職につけな

2）「八〇後」とは，1980年代生まれの人々を指しており，中国政府は1980年代初めから「一人っ子政策」を実施したため，「八〇後」は一人っ子世代として，これまでの中国で「壊れた世代」「もっとも責任感のない世代」「わがままな世代」などと酷評されてきた。

い「就職超氷河期」であり，やむを得ずに「蟻族」になってしまう。生きていくために低賃金労働に従事し，都市部戸籍を持っていないため，さまざまな場面において差別されている。しかし「蟻族」は簡単に田舎の農村部には戻れない。なぜかというと，農村部の地方では，就職の機会はさらに少ないからである。地方であるほど，社会の公平性が欠けており，コネクションや人脈をもっていない彼らは良い仕事に就く可能性は極めて低い。また，大学進学で田舎を出て北京や上海などの大都市に行ったというだけで，家族の「誇り」となっていることが多く，両親のメンツを考えて，「蟻族」は簡単には田舎に帰れない。さらに，彼（女）らは両親のメンツだけでなく，家族の幸福と夢を背負っているのである。

　もちろん都市部の裕福な家庭出身の大学卒業生が全員，まともな職に就職できているとは限らない。都市部戸籍をもっており，家族のコネクションでなんとか就職できている若者は多いが，「就職超氷河期」のなか，「蟻族」と同じようにまともな職につけず，親の経済力に依存して就職浪人や日本でいうフリーター，ニートになっている若者も少なくない。中国では彼（女）らのことが「啃老族[3]」と名付けられている。

　第三に，「蟻族」が卒業した大学のほとんどは主要大学ではない。中国の主要大学には「二一一工程」と「九八五工程」，この２つのキーワードがある。「二一一工程」とは，1993年に中国政府が21世紀をリードする100の大学と専攻課程を選出して，総額180億人民元という巨額費用を投入して先導的役割を開拓させるというプロジェクトである。「九八五工程」とは，1998年５月４日「五四青年節」に中国政府によって発表されたもので，中国の大学での研究活動の質を国際レベルに上げるために，「二一一工程」の大学のなかからさらなる資金投下先として主要大学を選定して投資していくプロジェクトである。これらの主要大学を出た大学卒業生は，就職の面において一般の大学卒業生より有利ではあるが，「就職超氷河期」のなか，「二一一」・「九八五」を出た大学卒業生の一部もうまく就職できず，「蟻族」になってしまった若者も少なくない。

---

3)　成人しても年老いた親に経済的に依存している中国の若年層の類型の１つを指している。近年，大学を卒業してもまともな職につけず，親の経済力に依存して生きている若者たちが急増し，社会問題となっている。「啃老族」も現代中国の流行語の１つとなっている。

『中国青年報』が2010年に独自で実施した調査によると，廉・関（2010）の調査では「蟻族」全体に占める「二一一工程重点（＝主要）大学」卒業者の比率は，2009年に10.8％であったものが，2010年は28.9％に増大した。これは主要大学の卒業者であっても，中国社会全体を覆う「高等教育」を受けた者たちの就職難という潮流から免れることはできないということを示している。

　さらに，「蟻族」の多くは「自考生」である。「自考生」とは「自学考試学生」の略称であり，日本でいう高等学校卒業程度認定試験「高卒認定」に近い概念といえる。中国の「自考」はとくに大学の諸課程を対象にして，科目履修ではなく単独の試験によって単位を認める制度であり，各科目別の認定はもとより，短大や大学教養課程卒業と認定したり，大学本科卒業と認定したりする試験が多様に展開している。制度上，「自考生」の認定証書も中国政府が認めたものであり，就労機会や処遇などにおいて本来，差別されてはいけないが，ふつうの大学卒業生でもなかなか就職先が決まらない「就職超氷河期」の中国では，「自考生」たちはやはり差別されているのである。

　第四に，「蟻族」が住んでいる地域は大都市と農村部の結合地域，いわゆる「城中村（＝都市化に立ち遅れて生活水準が低い"都市の中の村"）」であり，北京では「唐家嶺」，「小月河」が代表的な地域である。「城中村」は超大都市の郊外に位置するため，通勤時間は比較的に長いが，最大の特徴はやはり家賃が安くて，都市の中心部と往来する路線バスも多いため，交通も比較的に不便ではない。最初はほとんど何もないところであるが，多くの「蟻族」が住み込み，それに応じて格安の料理屋台や売店など生活のインフラが次々と揃い，やがて賑やかな「群居村」へと発展していく。

　また，「蟻族」たちの住居環境は非常に厳しい。日本にも何人かが共同で居住するシェアハウスがあるが，その基本は個別部屋であり，基本的なプライバシーはしっかり確保できている。しかし中国の「城中村」には個別部屋ももちろんあるが，家賃は割高になるため，「蟻族」たちのほとんどはベッド単位で借りている。つまり，1つの20平米ほどの部屋に二段ベッドを3～4つも入れて，6～8人が共同生活するというタイプである。したがって居住面積が狭く，衛生条件も悪い。もちろんプライバシーはまったく考えられない。それに加えて居住者の間で盗難事件の発生や生活習慣の相違などによって人間関係の悪化

が頻発しているという。

　第五に，ほとんどの「蟻族」は失業あるいは半失業の状態にある。失業状態とは何の仕事にもついておらず，親や家族からの限られた仕送りでなんとか生活をしのいで就職活動を続けたり，大学院入試を準備したりしている状態であるが，半失業状態とは正式な雇用契約が存在しない臨時的仕事に従事し，就業先の都合で仕事があったりなかったり，あるいは就業先を転々としている状態である。たとえば日雇いや，一時的なアルバイト，正式雇用に結びつかないインターンシップなどである。廉・関（2010）によれば，就職できた「蟻族」の32.3%が就職先と正式な労働雇用契約を結んでおらず，36.4%の調査対象者は社会保険などに加入していなかったという。そして「蟻族」は仕事の不安定さによる流動性が非常に高く，ある「群居村」から別の「群居村」へ引っ越しすることもよくあり，ほとんどの「蟻族」は3回程度の転職を経験していると，廉・関（2010）は指摘した。また，「蟻族」たちが従事している仕事の種類を見てみると，理科系やコンピュータサイエンス関連の専門卒業者は簡単な技術関連の作業，たとえばプログラマー，ウェブ管理，技術作業に従事するケースは多いが，文科系，たとえば経営学や経済学，法学，文学，歴史学などの卒業者は営業，電子器材の販売，広告マーケティング，飲食サービスなどの仕事に従事することが多いという。

　また，「蟻族」の給料は安い。廉・関（2010）の統計では「蟻族」の多くは毎月，1,500〜2,000元程度の月収であり，「蟻族」全体の1ヶ月の平均所得は1,956人民元であるという。これは都市部の労働者の平均所得を大幅に下回っているだけでなく，西村（2017）は，2017年第1〜3四半期の北京の「蟻族」の平均月収は2,000〜3,000人民元程度であり，同時期の北京で働く農民工の平均賃金水準の4,359人民元よりも安いと指摘した。

　第六に，「蟻族」たちのなかに，心理的病気や強いストレスを抱えている人が多い。廉・関（2010）によれば，ほとんどが「八〇後」であるからこそ，「蟻族」は自己期待感が強い。しかし置かれている厳しい生活・仕事の状況から，彼（女）らの社交範囲は狭く，恋愛する機会も少ない。「大学教育を受けてきたエリート」「自分の夢，家族の希望は簡単に捨てられない」という理想，そして「どこへ行っても差別され，就職できない負け犬」という厳しい現実，

図表7-7	上海の求職旅館で暮らす「蟻族」たち

出所：NHKドキュメンタリー（2010）『蟻族の詩～上海　求職旅館の若者たち～』

このような大変なジレンマのなかにいる「蟻族」たちは心理的落差，憂鬱感，劣等感，そして「早く就職して親孝行をしないといけない」という焦燥感が非常に強い。このような心理状況も，「蟻族」が「群居村」に住み続け，なかなか離れようとしない理由でもある。なぜかというと，「群居村」では周りのみんなと同じ状況であり，「蟻族」の仲間が多くいることから，彼（女）らは心理のバランスを保てるということであろう。また，インターネットは「蟻族」が求人情報を入手したり，外界と交流して憂さを晴らしたりするための必要不可欠なツールとなっているのである。

　第七に，「蟻族」は年々増殖しているだけでなく，高学歴化・高年齢化も進んでいるという。廉・関（2010）において，大学院卒の学歴を持つ「蟻族」の比率は1.6％であったものが，『中国青年報』が2010年に独自で実施した調査によると，2010年に大学院卒の「蟻族」は7.2％に増大した。彼（女）らを専攻別に見ると，工学，医学，経済，管理といった近年人気のある分野がその大部分を占めており，就職競争の激しさを物語っているという。また，「蟻族」の年齢も「高齢化」する傾向が見られている。廉・関（2010）では，30歳以上の

"蟻族"の比率は2009年に3.1％であったが，同じく『中国青年報』の独自調査において，このデータは2010年に5.5％に上昇し，年齢の上昇傾向が顕著となっていることがわかり，「蟻族」の身分から抜け出して華麗な転身を遂げることがますます困難なものとなっていることを表しているものとも考えられる。

　2010年10月，NHKドキュメンタリー『蟻族の詩〜上海　求職旅館の若者たち〜』が放映され，地方の大学を卒業して超大都市である上海にやってきて，求職旅館で群居生活を送りながら求職活動をしている中国の若者たちの姿が描かれていた。高知能で大学を卒業してはいたが，弱すぎてどこへ行っても差別され，誰からもいじめられる「蟻族」たちの境遇から，中国の高学歴ワーキングプアの生々しい現実が読み取れる。

7-4　ネズミ族・マンホール族

　「蟻族」に続いて，中国では「ネズミ族」という新たな種族も出現していると言われている。「蟻族」は高学歴，弱小，大都市と農村部との結合地域の「城中村」にて群れをなして生活するという基本な特徴があり，前段で見てきたとおり，その居住環境は非常に厳しいものではあるが，地上のアパートがほとんどである。しかし「ネズミ族」とは，「蟻族」が住んでいる地上のアパートよりも家賃のさらに安い地下室を借りて生活する人々を指し，「ネズミ」と同様に群れをなして地下で生活することから名付けられた人々のことである。

　「蟻族」のほとんどが大学卒業者という高学歴に比べて，「ネズミ族」は高卒あるいは中卒の学歴者がほとんどで，地方から北京などの大都市に出稼ぎに来たが，地上一般のアパートの家賃がどんどん上昇したために，耐えられず，劣悪な環境下にある地下室での生活を余儀なくされた。新華網の2014年1月7日のWeb版記事「中国高房価催生"鼠族"，城市間房価分化厳重」によれば，中国の最大都市北京では770万人の移住人口のうち，約五分の一，すなわち約150万人が市内マンションの地下室に住んでおり，「ネズミ族」であるという。

　近年，中国政府はさまざまな政策を打ち出して不動産投機を防ぎ，中国全国の不動産価格の高騰を抑えようとしてきたが，多くの地方出身者の大都市移住や，経済「新常態」による魅力的な投資先の減少などの原因で，中国の大都市

図表7-8	北京の地下で生活している「ネズミ族」たち

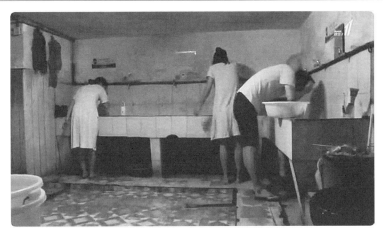

出所：NHKドキュメンタリー（2011）『“ネズミ族”と呼ばれて〜北京・地下住人の日々〜』

の不動産価格の上昇は止まらない。前述した新華網の同記事によると，2013年11月，中国全国の不動産価格の前年比上昇率は10％程度という高水準となっており，特に北京市内の上昇幅が高く，購買価格と賃貸価格はそれぞれ16％と12％の上昇があったという。家賃の高騰に拍車がかり，「地上」に家を借りることができなくなった多くの地方出身の低所得者は，本来住居用でない地下の空間に設けられた狭い部屋を安い家賃で借りて生活するようになり，「ネズミ族」になったのである。一方，都市開発や環境整備を名目とする「城中村」の都市改造計画により，家賃の安いアパートからの移転を余儀なくされた「蟻族」も，地下に逃げ込んで「ネズミ族」に仲間入りする者が増えつつあるという。

　「ネズミ族」の居住環境は地下であるゆえに，家賃は地上の格安アパートの半額程度で済み，電気が通っているが，暗くて湿気が多く，ガス，水道，そしてトイレを共用するケースがほとんどである。NHKドキュメンタリー『“ネズミ族”と呼ばれて〜北京・地下住人の日々〜』は2011年9月に放送され，地方都市から北京へ移住して20年以上の出稼ぎ農民や，地方の大学を卒業して北京

図表 7 - 9	中国メディアが取り上げた「マンホール族」の男性

出所：新京報（2013年12月8日）「関注"井底群体"，是為了改変」（https://www.bjnews.
　　　com.cn/detail/155147181314825.html　2021年5月4日確認）

にやってきて自らの力でチャンスを摑もうとする若者などの事例を取り上げ，北京の地下で生きている「ネズミ族」の実態を描いた。

さらに2013年，中国では「ネズミ族」の居住環境よりもはるかに厳しい「家」に住んでいる新たな種族が発見された。それは都市部のマンホールのなかに住む人々であり，いわゆる「マンホール族（＝井底族）」である。2013年12月5日，『北京晨報』は北京市朝陽区麗都花園路のマンホールに住んでいる60代の老夫婦2人のマンホール暮らしの様子を取り上げて報じたことで，「マンホール族」の存在は中国で一気に注目を浴びた。その後，子供の学費を確保するために10年以上も北京市内のマンホールに住んでいた男性（52歳）のニュースも各メディアに報道され，大きな反響を呼んだ。

諸報道によれば，「マンホール族」のほとんどは農村から来た出稼ぎ農民である。低所得しか得られない彼（女）らはやはり年々高くなってくる家賃に耐えきれず，「ネズミ族」のように地下室を借りて住むこともできず，結局マンホールに布団を持ち込んで暮らしているという。

7-5　おわりに

以上，中国の労働市場の構造的問題を踏まえたうえ，2008年リーマンショック以降の中国社会に新たに出現した弱者集団の「蟻族」「ネズミ族」「マンホール族」を簡単に考察した。2000年以降，中国経済は二桁の成長率で高度成長を実現し，中国社会も大きく発展できた。しかしこの目覚ましい急成長の裏側で，これらの新しい「種族」が生み出されたのである。

「蟻族現象」の発生原因について，前段7-2において，中国の労働市場の構造的問題が主要な原因であると分析した。廉・関（2010）においても，①大都市の魅力；②就職状況の変化；③就職政策の調整；④大学生の職業選択意識における相対的な遅れ；⑤高等教育の発展と社会的需要の差と，主に中国社会の構造的問題を指摘した。しかし，「蟻族」「ネズミ族」「マンホール族」の出現は，上記の労働市場の構造的問題だけではなく，中国社会の深層に横たわるさまざまな深刻な問題が存在しているからだと筆者は考える。たとえば高すぎる不動産価格の問題（**図表7-10**を参照），貧富の差の問題，経済の地域発展

図表 7 -10	高すぎる中国の不動産価格

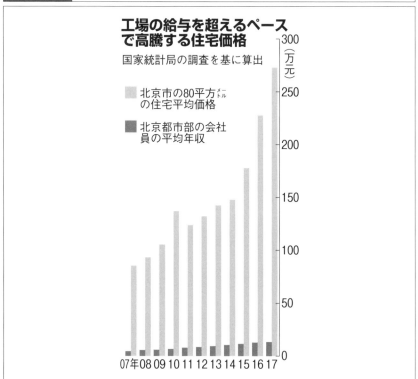

出所：朝日新聞（2019年 9 月24日）「中国の残酷な996勤務　"感情を持たない機械"の
　　　夢は」（https://www.asahi.com/articles/photo/AS20190923001728.html　2021年 5
　　　月 8 日確認）

の不均衡問題，都市と農村の二極構造，社会の底辺に置かれた階層の固定化，
利益の分配システム，戸籍制度，高等教育体制，機会の不平等，社会のセーフ
ティーネットの不備など，いずれも深刻な社会問題である。

　中国社会の長期にわたって存在している代表的な社会問題はやはり貧富の差
の問題である。**図表 7 -11**は中国の2003〜2016年のジニ係数の推移を表したグ
ラフである。この図からわかるように，中国のジニ係数は2008年にピーク値の
0.491に達した後，やや低下してきているものの，2016年の時点でも0.465と高

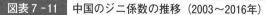

図表7-11	中国のジニ係数の推移（2003〜2016年）

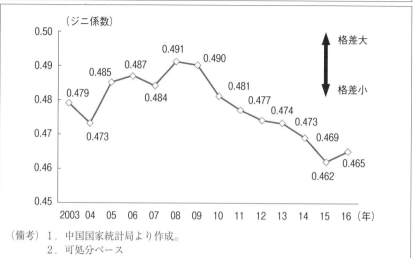

（備考）　1．中国国家統計局より作成。
　　　　　2．可処分ベース
出所：内閣府（2018）『世界経済の潮流2018年』，p.161。

く，相対的な所得格差は大きい。

　もちろん中国政府もこれらの深刻な社会問題の存在を認識しており，これまではさまざまな政策を打ち出して早急な解決を実現しようと努力してきている。たとえば本書の第2章で紹介した「西部大開発」プロジェクトや「築巣引鳳」政策などがある。さらに近年，「新常態」に入った中国経済を再び発展・飛躍させると同時に，機会の不平等問題や大学卒業生の就職難問題への解決を目指して，中国政府は2015年6月，「大衆創業・万衆創新」政策を打ち出した。

　「大衆創業・万衆創新」は李克強国務院総理が2014年9月のダボス会議で提起した構想である。その趣旨は文字通り，「大衆による起業，万民によるイノベーション」と解せられる。その後，政府活動報告で頻繁に言及されたり，『中国中小企業青書2016』で「経済発展への新たな推進力」と謳われたり，存在感を示すキーフレーズになっている。ちなみに「大衆創業・万衆創新」は中国で「双創」とも省略して呼ばれている。2015年6月16日，中国政府の国務院は「国務院関于大力推進大衆創業万衆創新若干政策措施的意見（大衆創業万衆

創新を積極的に推進する政策・取組に関する国務院若干の意見）」を発表した。

　「意見」では，5大分野でのグレードアップを推し進める方針が示された。具体的には，①革新・創業環境のグレードアップ促進（行政簡素化・権限委譲による革新・創業の活性化，規制緩和・管理強化による公平な市場環境の整備，関連サービスの最適化を通じた利便性の向上等）；②革新・創業の推進力のグレードアップ加速（財政・税収政策による支援強化，知的財産権の管理・サービス体系の構築等）；③創業による雇用創出能力のグレードアップ推進（科学技術者の創業に対する奨励・支援，大学生向けの革新・創業関連教育・研修の強化，出稼ぎ農民の返郷創業・退役軍人の自主創業を促進するサービス体系の構築，帰国者・外国人による革新・創業の利便性向上等）；④科学技術の革新サポート能力のグレードアップ推進（大学・研究機関の革新・創業の融合促進，科学技術の研究成果の転化体制・メカニズムの健全化等）；⑤革新・創業のプラットフォームのグレードアップ促進（インキュベーター・オープンコミュニティに関連するサービスの改善，大中小企業の融合・発展を促すプラットフォームの構築，工業インターネットの革新的発展の推進，「インターネット＋」革新・創業のサービス体系の構築等），である。

　「意見」の内容には全部で30の条目があったが，23条目に「大学生の創業を支持する。大学生創業の指導計画を実施し，大学卒業生就業・創業基金を整合・発展させる。各大学は所有しているリソースを有効に活用し，大学生創業指導サービス機構の設置を支援する。成功した経営者，有名な企業家，ファンド投資家，専門家，学者たちに大学生の創業を指導させ，創業計画や創業方法などへの助言を提供させる。柔軟性のある大学学習管理方法を模索・構築し，在学中の大学生の学籍を保留しながらの休学創業を支援する」という内容が明確に定められており，大学生の創業を促して就職難問題を解決しようという中国政府の思惑を伺うことができる。

　2018年9月26日，中国政府は「関于推動創新創業高質量発展打造"双創"昇級版的意見（質の高い革新・創業の推進と『双創』のアップグレード版の構築に関する意見）」を発表し，「大衆創業・万衆創新」のさらなる推進と発展を後押しした。

　さらにコロナ禍で萎縮した市場の活力を持続的に引き出し，企業や労働者を

守り，大学卒業生など重点集団の創業・就業を支援するために，2020年7月15日に開催された中国国務院常務会議は「深入推進大衆創業万衆創新，重点支持高校畢業生等群体就業創業（大衆創業万衆創新をさらに推進し，大学卒業生等の就業創業を支援する）」を発表し，的を絞った4つの強い措置を打ち出した。4つの措置の内容について，具体的に①中央予算内の投資計画特別資金により創業・革新模範基地の建設を支援する；②遊休工場および利用効率の低い土地などを活用し，創業・革新重点プロジェクトへの支援を強化する；③政府が投資するインキュベーターなどは，大学卒業生や出稼ぎ農民などに一定の割合に基づき場所を無償で提供する；④初めての創業で1年以上正常に経営している返郷・入郷創業者に対して，創業補助金を一括交付する，である。これらの措置からもやはり大学卒業生の就職難問題を解決したいという中国政府の狙いが読み取れる。

しかし，この問題はやはり簡単に解決できないようである。2021年6月，中国のメディアによって取り上げられた1つのキーワード「躺平族（寝そべり族）」が多くの注目を集め，日本のメディアも相次いで報道した[4]。これは一部の若者たちが過酷な競争社会を生き抜くことを諦め，競争相手に倒されるのではなく，自らがあらかじめ「横になって降参」し，競争に参加しないという姿勢を取っていることを意味している。具体的には「不買房，不買車，不談恋愛，不結婚，不生娃，低水平消費（家を買わない，車を買わない，恋愛しない，結婚しない，子供を作らない，低水準の消費）」という主張を実践しているというのである。格差の大きい中国社会において，依然として厳しい状況に苦しんでいる若者たちの様子がうかがえる。

---

4) 『日本経済新聞』WEB版は2021年6月16日に「中国消費，草食系『寝そべり族』増加　共産党も危機感」という記事を公開した（https://www.nikkei.com/article/DGXZQOGM1606I0W1A610C2000000/　2022年1月6日確認）。

参考文献 ───

Yang Liu（2013）*China's Urban Labor Market : A Structural Econometric Approach*, 京都大学学術出版会・香港大学出版社。

石井知章（2012）「中国における新自由主義的労働政策の現状と課題」『生活経済政策』No.180, pp.26-30。

王暁霞（2019）「大学生職業生涯規劃目標可実現性研究─基于大学生"蟻族"産生原因分析」『現代商貿工業』, 2019年第5期, pp.66-67。

高静（2011）「中国における大学生の就職意識」『広島大学大学院教育学研究科紀要』第三部, 第60号, pp.73-82。

西村友作（2017）「卒業＝失業？新卒800万人の中国就活事情」『日経ビジネス』2017年11月30日（https://business.nikkei.com/atcl/opinion/16/112900054/112900001/　2021年4月28日確認）。

范瑞雨・唐万涛（2018）「従『北京蟻族』看当代大学畢業生生存現状」『名作欣賞』, 2018年第4期, pp.108-109。

三尾幸吉郎（2013）「中国経済：大学新卒者は史上最悪の就職難なのに求人倍率は上昇, 中国で今起きていること」『NLI Research Institute REPORT August 2013』, pp.1-5。

李璐璐・張建萌（2016）「大学生"蟻族"問題対策研究─基于大衆創業万衆創新的視角分析」『経貿実践』, No.22, p.161。

李鳳梅・王少泉（2017）「我国城市就業人口結構優化芻議─以北京市労働力市場為様本」『経済問題研究』, No.155, pp.44-48。

劉暁英（2016）「労働需求結構与産業昇級的双滞後効応分析─基于中部六省的数据検験」『鄭州大学学報』第49巻第3号, pp.57-60。

劉洋（2014）「高失業率と人手不足が併存する中国労働市場」（独立行政法人経済産業研究所2014年度コラム：https://www.rieti.go.jp/jp/columns/a01_0400.html　2021年4月27日確認）

廉思・関根謙（2010）『蟻族：高学歴ワーキングプアたちの群れ』勉誠出版。

第8章

翻弄される中国の出稼ぎ農民たち

8-1　はじめに

　周知のとおり，近年の中国の社会問題には容易に解決できていない問題があり，それは「三農問題」である。三農問題とは，中国の農民・農村・農業にかかわる問題であり，中国政府が掲げた「社会主義現代化」の達成と「小康社会の全面実現」にとって，もっとも重要な位置を占める問題である。改革開放，とりわけ1990年代以降の急速な経済成長のなかで，農業と工業，農村と都市，そして農民と都市部住民の間においてさまざまな格差の拡大が顕在化した。総人口の半分以上を占めている農民たちの経済状況が改善できないと，中国社会のさらなる発展もできないし，社会の安定と持続可能な成長も，前述した「社会主義現代化」の達成と「小康社会の全面実現」ももちろんできない。

　では，中国政府と中国社会にとって，非常に重要な三農問題とはいったい何か。そもそも三農問題はなぜ，どのように生み出されてきたのか。本章の焦点は「出稼ぎ農民」であるが，彼（女）らはいったいどのような人たちなのか。三農問題を解決するために，中国政府はどのような政策と実践を行ってきたのか。これらの問題意識をもって，現代中国のもう1つの弱者集団である出稼ぎ農民たちを考察していきたい。

8-2　中国の三農問題

8-2-1　三農問題の発生原因

　前述したとおり，三農問題とは，中国の農民・農村・農業にかかわる問題であり，簡単にいえば，農民の生計，農村の持続可能性，そして農業の安定発展

にかかわる問題である。この三農問題は実際に現代中国における複合的な政治的，社会的，経済的課題で，現状に基づいて言うと，農民の貧困，農村の荒廃，農業の低生産性である。中国の国家統計局が2019年に公表したデータによれば，2018年末の時点において中国の農村人口（＝農民）は約5.6億人であり，全人口の41.5％を占めている。貧困や格差拡大などの問題で農村部の不満が暴動や集団抗議行動といった形で爆発すると，中国社会の安定や共産党政権の存続そのものを危うくする可能性があると考えられる。さらに，14億人の中国は世界一の人口大国であるゆえに，高効率の農業による食糧品の戦略的確保は国家の安全にとっても無視できない課題である。したがって三農問題は中国共産党や中国政府にとって非常に重要な課題であり，早急に解決しなければならない問題でもある。

　中国の三農問題が発生し，そして深刻化した原因として，大きく次の3つが考えられる。

　第一に，毛沢東時代の工業化政策である。建国直後，長年の戦争で立ち遅れた国民経済を発展させ，中国を強国に成長させるために，毛沢東は旧ソ連の政策を参考して重工業を優先的に発展させるという国家発展戦略を導入・実施した。重工業優先の工業化を達成するために，都市部工商業の国有企業化と農村部の人民公社化という国有・集団所有の公有制制度，戸籍制度による都市部と農村部の分断，住民の都市部の「単位」と農民の人民公社への封じ込めによる人々の職業選択や移住に対する極端な制限のもとで，行政指令型の計画経済運営がなされてきた。農業は工業化のための蓄積と都市部住民への食料の低価格安定供給の役割を担わされ，農民は人民公社の集団経済制度のもとで自給自足を強いられてきたのである。したがって建国直後の重工業優先の国家発展戦略の導入と実施は，中国の都市部と農村部との間で格差を生み出し，現在の三農問題の発生の始まりとなった。

　第二に，改革開放以降の漸進的な市場化と対外開放のありように，三農問題の深刻化の原因があった。「改革・開放」政策の実施は前例や見本がないため，中国政府は模索しながら慎重に実施する必要があった。とくに開放政策について，第2章でも考察したとおり，沿岸部・都市部が試験的に，優先的に開放されたため，外資は先に沿岸部・都市部に進出できた。もちろん生活や交通の便

利性，物流コストの低減，労働力の質などの諸要素を考慮して，外資企業も沿岸都市部への進出に積極的であった。これで都市部経済は成長のチャンスに恵まれ，都市部住民も就労機会に恵まれた。一方で中国の農村部経済の立ち後れが目立つようになった。つまり経済発展における地域格差が拡大してきたのである。

第三に，「改革・開放」政策は，中国が農業・農村を中心とする段階から，商工業・都市を中心とする段階への移行過程のなか，計画経済システムから市場経済システムへの移行と絡めて進められてきたが，その改革のバランスが取れておらず，経済効率優先の「先富論」が独走し，「戸籍制度」など一部の重要な改革の推進が遅れたのである。「改革・開放」政策が施行されて以降，中国政府は農村労働力の都市部への移動と就業を認めたが，都市部財政の負担増や都市機能の崩壊を防ぐために，戸籍制度への改革を積極的に推進しなかった。出稼ぎ農民たちは都市部で都市戸籍を取得することができず，都市部住民と同様な行政サービスや福利厚生を受けることができないだけでなく，就労機会や

図表 8 - 1　都市部住民と農村部住民の一人当たり所得格差

出所：『中国統計年鑑2019』と『中国統計摘要2020』に基づき筆者作成。

203

労働条件などさまざまな側面において差別されてきたのである。また，農業への改革も遅れたため，差別されても農民たちの都市部への流出が止まらず，農業発展の担い手が減ったことにより，農村の過疎化と農業発展の停滞が進み，三農問題はますます深刻化したのである（**図表8‐1**　都市部住民と農村部住民の一人当たり所得格差（図表2‐3を再掲））。

8‐2‐2　「改革・開放」後の中国の農業農村改革

　「文化大革命」は中国の経済と社会を混乱させたため，全国民に十分な食糧を確保することが中国共産党と中国政府の急務であった。したがって1978年「改革・開放」政策が打ち出されて以降，中国政府はまず農業と農村への改革に力を入れた。1978年，中国の安徽省鳳陽県小崗村で村政府が主導して実験的に実施した農家生産請負制は大きな農業増産に成功し，中国政府はそのやり方の全国への普及を提唱した。小崗村では，農地の使用権を各農家に分配し，それぞれの農家に責任をもって農作業をしてもらう。取れた食糧を3つに分けて，一部は国家に上納し，一部は地方政府に上納し，残ったものはすべて各農家が自由に差配するというやり方であったため，農民たちのモチベーションが高められ，農業の増産につながった。このやり方は後に中国で「農家生産請負制」（＝包産到戸）や「農家経営請負制」（＝包干到戸）と名付けられた。1982年1月1日，中国共産党と中国政府は『全国農村工作会議紀要』を発表し，「"包産到戸" と "包干到戸" は社会主義公有制経済の生産責任制である」と明確に定めた。そして1983年10月，鄧小平は中国共産党の会議で「農業で大規模な請負をやることに，私は賛成である。いまはまだ思い切ってやらせる大胆さが足りない。要するに，中国の特色ある社会主義の建設に役立つかどうか，国の繁栄と発展に役立つかどうか，人民の富裕と幸福に役立つかどうか，これがわれわれの諸活動が正しいかどうかをはかる基準なのである」と請負制の大胆な推進に号令をかけた。それで中国の農村部では農村改革が一気に推進され，「包産到戸」と「包干到戸」は中国全土で広がり，1958年大躍進運動期から中国農村部で確立されてきた「人民公社」体制は崩壊したのである。

　このような農業農村改革は農民たちの積極性を高め，農業の増産と農村経済の成長にかなり有効であった。1978年の食糧生産量は3億477万トンであった

が，1982年，1983年は対前年比で9％以上の増加率をしめし，1984年も同5.2％の伸びで4億731万トンとなり，6年間で1億トンも増加し，さらに1996年には5億トンを超えたのである。

　しかし，改革政策の推進にともない，都市部においても農村部においても，順調に成長できたところもあれば，うまく成長できなかったところもあり，結果として格差が生まれていったのである。社会主義中国でこれらの格差をいかに認識すべきか，いかに処理すべきか，中国共産党と中国政府のなかにはさまざまな意見や議論が溢れており，最終的にすべての意見を統一し，中国共産党と中国政府の方向性を明確にしたのは，鄧小平の「先富論」であった。「先富論」は1985年10月23日，中国当時の指導者である鄧小平が提起した「共同富裕」理論の一部である。すなわち「農村でも都市でも，一部の人がさきに豊かになるのを認めねばならない。勤労によって富を築くのは，正当なことである。一部の地域，一部の人に先に豊かになってもらい，そして経済発展の遅れた地域と人々を援助して，最終的に全体の裕福を共同で実現していく」とある。この「先富論」の提起は，経済発展を優先し，一時的な経済格差を容認しながら，毛沢東時代に確立した中国社会のメイン論調であった「均富論」を打破し，「改革・開放」政策の推進を後押しした。しかしその後，経済優先の「先富論」は独走し，中国の経済と社会においてさまざまな格差が生じてきたのである。

　このように，1970年代末から始まった中国の経済体制改革は，鄧小平の経済発展戦略のもとで，毛沢東時代の政治優先を脱して，効率主義，個人主義，自由主義的考え方が広まり，政治や社会にも大きな影響を与えていった。農民や労働者の勤労意欲が喚起され，農村の改革に引き続いて1984年10月に開かれた第12期3中総会では「中共中央関于経済体制改革的決定（中共中央の経済体制改革に関する決定）」を採択し，改革の重点を都市へと移していくことを定めた。それまで農村で行われた改革政策によって，農村では食糧を中心に農業生産が拡大し，食糧が市場に出回るようになるとともに農家所得も上昇した。また農民はより豊かな生活を求め，巨大なエネルギーとなって大都市や沿岸部へ向かって多数移動する状況が発生した。そこで中国政府は「離土不離郷（農業は離れても故郷を離れない）」政策を打ち出し，農村で「郷鎮企業」の設立を

推奨した。各地方政府，とくに農村の政府は農民たちを組織し，さまざまな郷鎮企業を設立したのである。郷鎮企業には，かつての人民公社時代の社隊企業を引き継いだものもあるが，その数は少数である。1978年時点で企業数は152.4万社，従業員2,826.6万人，総生産額493.1億元であったが，1995年においてそれぞれは2,202.7万社，1億2,862.1万人，6兆8,915.2億元となり，爆発的な成長をとげたのである。

　1980年代にはモノ不足の状況を補完する重要な役割を担って郷鎮企業は凄まじい勢いで発展できたが，1990年代になって「改革・開放」政策の深化にともない競争と市場原理が徐々に働くようになり，次第に競争環境が厳しくなった。品質や効率，納期などにおいて市場競争で負けてしまい，経営状況が苦しくなり，倒産する郷鎮企業が溢れてきたのである。ちょうどこの時期，市場経済の拡大によって外資の進出が増加し，工業経済も成長したため，中国の沿岸部・都市部において労働力への需要が増大した。郷鎮企業の大量倒産で溢れる失業労働者の対応で悩まされた中国政府は農村地域の労働力の都市部への移動を容認したのである。しかし，都市部の負担を考慮して，中国政府は一部の制度改革になかなか踏み込めなかった。もっとも典型的なのは戸籍制度であった。

8-2-3　遅れた中国の戸籍制度改革とその問題点

　戸籍制度は，社会主義中国で計画経済を成り立たせるために必要不可欠な制度であった。第1章でも述べたとおり，1949年建国後，中国共産党と中国政府は中国で計画経済体制を構築し，すべての経済活動を中央政府の計画に基づき遂行していた。計画経済では，すべての生産活動も消費活動も国家計画の下で行われるため，労働者も消費者も自由に移動させることができず，固定しておく必要があった。しかし中国政府は最初から戸籍制度を作り上げて国民の移動を制限したのではなく，1954年に最初に制定された中華人民共和国憲法の第90条では「公民は居住と移転の自由を有する」と定めていたのである。実際にも，中国では1953年に第一次五カ年計画が始まり，1955年からは農業集団化，商工業での公有化が進んだ。都市部では第一次五カ年計画による工業化の進展により雇用機会が増加し，とくに制度的に移動が制限されていたわけではなかったこともあり，農村部にはない福祉サービスが受けられる都市生活を求めて農民

の都市部への大量流入が発生した。中国政府は都市部人口の急増による都市部住民の就業機会の減少や公共サービスの提供困難だけでなく，農村人口の減少による農業への悪影響も，さらに計画経済自体が混乱してしまうことをも危惧していたため，1957年12月18日に「中共中央国務院関于制止農村人口盲目外流的指示（農村人口の盲目的な流出の阻止に関する中共中央国務院の指示）」を発表し，①公安機関は戸籍管理を厳格に行い，流入した農民に都市戸籍を与えない，②食糧部門は都市戸籍を有しない者に食糧を供給しない，③都市の企業による無断の労働者募集を禁止する，④流入した農民の帰郷を推進する，などの統制方針を示した。ここに，移動を阻止するための手段として，戸籍管理と食糧供給が結合されることとなり，1958年に移動制限の方針が制度化されるにいたったのである。

　1958年1月9日，中国政府は『中華人民共和国戸籍登記条例』を公布・施行した。現在も有効であるこの条例は，戸籍を「都市戸籍」と「農村戸籍」に分け，行政機関の許可なしでは国民の移動，とくに農村から都市への移住を許さなかった[1]。「改革・開放」政策が施行されて以降，都市部では国有企業のみならず，民営企業の誕生や外資企業の進出など，経済活動が活発化し，労働力への需要が増大した。それに応じて中国政府は1985年7月に「公安部城鎮暫住人口管制的暫行規定（公安部の都市部暫住人口管理に関する暫定規定）」，同年9月に「居民身分証条例」を実施し，農民の都市部への移住をある程度緩めた。しかしこれらの制度緩和はあくまでも「暫定」的なものであり，戸籍の変更に伴うものではなかった。「公安部城鎮暫住人口管制的暫行規定」では，戸籍所在地以外の土地に暮らす人に，条件付きで実際の居住地の暫定居住証が発行され，居住証を持つ者は多くの行政サービスを居住地で受けられるようになっているが，すべての行政サービスを受けることができるわけではなく，とくに医療や教育面の保障など重要な社会福祉サービスは都市戸籍保有者しか享受でき

---

[1] 戸籍の移転条件について同条例は「公民が農村から都市に移転する場合には，都市の労働部門の採用証明書，学校の合格通知書，または都市戸籍登記機関の転入許可証明書を持参し，常住地の戸籍登記機関に申請して転出手続きをとらなければならない」と定めている。その後の1964年と1977年，中国政府は公安部の戸籍移転規定改正案を了承し，農村から都市への戸籍移転は大学に入るか軍隊に入るといった限られた手段を用いるほかは，事実上閉ざされることとなった。

ないままであった。

　一方，中国政府は地域格差を縮め，経済発展に新たな起爆剤を与えるために，農村地域に対する都市化改革を進めた。新しく誕生した小都市への農村人口の移転を促進するために，1997年6月に「国務院批転公安部小城鎮戸籍管理制度改革試点方案和関于完善農村戸籍管理制度意見的通知（国務院が転送した公安部の小都市における戸籍管理制度改革の試点方案と農村戸籍管理制度の改善に関する意見の通知）」を発表し，小都市の戸籍制度の改革に関する方針を打ち出した。現時点では，全国の2万以上の小都市（主として県以下の中心都市）では，出稼ぎ農民の就職と移住に関して制限が緩和され，一定の条件（固定した住所，安定した職業・収入源等）を有する出稼ぎ農民は都市戸籍を取得できるようになった。**図表8‒2**は近年中国の都市人口と農村人口の推移を表した図である。この図から，1997年以降，中国の都市人口（都市戸籍を持つ者）の比率は急速な増加傾向にあるが，農村人口（農村戸籍を持つ者）の比率も早いペースで減少していることがわかる。

　しかし戸籍制度は形式的に緩和されつつあるものの，依然出稼ぎ農民の多く

図表8‒2　中国の都市人口と農村人口の推移

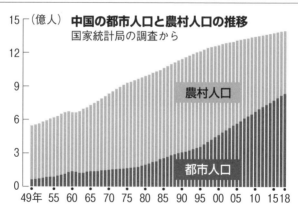

出所：朝日新聞（2019年9月24日）「中国の残酷な996勤務　"感情を持たない機械"の夢は」（https://www.asahi.com/articles/photo/AS20190923001728.html　2021年5月8日確認）

は都市での就職や生活，教育，社会保障等の面で厳しい待遇を受けている。また移住制限が緩和された中小都市は，制限が依然厳しい大都市に比べ公共サービスが不十分なため，農民移住者にとって魅力的ではないことや，大多数の貧しい農民にとって都市戸籍の取得条件は依然厳しいことなどは変わっていない。

8-3　翻弄される出稼ぎ農民たち

　「改革・開放」政策が施行されてから，経済発展における地域格差，とくに都市部と農村部の格差が拡大してきたため，少しでも良い生活を求めて，「農民工」と呼ばれる数多くの出稼ぎ農民は農村部の故郷を離れて都市部へ流入し，その数は2019年に過去最多の2.9億人超にまで増加した（**図表8-3**を参照）。

　しかし，戸籍制度改革の遅れにより，中国の出稼ぎ農民たちは都市部でさまざまな側面において差別的取扱いを受けており，所得や生活水準の格差拡大の

| 図表8-3 | 中国の出稼ぎ農民の人数の推移 |

※伸び率は前年比　　　　　　　　　　　　　　　　出所：中国国家統計局

出所：アジア経済ニュース（2021年5月11日）「農民工が初の減少　20年に2.85億人，先細りへ」（https://www.nna.jp/news/show/2183848　2021年5月11日確認）

原因となっている。主には下記のとおりである。

① 職業上での差別的扱い

都市への出稼ぎ農民が就くことのできる職業は地方政府によって制限されており，低い賃金の3K（危険，汚い，きつい）的職種が中心である。また，出稼ぎ農民は弱い立場にあるため，賃金のピンはねや不払いが頻繁に起きていると報告されている。

② 社会保障制度上での差別的扱い

農村戸籍者と都市戸籍者では適用される社会保障制度が全く違う。近年の社会保障整備は都市戸籍者を対象に進められており，農村戸籍者を対象とした制度の整備はかなり遅れている状況である（**図表8-4**を参照）。例えば，農村の医療保険制度は全く貧弱で，高額な医療費もすべて本人負担になっていることから，病気になっても安心して病院で治療を受けられない。また，農村戸籍者は都市に出て企業で働いても地域・企業によっては失業保険や年金制度の対象にならない，あるいは加入させてもらえないため，その加入率は非常に低い。解雇されても失業保険が支払われないだけでなく，老後の年金もつかない。逆に，各種社会保険の対象にならないがゆえに，企業にとっては安価に雇えることから，都市に立地した企業の農村戸籍者に対する雇用ニーズは大きいと言われている。

③ 教育面での差別的扱い

農村戸籍の子供は都市の小中学校には入学できない。そのため，出稼ぎ農民の子女の多くが義務教育レベルの教育さえ受けられない状態にある。農村における教育環境も整備が遅れており，9年制の義務教育もまだ全国に行き渡っていない。地方政府が授業料，実験器材費，軍事訓練費などの名目で費用を徴収する場合が多いため，貧しい農民の場合その費用が払えず，子女が学校に行けないケースもある。

④ 農民に対する過重な負担

都市とは異なり農村では公共支出が農家の拠出金によって賄われる部分が大きく，農村戸籍を持っているだけで，出稼ぎ農民たちも農業税等の税負担に加え，農村部の郷鎮政府や村民委員会から都市住民にはないさまざまな名目の負担が課されている。地域によって名目は異なるが，例えば農村教育基金，民兵

| 図表8-4 | 出稼ぎ農民の社会保険加入者割合（%） |

保険種類	2008	2009	2010	2011	2012	2013
養老保険	9.8	7.6	9.5	13.9	14.3	15.7
労災保険	24.1	21.8	24.1	23.6	24.0	28.5
医療保険	13.1	12.2	14.3	16.7	16.9	17.6
失業保険	3.7	3.9	4.9	8.0	8.4	9.1
育児保険	2.0	2.4	2.9	5.6	6.1	6.6

出所：座間（2015），p.39。

訓練基金，道路建設舗装基金などの徴収がある。また，低所得層の税負担は都市住民の場合よりも農民の方がかなり重い。

　つまり，「改革・開放」政策が施行された後，出稼ぎ農民たちは格安の労働力として中国の沿岸部・都市部の経済発展に大きく貢献し，中国経済の高度成長そのものを支えてきたが，経済成長と社会発展からその貢献に見合った恩恵を享受しておらず，長い間に中国社会の弱者集団として翻弄されてきたのである。

8-4　三農問題の解決をめぐる2000年以降の中国政府の政策動向とその内容

　これまで考察したとおり，中国の農村経済改革は，1978年に安徽省で農家生産請負制の導入から始まった。しかし1980年代半ば頃以降，経済改革の重心が国有企業や都市部に移り，さらに市場化改革の進展に伴い，経済発展に取り残された農村や農民集団に存在する一連の問題が爆発的に噴出している。人口と一人っ子政策，収入と過重負担，余剰労働力の配置と移動，教育，農村社会保障など様々な問題が表面化し日々複雑化している。とくに1995年以降2003年まで，農村部住民と都市部住民との収入格差は急激に拡大し続けていた（前掲図表8-1を参照）。その結果，農民たちの政府に対する不満が高まりつつあった。そんななかで，中国政府は大変強い危機感を募らせるようになり，三農問題の

緩和と解決に乗り出した。

　しかし2003年までの江沢民・朱鎔基政権は10年以上にわたる政策の舵取りにおいて，その政策は市場化の推進，競争原理の導入による効率化に終始した。三農問題については，農民達の不満を和らげるため，農村での税・負担金徴収制度の改革など農民の負担を軽減する政策を打ち出したものの，改革の重点はあくまでも都市部および国有企業の改革であった。とくに当時の朱鎔基総理が「三年脱困」目標を掲げ，1998年から３年以内に国有企業の全面的経営不振問題の解決を目指し，それまでタブーだった国有企業の民営化と国有企業余剰労働力のリストラに着手した。その結果，国有企業改革の進展や改革開放の深化により，沿海部・都市部が急速な成長を見せたものの，失業問題の深刻化，所得格差の拡大などにより社会全体の安定性が崩れたのである。実際，1998年の国有企業改革及び2001年12月の WTO加盟以降，所得格差，とりわけ農村部と都市部の所得格差はもっぱら拡大の一途を辿り，とくに農民の間で不満が増幅したのである。

　こうした背景のもとで，2003年３月に発足した胡錦涛・温家宝政権は，江沢民・朱鎔基政権の従来の「先富論」や効率優先に示されるような市場化や民営化改革を中心とした改革を見直し，国民の不満を緩和するために，「和諧社会（＝調和のとれた社会）を建設しよう」というスローガンの下で，社会保障やセーフティネット，公共サービスの充実，格差是正・機会均等をめざすなど「親民的」な政策を打ち出し，その一環として都市・農村格差の是正，三農問題の解決に向けて本格的に取り組んできた。その象徴の１つが2003年から2012年まで10年連続して「中央一号文件」で三農問題を取り上げたことである。周知のように，「中央一号文件」は年頭に示される最重要課題に関する中国共産党の基本方針である。これらの一連の「中央一号文件」は，いずれも前年末に開催された「中央農村工作会議」における基調報告にもとづく年頭のメッセージであり，「農民の収入増加」や「農業の総合生産能力の拡充，２つの減免・３種の補助金」，「社会主義新農村の建設」，「農業の現代化」，「農業インフラ整備の強化」などの形で，標題や焦点において政策の主要内容と目標が要約される（**図表 8 - 5** を参照）。具体的な取り組みについて，例えば2003年の「新型

図表 8 - 5	2000年以降の三農問題解決に向けた中国政府の主要な指示と施策

年	主要な施策内容	
2001	1月	『中共中央国務院関于做好2001年農業和農村工作的意見』が発表される。
	6月	国務院が『中国農村扶貧開発綱要（2001～2010）』を発表。2010年までの中国農村の貧困撲滅の目標，基本方針，援助対象・内容と方法，関連政策などを明記。
2002	3月	『中共中央国務院関于做好2002年農業和農村工作的意見』が発表される。
2003	3月	中央一号文件『中共中央国務院関于全面推進農村税費改革試点的意見』が発表される。農業税や各種費用の徴収制度に対して改革を実験的に推進すると強調。
	12月	中央農村工作会議が25日に北京で開催され，2003年の農業・農村に関する計画の遂行状況を検討し，2004年の農業・農村における重要なポイント（農民の増収・農業生産能力の向上・農村改革の推進）を明確化。
2004	1月	中央一号文件『中共中央国務院関于促進農民増加収入若干政策的意見』が発表される。「農民の収入増加」に焦点を当て，3種の補助金（直接補助金・良種使用補助金・農機具購入補助金）の支給をつうじて「多く与え，少なく取り立て，活性化する」方針を堅持し，確実に農民の収入を増やす。
	3月	第10期全人代第2回会議開催。5年以内に農業税の撤廃，中央財政が補助金として年間10億元を拠出し食糧生産農家に直接交付すると決定。
	6月	『食糧流通管理条例』が公表される。国務院・地方政府は食糧リスク基金を設立し備蓄・食糧市場の安定などを図る。
2005	1月	中央一号文件『中共中央国務院関于進一歩加強農村工作提高農業綜合生産能力若干政策的意見』が発表される。「農業の綜合生産能力」に焦点を当て，「2つの減免（農業税の減免・農業特産税の減免）・3種の補助金（直接補助金・良種使用補助金・農機具購入補助金）」の実施をさらに推進し，農業支援策の充実・強化を図る。
	3月	全人代にて，農業税の2年前倒し実施を発表される。
	11月	共産党中央第16回大会5中総会で「社会主義の新農村建設」を推進することが決定される。
	12月	第10期全人代常務委員会第19回会議で，2006年1月1日より「農業税条例」を撤廃すると決定。
2006	1月	1日より農業税が廃止される。
	2月	中央一号文件『中共中央国務院関于推進社会主義新農村建設的若干意見』が発表される。「社会主義新農村の建設」に焦点を当て，農村の農業や工業などあらゆる側面から農村経済の発展を推進すると強調。
	3月	全人代にて第11次5ヵ年計画において，農業インフラ整備の強化，農村医療・教育の充実などが発表される。
2007	1月	中央一号文件『中共中央国務院関于積極発展現代農業扎実推進社会主義新農村建設的若干意見』が発表される。「農業の現代化」に焦点を当て，農業の機械化と情報化を推進し，農業の土地・労働生産性を高める。中国農業銀行，農村信用組合などの農村金融改革の深化を強調。
2008	1月	中央一号文件『中共中央国務院関于切実加強農業基礎建設進一歩促進農業発展農民増収的若干意見』が発表される。「農業のインフラ整備の強化」に焦点を当て，農業の基礎地位を強め，農産物の基本供給を保障し，農村の社会管理と公共サービスの充実を図る。
	10月	共産党第17期三中全会で農村の土地改革などの方針を盛り込んだ『中共中央関于推進農村改革発展若干重大問題的決定』が発表される。農民の土地請負経営権（使用権）の自由取引が認められる。
2009	2月	中央一号文件『中共中央国務院関于2009年促進農業稳定発展農民持続増収的若干意見』が発表される。「農業の安定的発展」に焦点を当て，「あらゆる方法で農民収入の増大を進めなければならない」と強調。
2010	2月	中央一号文件『中共中央国務院関于加大統籌城郷発展力度進一歩夯実農業農村発

		展基礎的若干意見』が発表される。「都市部と農村部の協調的発展」に焦点を当て，工業化・都市化・農業現代化の実現を推進すると強調。
2011	1月	中央一号文件『中共中央国務院関于加快水利改革発展的決定』が発表される。「農業農村の基本インフラの整備」に焦点を当て，水資源の管理と有効利用を改善して農業生産の危機対応能力を高めると強調。
	12月	国務院が『中国農村扶貧開発綱要（2011〜2020）』を発表。2020年までの中国農村の貧困撲滅の目標，指導思想，基本方針と原則，援助対象・内容と方法，関連政策などを明記。
2012	2月	中央一号文件『中共中央国務院関于加快推進農業科技創新持続増強農産品供給保障能力的若干意見』が発表される。「農業における科学技術とイノベーション」に焦点を当て，農業科技の公共性，基礎性，社会性を明確し，科学技術をもって農業を発展することを強調。
2013	2月	中央一号文件『中共中央国務院関于加快発展現代農業進一歩増強農村発展活力的若干意見』が発表される。「現代農業」に焦点を当て，農業経営のイノベーションを促進すると強調。
2014	1月	中央一号文件『中共中央国務院関于全面深化農村改革加快推進農業現代化的若干意見』が発表される。「農村の全面的改革」に焦点を当て，農村土地改革を推進すると強調。
2015	2月	中央一号文件『中共中央国務院関于加大改革創新力度加快農業現代化建設的若干意見』が発表される。「農業の現代化」に焦点を当て，法環境を整備して中国経済"新常態"の下で農業の基礎地位を強化し，農民の増収を継続して改善すると強調。
2016	1月	中央一号文件『中共中央国務院関于落実発展新理念加快農業現代化実現全面小康目標的若干意見』が発表される。「農業の現代化」に焦点を当て，新たな発展理念をもって，"インターネット＋"やIT，AI技術など新しい技術を活用して三農問題を解決すると強調。
	2月	『国務院関于深入推進新型城鎮化建設的若干意見』が発表される。都市化改革を進め，農村人口の都市住民化を推進し，中小都市と特色のある小都市を育成することを通じて，土地の利用効率を高め，社会主義新農村の建設を促進すると強調。
2017	2月	中央一号文件『中共中央国務院関于深入推進農業供給側結構性改革加快培育農業農村発展新動能的若干意見』が発表される。「農業供給側のメカニズム改革」に焦点を当て，三農問題を解決し，農村における新しい産業の創出を促進すると強調。
2018	1月	中央一号文件『中共中央国務院関于実施郷村振興戦略的意見』が発表される。「新時代の農村振興戦略」に焦点を当て，農業の高品質成長を追求し，新しい成長のエンジンを開発することを通じて，環境保護・経済成長の実現と農民生活水準の向上を果たすと強調。
2019	1月	中央一号文件『中共中央国務院関于堅持農業農村優先発展做好"三農"工作的若干意見』が発表される。「脱貧攻堅」に焦点を当て，農業の経営制度改革・土地制度改革・管理制度改革を改善し，政策上において農業・農村の発展を優先させることを通じて，2020年までに農村の貧困を完全に貧困をなくすと強調。
2020	2月	中央一号文件『中共中央国務院関于抓好"三農"領域重点工作確保如期実現全面小康的意見』が発表される。「脱貧攻堅の完全実現」に焦点を当て，農業の持続可能な発展・農村の社会インフラの整備と向上・農民の増収と幸福の全面実現を達成し，中国から貧困をなくし，小康社会を実現すると強調。
2021	1月	中央一号文件『中共中央国務院関于全面推進郷村振興加快農業農村現代化的意見』が発表される。「農業農村の現代化」に焦点を当て，2020年の「脱貧攻堅」の成果を守り，農業の現代化を推進し，農村の公共インフラの建設をさらに整備して農民の生活幸福度をさらに高めると強調。

出所：筆者作成。

農村合作医療保障制度[2)]」の実施，2004年「3種農業補助金支給制度」の設立
と実施，2006年の農業税の廃止と「国務院関于解決農民工問題的若干意見[3)]（国
務院の農民工問題の解決に関する若干の意見）」の公布，2008年の「家電下
郷[4)]」の実施，2008年の『中華人民共和国労働合同法[5)]』の施行，および2009年
の「新型農村養老保険制度[6)]」の実施などがある。実際に第2章で考察した
2008年から行われた外資誘致政策の転換も，2001年のWTO加盟による国際
ルールの導入によるよりも，胡錦濤・温家宝政権による鄧小平の「先富論」の
修正としての「持続可能な成長路線」への転換を重視したものであると言えよ
う。

　そして2013年に発足した習近平・李克強政権もまた「中国夢」，「中華民族の
偉大になる復興」のスローガンの下で前政権の政策方向を継続し，三農問題の
解決と「脱貧攻堅（＝固い困難に立ち向かい貧困から脱出する）」の全面勝利
へ向けてさまざまな施策を打ち出してきた。図表8‐2からもわかるように，
習近平・李克強政権も一貫して毎年の「中央一号文件」で三農問題の解決を最
重要課題として積極的に取り組んでおり，「現代農業」や「農村の全面的改革」，
「農業の現代化」，「農業供給側のメカニズム改革」，「新時代の農村振興戦略」，

---

2)　中国政府は農村住民の医療難問題を解決するために，失敗した経験を吸収したうえ，2003
　年から新型農村合作医療制度を試行した。新型農村合作医療制度は，互助共済制度として定義
　され，中国農村部の主な医療保障制度として実施されている。制度は，農村住民の集団的・地
　域的の互助と共済を強調する。その目的は，疾病から貧困への落ち込みを防止し，農村住民の
　件高水準をあげるとともに，農村部の経済発展を追求することである。詳しくは王（2009）を
　参考されたい。
3)　出稼ぎ農民（農民工）の賃金不払い問題が頻発したことを受け，中国政府は農民工の低賃
　金と賃金未払い問題をより早く解決し，法規による農民工の労働管理を規範化し，農民工の就
　業訓練を強調し，農村労働力の就業転移を促進し，農民工に対しての指導を強化，改進するこ
　とを要求した。詳しくは厳（2012）を参考されたい。
4)　農村地域の家電普及率上昇を促進するために，指定された家電品目について農村戸籍を持
　つ家電購入者へ13％の補助金を提供するという政策である。詳しくは張・李・常（2013）を参
　考されたい。
5)　「和諧社会」の建設を目指す胡錦濤・温家宝政権は労働者の利益を保護する法律『中華人
　民共和国労働合同法』を2008年1月1日から施行させた。詳しくは竇（2013）を参考されたい。
6)　2009年，中国政府は経済が発展した沿海部のいくつかの省・市において，農民基本養老保
　険制度をまず試行したうえで，新型農村養老保険制度の試行を全国的に展開した。昔から中国
　農民の間では，「子を養って老を防ぐ」という考えを持っていた。現在，養老保険制度では60
　歳以上の農民全員が，国の財政による最低標準の基礎養老年金を全額享受し，農民も社会保障
　を受けられて老後への不安が取り除かれたのである。詳しくはJICA（2009）を参考されたい。

「脱貧攻堅」などのキーワードを提起しながら中国農村の経済発展を着実に推進してきた。そして2021年2月25日，中国政府はついに北京の人民大会堂で「全国脱貧攻堅総結表彰大会」を開き，中国全土で絶対貧困をなくしたと，「脱貧攻堅の全面勝利」を宣言したのである。

8-5　近年における出稼ぎ農民の新たな特徴

　しかし，「脱貧攻堅の全面勝利」が宣言されたとしても，三農問題が完全に解決できたことにはならない。なぜかというと，現在の中国社会にはまた新たな問題が生じてきており，それもまた出稼ぎ農民に関する問題であるからである。実は近年，中国の出稼ぎ農民という社会集団には新たな特徴が現れてきたのである。主に以下の4点である。

　まず，出稼ぎ農民の総数は減少傾向にある。

　「改革・開放」政策が施行されて以降，中国の農村部を離れて都市部へ出てきた出稼ぎ農民，いわゆる「農民工」は年々増加しており，前掲図表8-3からわかるように，その数は2019年に過去最多の2.9億人超にまで上った。しかし2020年では新型コロナウイルス感染症の感染拡大の影響を受け，出稼ぎ農民の人数には初の減少（減少幅1.8%）があったが，この減少は新型コロナウイルス感染症の感染拡大の理由だけではなかった。**図表8-6**は2008年〜2019年までの中国の出稼ぎ農民の人数とその年齢構成の推移を表したグラフである。このグラフから読み取れるように，出稼ぎ農民の総人数はたしかに年々増加しているが，16歳〜30歳の若年層は確実に減ってきている。これは中国農村部の余剰労働力の枯渇を意味していると思われる。つまり，新型コロナウイルス感染症が完全に終息した後，中国の出稼ぎ農民の人数は再び若干の増加が見られる可能性はあるが，長期的には構造的に減少していく傾向は変わらない。もちろん中国の出稼ぎ農民の減少原因には，前掲図表8-2が示したとおり，中国政府の都市化改革の推進による農村人口の減少が考えられるが，中国社会の労働力人口の減少や少子高齢化の進展などの要素も無視できない。

　次に，出稼ぎ農民の教育レベルには若干の高学歴化が見える。

　図表8-7は中国の出稼ぎ農民の教育レベルを表したグラフである。このグ

| 図表 8 - 6 | 中国の出稼ぎ農民の人数と年齢構成の推移 |

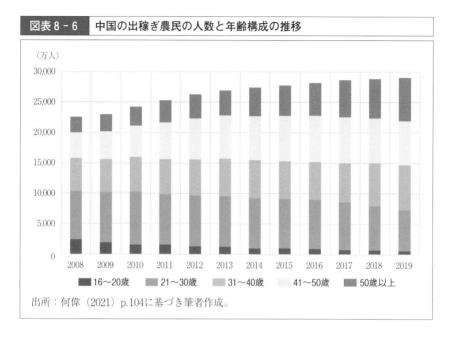

出所：何偉（2021）p.104に基づき筆者作成。

ラフから，「中卒」の学歴を持つ者は一番多く，依然として半分以上を占めているものの，「短大以上」の学歴を持つ者の人数はわずかではあるが，2011年の5.3％から2019年の11.1％へと，増加していることが読み取れる。この教育レベルの向上の背景には中国の産業構造のグレードアップや社会全体の教育レベルの向上があると思われる。何偉（2021）によれば，一部の若い出稼ぎ農民は仕事をしながら，職業訓練に参加したり，第7章でも簡単に考察した中国の「自考」制度を利用して自己研鑽したりして，自身の教育レベルを高めているという。

　第三に，出稼ぎ農民と都市部住民の所得格差は依然として拡大傾向にある。

　図表 8 - 8 は近年の出稼ぎ農民と都市部住民との月間平均所得および上昇率を表したグラフである。このグラフからわかるように，近年，中国の物価水準の上昇によって，最低賃金が年々上昇しており，出稼ぎ農民たちの月収もある程度増加してきているが，都市部住民の所得との格差は依然として大きい。そしてこのグラフが示している賃金上昇率を見てみると，2010年から2014年まで

図表 8 - 7　出稼ぎ農民の教育レベル

出所：何偉（2021）p.104に基づき筆者作成。

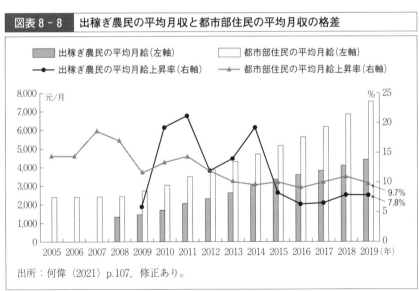

図表 8 - 8　出稼ぎ農民の平均月収と都市部住民の平均月収の格差

出所：何偉（2021）p.107．修正あり。

の間，沿岸の都市部で「民工荒[7]」の発生によって出稼ぎ農民の賃金上昇率は都市部住民の賃金上昇率より大きくなっていたが，2015年以降は逆転され，都市部住民の9.7％程度の賃金上昇率に対して，出稼ぎ農民のほうは7.8％程度にとどまっていることがわかる。

　最後に，出稼ぎ農民の中身は大きく変わり，新世代の出稼ぎ農民が徐々に増えてきている。

　一般的に，出稼ぎ農民，あるいは「農民工」にはいくつかの定着したイメージがある。例えば我慢強く，一旦就職できると長く勤め，3Kの仕事でもたとえ差別されても勤勉に働くことや，学歴が低く，職業訓練を受けていないため，就業時の選択肢が少なく，ほとんどが第二次産業，とくに工場労働や建設業などに集中していることなどがある。ところが，「改革・開放」政策が施行されて40年以上も経ており，近年の中国では「新生代農民工」という言葉が出回っており，つまり新しい世代の出稼ぎ農民は徐々に「農民工」の主要な構成部分となってきているのである。これまでの中国国内の議論をまとめてみると，新世代出稼ぎ農民たちには下記のいくつかの大きな特徴があるという。すなわち①1980年代以降生まれの農村戸籍者であるが，そのほとんどは農村部で農作業に従事した経験も意志もなく，農村の生活や農地に親近感がない。②大半は依然として学歴が低いが，都市部での生活を望み，出稼ぎの目的は農村部にいる家族を養うためではない。③生活観念は都市化しており，生活スタイルも考え方も都市部の同年代の者と大差はない。④大半は都市部の第三次産業，たとえば飲食店や売店，デリバリーなどの仕事に従事している。⑤新世代の出稼ぎ農民の大半は「農民工二世」であり，つまり幼い頃に親が都市部へ出稼ぎに出て，自身が農村部に残されて祖父母や親戚に養育されていた子どもであり，いわゆる「留守児童」であった。⑥古い世代の出稼ぎ農民に比べて我慢強さが足りず，仕事に不満があればすぐに転職する傾向があり，流動性が高い。⑦親世代よりやや高いレベルの教育を受けているため，比較的に権利意識が強い。

　たしかに，これらの新たな特徴に応じて，中国政府の戸籍制度改革の推進や

---

7)　2009年頃から中国の沿岸都市部で発生した，労働者募集しても農民工が工場に集まらない現象。詳しくは柯（2010）を参考されたい。

社会保険事業の整備，『労働契約法』の施行などの後押しもあり，中国の出稼ぎ農民の生活・労働状況はある程度改善されてきた。**図表 8 - 9** から読み取れるように，近年，中国の出稼ぎ農民の基本社会保険への加入率は年々増大してきている。しかし，都市部戸籍を持つほとんどの労働者が基本社会保険に加入しているという状況と比べると，4 割未満の加入率は依然として非常に低い。

　また，出稼ぎ農民の労働条件も依然として差別されているところが多く，改善する余地がある。弱者集団であるため，出稼ぎ農民たちへの賃金不払い問題は近年でもよく発生している。中国国家統計局と人力資源和社会保障部の統計データ[8] によると，2018年の賃金不払い問題に悩まされている出稼ぎ農民の数は200万人に上ったという。また2019年の各級労働保障監察機構が受け付けた出稼ぎ農民に関係する賃金支給違法案件の件数は5.8万件となっており，各地方の人力資源和社会保障部門が処理した労働保障違法行為は3,286件で，うち

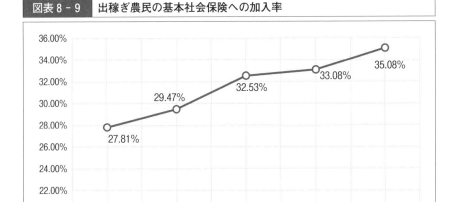

図表 8 - 9　出稼ぎ農民の基本社会保険への加入率

出所：中国政府の人力資源和社会保障部（2017）「労働和社会保障事業統計公報」『人力資源和社会保険事業統計公報2017』に基づき筆者作成。

---

8)　中国政府の人力資源和社会保障部（2020）「絶不譲薪酬変成"薪愁"：中国首部保障農民工工資権益的専門性法規 5 月起施行」（http://www.mohrss.gov.cn/SYrlzyhshbzb/dongtaixinwen/buneiyaowen/202005/t20200520_369137.html　2021年 5 月13日確認）を参考されたい。

に出稼ぎ農民への賃金不払い案件は2,395件となっているという。この出稼ぎ農民への賃金不払い問題を徹底的に解決するために，2020年5月1日，中国政府は『保障農民工工資支付条例（出稼ぎ農民の賃金支払いを保障するための条例）』を施行した。これは出稼ぎ農民をずっと悩ました賃金不払い問題を解決するための最初の中国政府の条例であり，その運用の効果を期待したい。

8-6　おわりに

　以上，中国の三農問題を踏まえたうえ，長期にわたって中国社会に存在している弱者集団である出稼ぎ農民の状況を考察した。

　三農問題は，建国直後の中国政府が打ち出した国家発展戦略，つまり「重工業優先」と工業化戦略から生み出された社会問題であるが，改革開放期に入って社会のさまざまな側面における格差の拡大につれてその厳しさが次第に増していった。2000年以降，格差の拡大を警戒し，社会の公平さと経済成長とのバランスを追求し始めた中国政府は三農問題の解決に向けて，これまで約20年間の時間をかけてさまざまな施策をとり，着実に推進してきたと言えよう。前述したとおり，2021年2月に中国政府は「絶対的貧困の撲滅」と「脱貧攻堅の全面勝利」を全世界に宣言した。もちろん14億人の人口を有している中国にとって，そして中国共産党と中国政府にとって，この成果は簡単に実現できることではなく，非常に大きな意味を持っているが，三農問題はこれで完全に解決できたとは言えず，農民問題，とくに出稼ぎ農民の問題は依然として厳しい社会問題として存在しているのである。

　建国直後の中国経済を再建するために，中国の農民たちは農業生産に努力し，計画経済期における都市部の工業の成長と発展を裏側で支えていた。改革開放期に入った後，数多くの農民は出稼ぎ労働者として中国の都市部に入り，格安の労働力として都市部住民の好まない仕事に従事し，中国経済の高度成長に大きく貢献してきた。しかし見本のない中国の改革は模索しながら推進されてきたため，社会全体のバランスが取れず，三農問題は長期間にわたって放置され，農民や出稼ぎ農民たちの厳しい状況はなかなか改善されなかった。2020年10月29日，中国共産党第19回中央委員会第5回会議で，『中共中央関于制定国民経

済和社会発展第十四個五年規劃和二〇三五年遠景目標的建議（国民経済・社会発展の第14次五カ年計画と2035年戦略目標の制定に関する中共中央の意見)』が発表された。この『意見』は，これまでの中国社会と経済発展において獲得した成果を踏まえたうえで，存在しているさまざまな難題をリストアップ・分析し，バランスを取りながら「改革・開放」政策を維持・深化していくという中国の国家戦略方向を明確した。とくに第31条に「戸籍制度に対するさらなる改革」や「出稼ぎ農民の身分転換」，「社会保障制度のさらなる整備」なども明確に提起されているため，長期にわたって翻弄されてきた中国の農民や出稼ぎ農民たちの厳しい状況はようやく改善されそうである。

参考文献

JICA（2009）「国務院の新型農村社会養老保険モデル事業の実施に関する指導意見」(https://www.jica.go.jp/china/office/others/pr/ku57pq0000226d5k-att/seisaku_07.pdf　2021年5月11日確認)

于洋（2007）「中国における格差問題と社会保障改革」『成城文芸』，No.198，pp.72-91。

牛嶋俊一郎（2006）「中国における所得格差の拡大：中国の高度成長の持続可能性との関連で」『東京経大学会誌』，No.249，pp.27-43。

温鉄軍（2010）『中国にとって，農業・農村問題とは何か』，作品社。

王崢（2009）「中国農村医療保障制度の新しい展開」『大阪経大論集』，第60巻第1号，pp.151-178

王家熙・大島一二（2021）「中国における『新世代農民工』の現状及び就業選択に関する分析」『桃山学院大学経済経営論集』，第62巻第3号，pp.1-16。

何偉（2021）「経済発展，労働力市場転型与農民工分化」『経済学動態』，2021年第3期，pp.93-112。

柯隆（2010）「『民工荒』と産業構造の転換」『中国焦点』，2010年5月期，pp.30-31。

郝仁平（2011）「中国における『三農問題』の現状と展望—近年の政策動向，効果と課題—」『アジア文化研究所研究年報』，第46巻，pp.3-17。

川村潤子（2020）「なぜ農民工は都市戸籍を選ばないのか：H市を事例として都市化政策が農民工に与える影響についての一考察」『中国21』，No.53， pp.123-148。

厳春鶴（2012）「中国における農民工の社会保障問題に関する一考察」『海外社会保障研究』，No.179，pp.72-84。

座間紘一（2015）『変貌する中国農村』，蒼蒼社。

周賢潤（2021）「職業流動与新生代農民工的個体化傾向及消費認同」『人口与社会』第37巻第2号，pp.44-51。

田邊宏典（2019）「中国における格差」『ファイナンス』，2019年3月号，pp.58-59。

張志宇・李海峰・常鳳霞（2013）「中国『家電下郷』政策に関する考察」『東亜経済研究』，第71巻第2号，pp.179-194。

張自寛（2011）「最近の中国における農村経済社会の発展と農村医療の新しい進展」『日本農村医学会雑誌』，第59巻第6号，pp.678-681。

趙巍（2021）「従留守児童到三和青年：新生代農民工的社会化与自我認同」『求索』，2021年第2期，pp.90-97。

董新穏・李興洲（2021）「企業視角下新生代農民工培訓的応然，困境与路径」『教育与職業』，No.984，pp.79-85。

鄧煒（2021）「浅析新生代農民工面臨社会保障問題的原因」『現代化農業』，No.500，pp.58-60。

宮島美花（2014）「中国朝鮮族の移動と中国の社会保障：戸籍制度と『単位』制度から」『北東アジア地域研究』，No.20，pp.65-86。

李暁鳳・周思思・李忠路（2021）「新生代農民工生活圧力源及群体差異：以深圳市産業工人為例」『当代青年研究』，No.371，pp.52-58。

第 Ⅲ 部

米中競合のなかの
中国経済と企業

第 9 章

米中貿易「戦争」の本質：
中国経済の「グローバル化」

9-1　はじめに

　2018年３月にアメリカが中国に対して発動した鉄鋼（25％）・アルミニウム（10％）に対する高関税による輸入制限で始まった米中の貿易「戦争」は，同年７月には中国の知的財産権侵害に対する制裁措置として，産業機械や電子部品など340億ドル相当の中国製品に対して関税が25％上乗せされて本格化した。すなわち中国も報復措置として大豆や自動車などのアメリカ製品に対して同規模の関税を上乗せしたのである。

　アメリカは８月には第２弾として半導体など160億ドル相当の中国製品に対して25％の関税を上乗せし，中国も古紙などの米国製品に対して同規模の関税を上乗せした。さらにアメリカは９月には第３弾として中国産の食料品や家具・家電など2,000億ドル相当を対象に関税を10％上乗せし，それに対抗して中国は600億ドル相当の米国産の木材やLNG（液化天然ガス）などの関税を5～10％上乗せした。追加関税の対象品目は，アメリカは中国からの輸入額の半分，中国はアメリカからの輸入額の７割にのぼった。

　さらに2019年９月，アメリカは，1,200億ドル相当の中国製品を対象に制裁関税第４弾を発動した。すなわち家電や衣料品など消費財を中心に15％を上乗せしたのである。この発動で制裁関税の対象は中国からの輸入の７割弱まで拡大した。中国も同時に米国の農産品や大豆などに報復関税を課した。

　もし貿易「戦争」に勝敗があるとすれば，貿易赤字の削減が「勝利」ということになるであろう。残念ながらアメリカの対中貿易赤字は思うようには減らなかった。むしろ2020年１月には，米中「第１段階の合意」にいたった。合意を受けてアメリカは，予定していた中国製のスマートフォンやノートパソコン

などに対する15％の関税上乗せ，1,600億ドル分の発動を見送ったのであった。

　なぜ，このような「意外な」結果となったのであろうか。その要因を理解するためには，米中貿易「戦争」の背景には，中国経済の「グローバル化」があり，アメリカの対中貿易赤字が，かつての日米貿易摩擦のような単純な貿易問題ではないということを理解しなければならない。そこで本章では，米中貿易「戦争」からみえてくる経済の「グローバル化」について明らかにする。

9-2　米中貿易「戦争」の帰結

9-2-1　米中貿易「戦争」の展開

　ここでもう一度，米中貿易「戦争」の展開をやや詳しくふり返ってみよう（**図表9-1**）。アメリカは2018年7月，第1弾として産業機械などに25％の追加関税を発動した。中国からの輸入340億ドル相当を対象としたものであった。課税した818品目は，ほぼすべてが産業用機械，輸送機械，精密機械の分野に属するものであった。これに対して中国は，アメリカ産大豆などに25％の追加関税を報復として発動した。アメリカからの輸入340ドル相当を対象としたものであった。

　続いてアメリカは，2018年8月には第2弾として半導体などに25％の追加関税を発動した。中国からの輸入160億ドル相当を対象としたものであった。課税した279品目は，集積回路などの半導体関連や電子部品，プラスチック・ゴム製品，鉄道車両，通信部品，産業機械などを含むものであった。これに対して中国は，アメリカ産古紙などに25％の追加関税を報復として発動した。アメリカからの輸入160億ドル相当を対象としたものであった。

　さらにアメリカは，2018年9月には第3弾として家電などに10％の追加関税を発動し，翌2019年5月には25％に引き上げた。中国からの輸入2,000億ドル相当を対象としたものであった。課税した5,745品目は，家具や家電，スポーツ用品や服飾品，食料品など一般消費者に身近な製品を含むものであった。これに対して中国は，アメリカ産LNGなどに5〜10％の追加関税を報復として発動し，2019年6月にはそれを最大25％引き上げた。アメリカからの輸入600億ドル相当を対象としたものであった。

図表9-1	米中貿易「戦争」の展開

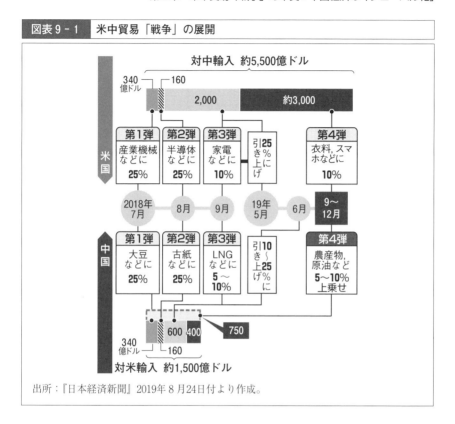

出所：『日本経済新聞』2019年8月24日付より作成。

　そしてアメリカは，2019年9月には制裁関税第4弾として半導体メモリーやテレビなど家電関連のほか，衣服や靴，時計など3,243品目，1,200億ドル相当を対象に15％を上乗せした。さらに12月にはスマートフォンやノートパソコン，ゲーム機など555品目，1,600億ドル相当に同じく15％を上乗せした。中国はこれに対抗し，アメリカからの輸入750億ドル相当の農産品や化学製品などを対象に最大10％の追加関税を上乗せした。

　しかし2020年1月の米中「第1段階の合意」によって，アメリカの追加関税は，2019年9月の3,243品目については7.5％に半減され，2019年12月の555品目については見送られたのであった。

9-2-2 貿易「戦争」の「勝敗」

　もし貿易「戦争」に勝敗があるとすれば，貿易赤字の削減が「勝利」ということになるであろう。残念ながらアメリカの貿易赤字は思うようには減らなかった。財（モノ）の貿易赤字は2020年には9,158億ドルに膨らみ，金融危機時の2008年以来の大きさとなった（**図表9-2**を参照）。さらに制裁関税を応酬するなど激しい貿易「戦争」の要因となった対中貿易赤字は，わずか10.0％減にとどまり，2020年には3,108億100万ドルとむしろ増加しているのである（**図表9-3**を参照）。そして，米国の財の貿易相手国・地域で，中国が再び1位となったのである。すなわち，さすがに2019年こそメキシコ，カナダに次ぐ3位となったが，2020年には，中国，メキシコ，ベトナムの順となったのである[1]。

　このようにアメリカの「勝利」とは程遠いなか，2020年1月に米中「第1段

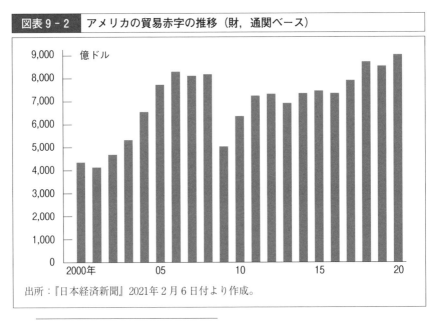

図表9-2　アメリカの貿易赤字の推移（財，通関ベース）

出所：『日本経済新聞』2021年2月6日付より作成。

1）『読売新聞オンライン』2021年2月5日付（https://www.yomiuri.co.jp/economy/20210205
-OYT1T50287/　2021年5月5日確認）

| 図表 9 - 3 | アメリカの対中貿易赤字の推移（単位：ドル） |

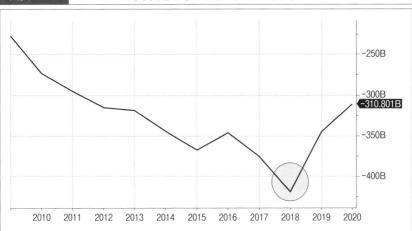

出所：Eric Martin（2021）「米貿易赤字，2020年に拡大：コロナ禍で金融危機以来の大きさ」（https://www.bloomberg.co.jp/news/articles/2021-02-05/QO260TT1UM1601 2021年 5 月 5 日確認）より作成。

| 図表 9 - 4 | 「第 1 段階の合意」による中国の対米輸入拡大 |

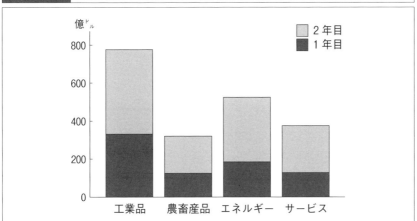

（注）2017年のベースラインからの増加額
出所：『日本経済新聞』2020年 1 月16日付より作成。

階の合意」にいたった。合意の柱は米中貿易の大幅拡大であった。中国はアメリカからの財とサービスの輸入を２年で2,000億ドル増やすこととなった。輸入拡大規模の内訳は，工業品が777億ドル，LNGなどエネルギーが524億ドル，農畜産品が320億ドルである（**図表9‐4**を参照）。

9‐3　中国経済の発展と経済の「グローバル化」

　なぜ米中貿易「戦争」は，このような「意外な」結果となったのであろうか。

　周知のように中国は今や世界第２位の経済大国となり，世界一の貿易大国となっている（**図表9‐5**を参照）。しかし実は，輸出の４割近く，輸入でも４割以上が，日米欧などの外資系企業によるものなのである（**図表9‐6**を参照）。

図表9‐5	世界の輸出入に占める中国の地位

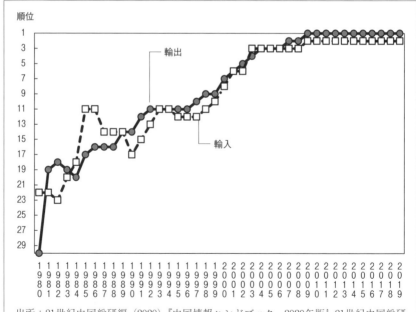

出所：21世紀中国総研編（2020）『中国情報ハンドブック　2020年版』21世紀中国総研，261ページ。

図表9 - 6　外資企業の中国経済に占める位置（1995～2019年，億ドル）

年	輸出額							輸入額						
	全体	外資系企業	(%)	委託加工				全体	外資系企業	(%)	委託加工			
				来料加工	進料加工	小計	(%)				来料加工	進料加工	小計	(%)
95	1,487.8	468.8	31.5	206.6	530.4	737.0	49.5	1,320.8	629.4	47.7	162.3	421.4	583.7	44.2
96	1,510.5	615.1	40.7	242.4	600.9	843.3	55.8	1,388.3	756.0	54.5	178.0	444.7	622.7	44.9
97	1,827.9	749.0	41.0	294.5	701.6	996.1	54.5	1,423.7	777.2	54.6	208.8	493.3	702.1	49.3
98	1,837.1	809.7	44.1	307.3	737.4	1,044.7	56.9	1,402.4	767.2	54.7	198.7	487.0	685.7	48.9
99	1,949.3	886.3	45.5	357.7	751.0	1,108.7	56.9	1,657.0	858.8	51.8	235.6	500.3	735.9	44.4
00	2,492.0	1,194.4	47.9	411.2	965.3	1,376.5	55.2	2,250.9	1,172.7	52.1	279.8	645.8	925.6	41.1
01	2,661.0	1,332.4	50.1	422.3	1,052.2	1,474.5	55.4	2,435.5	1,258.6	51.7	288.6	651.2	939.8	38.6
02	3,256.0	1,699.4	52.2	474.8	1,324.6	1,799.4	55.3	2,951.7	1,602.7	54.3	341.8	880.3	1,222.1	41.4
03	4,382.3	2,403.4	54.8	543.3	1,875.2	2,418.5	55.2	4,127.6	2,319.1	56.2	391.2	1,238.1	1,629.3	39.5
04	5,933.3	3,386.1	57.1	685.7	2,594.2	3,279.9	55.3	5,612.3	3,245.7	57.8	537.2	1,680.2	2,217.4	39.5
05	7,619.5	4,442.1	58.3	839.7	3,325.1	4,164.8	54.7	6,599.5	3,875.1	58.7	670.3	2,070.0	2,740.3	41.5
06	9,689.8	5,638.3	58.2	944.8	4,158.9	5,103.7	52.7	7,914.6	4,726.2	59.7	738.3	2,476.6	3,214.9	40.6
07	12,200.6	6,955.2	57.0	1,160.4	5,016.1	6,176.6	50.6	9,561.2	5,594.1	58.5	891.7	2,792.3	3,684.0	38.5
08	14,306.9	7,906.2	55.3	1,105.2	5,646.6	6,751.8	47.3	11,325.6	6,199.6	54.7	901.6	2,882.4	3,784.0	33.4
09	12,016.1	6,722.3	55.9	934.2	4,935.6	5,869.8	48.8	10,059.2	5,452.1	54.2	759.9	2,463.5	3,223.4	32.0
10	15,777.5	8,623.1	54.7	1,123.2	6,280.2	7,403.4	46.9	13,962.5	7,380.0	52.9	992.9	3,181.3	4,174.2	29.9
11	18,983.8	9,953.3	52.4	1,076.5	7,277.6	8,353.6	44.0	17,434.8	8,648.3	49.6	936.3	3,761.6	4,697.9	26.9
12	20,487.1	10,227.5	49.9	988.7	7,639.1	8,627.8	42.1	18,184.1	8,712.5	47.9	844.6	3,967.1	4,811.7	26.5
13	22,090.0	10,442.6	47.3	924.8	7,683.4	8,608.2	39.0	19,499.9	8,748.2	44.9	875.4	4,094.5	4,969.9	25.5
14	23,422.9	10,747.3	45.9	906.9	7,936.7	8,843.6	37.8	19,592.4	9,093.1	46.4	975.4	4,268.4	5,243.8	26.8
15	22,734.7	10,047.3	44.2	841.0	7,136.9	7,977.9	35.1	16,795.6	8,298.9	49.4	915.7	3,554.3	4,470.0	26.6
16	20,976.3	9,169.5	43.7	760.4	6,395.6	7,156.0	34.1	15,879.3	7,704.7	48.5	852.6	3,114.3	3,966.9	25.0
17	22,633.5	9,775.6	43.2	798.2	6,790.1	7,588.3	33.5	18,437.9	8,615.8	46.7	846.1	3,466.1	4,312.2	23.4
18	24,874.0	10,360.2	41.7	708.9	5,829.7	6,538.6	26.3	21,356.4	9,320.5	43.6	638.7	3,131.1	3,769.8	17.7
19	24,990.3	9,660.6	38.7	611.6	5,324.8	5,936.4	23.8	20,771.0	8,578.5	41.3	592.2	2,632.5	3,224.7	15.5

出所：日中経済協会（2020）『中国経済データハンドブック　2020年版』日中経済協会，135ページ，修正あり。

具体的に輸出入上位企業をみても，外資系企業が多くを占めている（**図表9 - 7を参照**）。これは，中国の経済発展が，経済の「グローバル化」によってもたらされたものであるからである。経済の「グローバル化」とは，国と国との間を資本（＝企業）や人が移動することを指す。すなわち，中国の輸出が増えているといっても，実態は中国資本の企業の製品の輸出が増えているというよりは，中国に進出したアメリカ企業を含む外資系企業の製品が多く輸出されているのである[2]。

2）　中国経済の「グローバル化」の具体的な展開については，横井和彦（2014）「中国における『改革・開放』の再検討−『国進民退』の評価にむけて」『経済学論叢』（同志社大学経済学会）第65巻第4号，pp.288-300を参照のこと。

	図表9-7　中国輸出入総額上位25社（2019年，単位：ドル）				
	企業名	輸出入総額	輸出額	輸入額	企業属性
1	中国石油化工股份有限公司	114,314,752,549	12,759,515,410	101,555,237,139	中央企業
2	中国石油天然気集団公司	63,780,047,020	11,551,355,459	52,228,691,561	中央企業
3	鴻富錦精密電子（鄭州）有限公司	48,043,271,875	31,643,167,545	16,400,104,330	外資系企業
4	英特爾産品（成都）有限公司	29,799,070,966	11,451,843,008	18,347,227,958	外資系企業
5	中国海洋石油総公司	26,346,364,049	5,282,131,356	21,064,232,693	中央企業
6	深圳華為公司	26,322,575,351	12,713,928,249	13,608,647,102	民営企業
7	深圳富士康公司	24,609,648,682	15,051,024,954	9,558,623,728	外資系企業
8	中国中化集団有限公司	24,377,175,371	4,631,757,397	19,745,417,974	中央企業
9	華為終端有限公司	24,151,688,428	15,967,455,805	8,184,232,623	民営企業
10	達豊（上海）電脳有限公司	19,695,362,274	17,150,363,614	2,544,998,660	外資系企業
11	鴻富錦精密電子（成都）有限公司	19,635,664,883	14,605,554,801	5,030,110,082	外資系企業
12	名碩電脳（蘇州）有限公司	17,857,848,384	12,474,215,548	5,383,632,836	外資系企業
13	昌碩科技（上海）有限公司	17,818,044,347	12,741,474,646	5,076,569,701	外資系企業
14	三星電子（蘇州）半導体有限公司	17,553,132,419	3,848,976,285	13,704,156,134	外資系企業
15	美光半導体（西安）有限責任公司	14,869,627,083	9,958,159,016	4,911,468,067	外資系企業
16	中粮集団有限公司	14,706,446,146	1,987,876,732	12,718,569,414	中央企業
17	英特爾貿易（上海）有限公司	12,083,147,593	4,448,619,455	7,634,528,138	外資系企業
18	中国第一汽車集団	11,407,209,551	288,346,914	11,118,862,637	中央企業
19	達豊（重慶）電脳有限公司	11,264,807,935	10,778,580,617	486,227,318	外資系企業
20	富士康精密電子（太原）有限公司	10,903,292,426	6,880,513,307	4,022,779,119	外資系企業
21	三星（中国）半導体有限公司	9,726,384,412	3,800,116,458	5,926,267,954	外資系企業
22	世碩電子（昆山）有限公司	9,667,437,872	8,456,527,296	1,210,910,576	外資系企業
23	廈門建発股份有限公司	9,111,293,697	1,233,590,953	7,877,702,744	国有企業
24	中国機械工業集団公司	9,096,745,686	3,965,590,002	5,131,155,684	中央企業
25	廈門国貿控股集団有限公司	9,089,112,812	749,878,026	8,339,234,786	国有企業

出所：中国対外経済貿易統計学会：《2020年中国対外貿易500強研究報告》

　アメリカが第1弾として課税した818品目は，ほぼすべてが産業用機械，輸送機械，精密機械の分野に属する。これらの機械は国際分業を通じて作られる。すなわち，アメリカの中国への付加価値の輸出は直接輸出だけでなく，第三国を経由して輸出される分もあるのである。中国が輸入するアメリカの付加価値は，中国国内で需要されるだけでなく，中国国内で製品に組み込まれて世界に

再輸出される部分もあるのである。そのうちの一部はアメリカにも輸出されており，通常の貿易統計で，中国からの輸入と認識されているもののなかには，アメリカの付加価値が逆輸入されている場合もあるのである。アメリカの輸出のなかにも中国の付加価値が一定の割合で組み込まれている。とくに輸出にお互いの付加価値が含まれているという事実は，輸出のために相互に中間財を輸入しあって生産活動を行っていることを意味するのである（**図表9-8**を参照）。中国が輸出も多いが，輸入も多いのは，こうした実態を反映しているのである。

　したがって，アメリカの制裁関税のことをまるで中国に対する罰金のようなものだと誤解する風潮もあったが[3]，中国から輸出される製品に対する追加関

図表9-8　米国・中国の直接・間接の付加価値輸出（2015年）

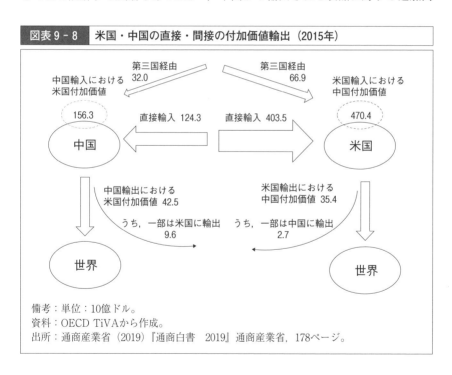

備考：単位：10億ドル。
資料：OECD TiVAから作成。
出所：通商産業省（2019）『通商白書　2019』通商産業省，178ページ。

---

3)　実際，当時のアメリカ大統領，トランプ氏自身が，テレビ番組のインタビューで「中国がモノを米国に送る際に，彼らは25%を支払っている」と語ったり，ツイッターなどで「中国に関税をかけたことで，米国は豊かになる」と主張するなど，中国製品にかけた関税の支払いを中国側が負担していると誤解していたようである（『日本経済新聞』2018年12月15日付）。

税は，むしろアメリカ企業，ひいてはアメリカ国民の負担を増やす効果を持つものであった。さらに，中国が第1陣の報復課税の対象としたのは大豆，乗用車，豚肉，魚，小麦，トウモロコシなどであったが，これらはすべてアメリカ国内産であり，アメリカの生産者が直接的な影響を受けたのであった。そのうえ，第3弾以降は，家具や家電，スポーツ用品や服飾品，食料品など一般消費者に身近な製品にも制裁関税が上乗せされたが，中国製品に25%の追加関税をかけても，アメリカの消費者が，やはり中国製品は割安だからと輸入を続けることになり，その結果中国の生産者は従来通りの生産・販売ができた一方，アメリカの消費者がアメリカ政府に対して関税を支払うという結果になったといえるのである。

9-4　米中貿易「戦争」と日本

9-4-1　米中貿易「戦争」の隠れた「被害者」

　以上のように，米中貿易「戦争」はアメリカの「勝利」には程遠く，むしろアメリカ経済に幾重にもダメージを与えたとさえいえよう。中国製品に追加関税を課した結果，アメリカの消費者の負担が増加し，その財の購入量を減らすか，あるいは他の財・サービスの購入を減らさざるを得なくなったであろう。さらに，関税をかけても，引き続き中国からの輸入が続いたり，他国からの輸入に置き換えられた結果，貿易赤字を削減する効果もなかったのである。そのうえ，中国製の中間財・資本財の価格が関税によって高くなり，それを輸入しているアメリカ企業のコストが上昇した。その結果，アメリカ企業が国内外の競争で不利になり，輸入の増大あるいは輸出の減少を招くことになった。貿易赤字の削減を目的に実施した関税によってむしろ貿易赤字が増えてしまったのである。

　ところで，これも「意外に」思われるかもしれないが，実は米中貿易「戦争」によって日本も深刻な打撃を受けた。日本にとってけっして「対岸の火事」ではなかったのである。すなわち，米中貿易「戦争」が勃発した2018～2020年の輸出の増減をみてみると，中国で4.2%の増加，アメリカで14%の減少であったのに対して，日本はアメリカとほぼ同じ，13%の減少となったのであ

る（**図表 9 - 9** を参照）。

　これも中国経済の「グローバル化」と大きくかかわっている。すなわち日本からの中国への輸出のうち69％は電子部品や化学材料などの中間財であり（**図表 9 -10**を参照），それらは中国で電子機器などに組み立てられて，アメリカなどに輸出されるのである（**図表 9 -11**を参照）。つまり，アメリカが中国から輸入している財の多くは，中国に進出した日本企業をはじめとする外資系企業が日本などの国から輸入した部品や材料を加工したり，組み立てて作られた

図表 9 - 9　輸出総額の推移（2018〜2020年）

（単位:百万ドル）

	2018	2019	2020
中国	2,486,695	2,499,457	2,591,121
アメリカ	1,663,982	1,643,161	1,431,638
日本	738,143	705,564	641,376

出所：UNCTAD

図表 9 -10　日本の対中輸出品の推移

（単位：千米ﾄﾞﾙ）

	2005年	2010年	2015年	2016年	2017年	2018年	2019年
食料品	353,389	518,710	507,204	619,772	606,064	882,815	1,086,417
原料品	2,710,829	4,583,965	3,636,729	3,275,882	3,865,915	3,626,110	2,286,723
鉱物性燃料	1,216,410	1,984,991	837,809	1,012,095	1,043,068	1,521,013	1,400,800
化学製品	10,466,188	19,201,523	16,725,854	17,260,260	20,481,035	23,037,147	23,321,695
原料別製品	13,246,152	21,652,121	14,208,641	14,130,330	15,634,831	16,459,816	15,287,413
一般機械	17,079,929	33,447,067	20,983,469	23,234,142	29,504,912	35,216,815	31,142,365
電気機器	20,780,394	34,965,498	25,857,317	26,830,757	30,084,603	30,766,937	27,895,160
輸送用機器	4,039,702	15,237,636	9,732,077	11,435,413	12,434,954	13,911,733	13,818,042
その他	10,447,105	17,494,859	16,776,800	16,075,653	18,995,368	18,498,121	18,458,423
総　額	80,340,098	149,086,370	109,265,900	113,874,304	132,650,750	143,920,507	134,697,038

出所：21世紀中国総研編（2020）『中国情報ハンドブック　2020年版』21世紀中国総研，
　　　316ページ，修正あり。

| 図表 9 - 11 | 中国進出日系企業の輸出先の推移 （2013, 2016, 2019, 2020年調査の比較） |

2020年
(516)　62.4　9.8　5.1　5.3　17.4

2019年
(418)　60.5　9.6　5.5　3.6　20.8

2016年
(338)　59.0　10.5　5.6　3.4　21.5

2013年
(597)　58.0　10.9　6.2　3.9　21.0

0　20　40　60　80　100(%)

■ 日本　■ ASEAN　■ 米国　■ 欧州　□ その他

出所：日本貿易振興機構（JETRO）海外調査部（2020）『2020年度　海外進出日系企業
実態調査（アジア・オセアニア編）』日本貿易振興機構，66ページより作成。

ものなのである。

　同様に，中国がアメリカに輸出する機械のなかにも，日本から中国へ輸出された部品や材料も組み込まれているはずである。こうして，アメリカの課税によって中国からアメリカへの輸出が減り，日本などから中国に向かう輸出も減ったのである。日本にとって中国は最大の輸出相手国なので，中国向け輸出が減少すると，輸出額が全体として減少してしまう。つまり，中国向けの輸出が減少した結果，景気も押し下げられる結果になったといえるのである。

9 - 4 - 2　経済の「グローバル化」の顕在化

　米中貿易「戦争」の結果，中国から輸出される製品の多くが，中国に進出したアメリカや日本などの外資系企業の製品であるという，中国経済の「グローバル化」が顕在化したといえるが，その最たるものが，特例で制裁関税の上乗せの対象から外す「適用除外」申請であった。日本企業からの申請では自動車

部品関連が目立った。日本企業以外にもゼネラル・モーターズ（GM）などのアメリカ企業のほか，ドイツやスイスなどの企業の中国現地法人が申請したといい（**図表 9 -12**を参照），その数は1,700社を超えたという。中国や中国企業を「叩いた」つもりが，中国に進出している自国企業やほかの多くの国の企業にしわ寄せがいってしまうということになってしまったのである。ここに米中

図表 9 -12	主な「適用除外」申請企業	

日本企業	日産自動車	自動車部品200件超
	デンソー	自動車やバイク向け部品
	IHI	自動車向けターボチャージャー（過給器）向け部品
	ケーヒン	自動車空調向けモーター
	ヨコオ	自動車用アンテナ
	オムロン	電気機器向け部品など100件超
	三菱電機	変電所向け部品
	富士フイルム	医療機器向け部品
	東芝	ハードディスク向け部品
	キヤノン	プリンター向け部品
	日立製作所	電力の送配電設備に使う遮断器
	アイシン精機	自動車エンジン向け部品
	アルプス電気	自動車向け電気スイッチ
	TDK	光ファイバーケーブル
	川崎重工業	工場内物流を自動化する産業用ロボット
	パナソニック	電子部品の実装装置
	ネクスティエレクトロニクス	半導体メモリー
	東洋電装	自動車の操作用スイッチ
	NTN	工作機械などに組み込まれる軸受け（ベアリング）
海外企業	GM（米）	多目的スポーツ車（SUV）の「ビュイック・エンビジョン」
	テスラ（米）	電気自動車(EV)の「モデル 3」向け車載コンピュータ部品
	ウーバー（米）	電動自転車
	シアーズ（米）	工具類
	ボルボ・カー（スウェーデン）	中型SUV
	NXPセミコンダクターズ（蘭）	自動車向けの集積回路

出所：『日本経済新聞』（2018年12月22日付）

貿易「戦争」の，かつての日米貿易摩擦とは異なる複雑さが表れているのである。

9－5　おわりに

　最後に，なぜアメリカが「制裁」したつもりの中国の輸出は減少しなかったのであろうか。それは中国がアメリカに対する輸出の減少分をおもに東南アジアとヨーロッパ向けの輸出の増加で取り返したからである（**図表9－13**を参照）。中国が東南アジアに輸出する財は，アメリカに輸出する財に比べて相対的にローエンドのものが多いので，その部品や材料も日本などからではなく，国産品が多く使われていると思われる。そのため，東南アジア向けの輸出が増えて

図表9－13　中国の輸出相手国・地域上位10カ国（2018，2019年）

（単位：億米ドル，%，▲はマイナス）

順位	2018年				2019年			
	輸出最終目的国（地）	金額	対前年比	シェア	輸出最終目的国（地）	金額	対前年比	シェア
1	米国	4,784	11.3	19.2	米国	4,187	▲12.5	16.8
2	香港	3,021	8.2	12.1	香港	2,789	▲7.6	11.2
3	日本	1,471	7.2	5.9	日本	1,433	▲2.6	5.7
4	韓国	1,088	5.9	4.4	韓国	1,110	2.1	4.4
5	ベトナム	839	17.2	3.4	ベトナム	979	16.7	3.9
6	ドイツ	775	9.0	3.1	ドイツ	798	2.9	3.2
7	インド	767	12.7	3.1	インド	748	▲2.4	3.0
8	オランダ	729	8.5	2.9	オランダ	740	1.5	3.0
9	英国	566	▲0.3	2.3	英国	624	10.4	2.5
10	シンガポール	492	9.2	2.0	台湾	551	13.2	2.2
	その他合計	10,343	10.6	41.6	その他合計	11,032	6.7	44.1
	世界総額	24,875	9.9	100	世界総額	24,991	0.5	100

出所：21世紀中国総研編（2020）『中国情報ハンドブック　2020年版』21世紀中国総研，266ページ，修正あり。

も日本からの部品輸入の増加にはつながらなかったと思われる。

　中国経済の「グローバル化」を反映して，日本は，米中貿易「戦争」の隠れた「被害者」となってしまった。さらに，米中「第1段階の合意」は日本の「被害」をますます拡大する可能性さえある。なぜなら，日本の対中輸出を阻害しているアメリカの追加関税のほとんどが撤廃されていないばかりか，中国が，アメリカからの輸入を2年間で2,000億ドルも増やすことを約束してしまったからである。そのなかには工業品の輸入を777億ドル増やすという約束も含まれている。もし中国がこの約束を守るとすると日本の中国への輸出が減少することは必至となろう。

　アメリカの一方的な課税は，米中貿易「戦争」にとどまらなかった。2018年3月にロシア，日本，中国などに対して発動した，鉄鋼25%，アルミ10%の追加関税について，EU，カナダ，メキシコを除外しないと決めたのである。当然，米中貿易「戦争」同様，各国からの報復を引き起こしたのであった。そして結局はアメリカの輸出を減少させることになり，報復の連鎖が世界の貿易を縮小させてしまったのである。

　資本（＝企業）や人が国と国との間を移動する，経済の「グローバル化」が進んだ今日では，国を対象とした関税のような手段では問題を解決することができないどころか，複雑化させるだけなのである。

参考文献 ────────

朽木昭文・富澤拓志・福井清一編著（2021）『米中経済戦争と東アジア経済‐中国の一帯一路と米国の対応。そのアジア各国・日本への影響は』農林統計協会。

朱建榮編著（2019）『米中貿易戦争と日本経済の突破口──「米中トゥキディデスの罠」と「一帯一路」』花伝社。

丸川知雄（2018）「不毛な貿易戦争の着地点とは──序盤戦は中国勝利ハイテク・知的財産権が関ケ原」『中央公論』第132巻第11号，pp.46-53。

丸川知雄（2020）「米中貿易戦争──日本には『最悪』の合意 "ダブルパンチ" で輸出減も」『週刊エコノミスト』毎日新聞出版 2020年3月10日号，pp.38-39。

第10章

米中ハイテク覇権争いのなかの中国企業

10-1　はじめに

　本書の第9章で考察したとおり，2018年から，経済規模の世界トップ2のアメリカと中国の間では，関税を掛け合う貿易「戦争」が繰り広げられてきた。国際貿易の収支を見てみると，中国の対米貿易収支は1990年代の初めまでずっと赤字であったが，1993年に黒字へ転換し，その後，貿易黒字は年々増大してきている（**図表10-1**を参照）。「アメリカ・ファースト！」というスローガン

図表10-1　中国の対アメリカ貿易（輸出と輸入）と貿易収支の推移

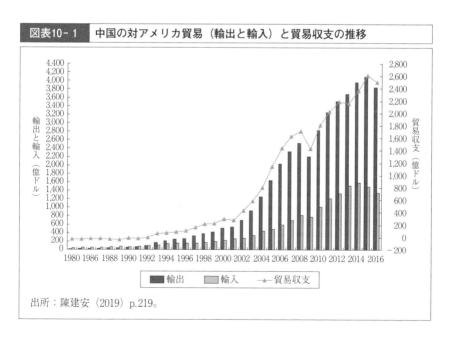

出所：陳建安（2019）p.219。

を掲げたアメリカの前トランプ政権はもちろんそれを看過できず，2018年3月に突然，中国からの一部の輸入品に対して高い関税を掛けた。アメリカ政府の行動に不満を表明した中国政府もすぐにアメリカからの一部の輸入品に対して報復関税を掛け，その後もお互いに譲ることなく，やがて米中貿易「戦争」へと発展したのである。しかし今回の貿易「戦争」は表から見ればたしかに貿易収支の不均衡をめぐるものであるが，実際にその裏には，米中の間でハイテク覇権をめぐる争いがあったのである。

　本書の第6章で考察したとおり，「改革・開放」政策を打ち出した後，中国政府は「対内改革」においてさまざまな側面で改革を行いながら，「対外開放」において積極的に外資を誘致しながらあらゆる手段を利用して外国企業から「技術移転」も遂行してきた。しかし，「技術移転」に関するやや強制的なやり方，とくに知的財産権保護に関する法整備への遅れなどに対して，アメリカをはじめとする先進諸国は中国への不満がずっと存在していた。これまで，経済面や技術面などのあらゆる側面において，アメリカは中国に対して絶対的な優位性を持っていたため，たしかに厳しい制裁を何回も実施し，米中の間で何回も大きな争いがあったが，国家戦略の最も重要なポイントはアジア・中国ではなかったこともあり，歴代のアメリカ政府は中国を最も重要な競争相手として見ていなかった。しかし近年，アジア経済は世界経済の牽引車となり，アジア市場は世界においてもっとも魅力のある市場に成長した。そんななか，2010年，中国のGDP総額は日本を超えて世界2位の経済規模と成長しただけでなく，猛烈な勢いでアメリカを超えようとしてきている。さらに経済面だけでなく，近年の中国では技術や宇宙開発などさまざまな分野においても急成長が実現されており，5Gやモバイルインターネットの応用など，一部の先端技術領域では世界トップのレベルまで到達してきている。2017年1月に発足したアメリカのトランプ政権は中国の急成長に危惧を覚え，「米中蜜月外交[1]」を演出したにもかかわらず，翌年の3月からすぐに貿易収支の不均衡を理由にして

---

1)　2017年4月，当時のアメリカ大統領であったトランプ氏は訪米中の中国の習近平国家主席をフロリダの別荘で厚くもてなし，同年11月に習近平国家主席も北京の故宮博物院を借り切って訪中中のトランプ氏を招待した。多くのメディアはその当時の米中関係を「米中蜜月」と評価した。

米中貿易「戦争」を仕掛けたのである。

　ところが米中間の貿易「戦争」の戦火は次第に貿易の領域を越え，ハイテク領域まで延焼した。もちろんこの「延焼」は偶発的な「事故」ではなく，技術面における中国の急成長と急接近に対してアメリカが危機感を覚えた必然の結果であった。具体的にはまず，2017年3月にトランプ政権は前オバマ政権の残留問題の続きとして中国の通信設備大手国有企業のZTE（中興通訊）に対して，10億ドルという巨額な罰金を科した。そして5Gにおいて世界最強と言われる中国のファーウェイ（華為科技）もついにトランプ政権に目をつけられ，2018年12月にファーウェイの創業者任正非氏の娘，ファーウェイの副会長・最高財務責任者（CFO）である孟晩舟氏はカナダ当局により逮捕され，その後もアメリカ政府からさらなる厳しい制裁を受けた。また2020年7月にトランプ政権は世界中で莫大な人気を得ている中国の動画投稿アプリ「TikTok」のアメリカ国内での使用禁止を発表した。2019年8月にアメリカ政府は中国のハイテク企業の華為技術，ZTE，海能達通信（ハイテラ・無線システムの世界大手），海康威視数字技術（ハイクビジョン・監視カメラの世界大手），大華技術（ダーファ・監視カメラの世界大手）の5社に対して政府調達への参加を禁止していたが，さらに2020年8月に上記5社と取引関係を持つすべての企業に対して政府調達への参加を禁じたのである。これらの一連の動きはアメリカ政府がハイテク分野において中国に対して宣戦したと言えよう。

　では，世界一の強国であるアメリカからの「攻撃」を受けて，中国の企業たちはどのように対応したのか。本章では，上記した主要な3社，すなわちZTE，ファーウェイ，そして「TikTok」の運営会社である「ByteDance（北京字節跳動科技有限公司）」の事例を取り上げ，各企業の状況と対応を整理・考察していきたい。

10-2　ZTE（中興通訊）：アメリカ政府の強圧に降参

　ZTE（Zhongxing Telecom Equipment）は1985年に中国政府によって「深セン市中興半導体有限公司」として設立された国有企業である。携帯電話の基地局や，携帯電話端末，無線製品，ネットワークプロダクトなどの開発と生産

を主な事業としており，近年ではビッグデータ，クラウドサービス，スマートシティ，ICT，および航空・鉄道の交通関連のデータ伝送設備の開発と生産などの新しい分野まで展開している。1997年に深セン証券取引所，そして2004年に香港証券取引所に上場している。1998年にアメリカのテキサス州のダラスに米国法人を設立し，2008年に日本の東京にも日本法人を設立した。スマートフォンが誕生し，それまでの携帯電話の市場を大幅に占有していくなか，ZTEも2012年に中国移動通信集団有限公司（CMCC）香港分社と共同で4GLTEスマートフォンGrandXLTE（T82）を発売し，スマートフォンの開発・製造・販売に乗り出した。その後，安い値段と遜色しない品質をもって，ZTEのスマートフォン事業は年々，大きな成長を実現し，2015年，ZTEのスマートフォンはヨーロッパ市場で5位のシェアを獲得したのである。

　ところが，危機はいつも順調なときにやってくる。2016年3月7日，アメリカ政府の商務省が突然，2010年にイラン政府系通信会社や北朝鮮に禁輸措置品を納入し，またその事実を隠蔽したとして，ZTEおよびその子会社に対して「米国内外の企業が米国で製造された機器を，特別な輸出許可申請なしにZTEに出荷するのを禁止する」という輸出規制措置をとることを発表した。輸出許可を申請しても却下されることが想定されているため，ZTEがアメリカ企業のクアルコム，ブロードコム，インテルなどサプライヤーから技術や部品を購入することが事実上禁止されることになる。ZTEは，多くのアメリカのサプライヤーから技術や部品を購入してスマートフォンなどの通信機器を製造しているため，当時，オバマ政権だったアメリカ政府が発した輸出規制措置を受けて，ZTEはもちろん，中国政府も大きなショックを受けた。ZTEや中国政府の関係者はすぐにアメリカ政府に対してさまざまなルートを使って輸出規制措置の解除を求めて活動していたため，アメリカ政府は2016年11月18日，ZTEに対して当日から2017年2月27日までの期間を輸出規制措置の臨時許可期間として設定した。

　2017年3月，2017年1月にアメリカ大統領に就任し，「ディール」を口癖にしているトランプ氏が率いるアメリカ政府は中国政府の働きかけを受けて，オバマ政権の上記の輸出規制措置に関連して，最高10億ドルの罰金の支払いと，経営陣の刷新，社内のコンプライアンス教育の徹底，今後6年間にわたり規制

を順守したか年次報告を行うなどの司法取引を行うことで，輸出規制措置を実施しないと合意したことを発表した。進行中だった「米中蜜月」関係もあり，政治や外交などにおいてトランプ氏を甘く見ていたこともあり，ZTEはアメリカ商務部と合意した内容の一部を遵守・実施しなかった。しかし案の定，それが裏目に出た。

　2018年3月22日，トランプ大統領は「中国による不公平な貿易・投資慣行を抑制するため，通商拡大法232条に基づき鉄鋼，アルミニウムの輸入制限を行う」という大統領令に署名し，さらに同年4月3日に中国による知的財産権侵害を理由に通商法301条に基づき中国からの輸入品に追加関税を賦課する品目リスト1,300品目を公表した。中国に対して，アメリカは貿易「戦争」を仕掛けたのである。もちろん，ZTEへの制裁も忘れておらず，同年4月16日，アメリカ商務省は，前年の司法取引で合意した内容の一部を同社が実施していなかったことが判明したとして，アメリカ企業に対して同社への製品販売を7年間禁止すると発表したのである。

　再び危機的な状況に陥ったZTEは，事態の重大性を認識し，すぐにアメリカ政府の要求のとおり，それまでに合意した内容を履行したのである。罰金の支払いはもちろん，それまで実施する気がなかった経営陣の刷新も行われた。2018年6月29日，ZTEの取締役会では当時の代表取締役会長であった趙先明が退任し，子会社CEOであった李自学を新たに代表取締役会長に選出した。また同年7月5日，徐子陽をCEO（最高経営責任者），王喜瑜をCTO（最高技術責任者）に選任し，李自学，諸為民，方榕，蔡曼莉，呉君棟，李歩青，鮑毓明，顧軍営を新しい取締役に選出したのである。

　ZTEの対応を受けて，2018年7月13日，アメリカ商務省は同社が制裁解除の条件である罰金の支払いや経営陣の刷新を終えたことにより，同社に科したアメリカ企業との取引禁止の制裁を解除したと発表した。

　今回のアメリカ政府からの制裁で，ZTEは経営において大きな打撃を受けており，一時，倒産する危機に瀕していた。しかし「全面降参」という対応を取ったため，アメリカ政府の制裁解除により，ZTEは生き残ったのである。

10-3　ファーウェイ（華為科技）：厳しい抗争がつづく

　ファーウェイの概要について，本書第5章の5-5-1で簡単に考察した。ここでは主に2018年以降，アメリカ政府から制裁を受けた後のファーウェイの対応について整理していきたい。

　実際に前段で整理したZTEに対して制裁を科した2017年当初から，アメリカ政府はファーウェイへの制裁も視野に入れていた。なぜかというと，ファーウェイは中国のハイテク領域においてもっとも強い企業であるからだ。**図表10-2**は2011年から2020年まで国際特許（PCT）申請件数企業別ランキング（トップ10）を示している。この表から伺えるように，2013年までに，ファーウェイの最高順位は本ランキングにおいて3～4位であったが，2014年と2015年では首位を獲得した。2016年では前述したZTEに首位が奪われたが，2017年になるとすぐに首位奪還を果たし，2020年まで連続4年間ずっと首位を独占している。また，**図表10-3**は2020年の国際特許（PCT）の出願件数を表したグラフである。これらのデータから，ファーウェイの技術力がいかに強いのかがわかる。

　何より，ファーウェイは「高速・大容量」「低遅延」「同時多数接続」を可能にする通信インフラ技術と呼ばれている5G技術をめぐって世界をリードして

図表10-2　**国際特許（PCT）申請の企業別ランキングのトップ10（2011～2020年）**

No	2011	2012	2013	2014	2015	2016	2017	2018	2019	2020
1	ZTE	ZTE	パナソニック	Huawei	Huawei	ZTE	Huawei	Huawei(中)	Huawei(中)	Huawei(中)
2	パナソニック	パナソニック	ZTE	Qualcomm	Qualcomm	Huawei	ZTE	三菱電機	三菱電機	Samsung(韓)
3	Huawei	シャープ	Huawei	ZTE	ZTE	Qualcomm	INTEL	INTEL(米)	Samsung(韓)	三菱電機
4	シャープ	Huawei	Qualcomm	パナソニック	Samsung	三菱電機	三菱電機	Qualcomm(米)	Qualcomm(米)	LG電子(韓)
5	Bosch	Bosch	INTEL	三菱電機	三菱電機	LG電子	Qualcomm	ZTE(中)	OPPO(中)	Qualcomm(米)
6	Qualcomm	トヨタ	シャープ	INTEL	Ericsson	HP	LG電子	Samsung(韓)	BOE(中)	Ericsson(スウ)
7	トヨタ	Qualcomm	Bosch	Ericsson	LG電子	INTEL	BOE	BOE(中)	Ericsson(スウ)	BOE(中)
8	LG電子	Siemens	トヨタ	Microsoft	ソニー	BOE	Samsung	LG電子(韓)	平安技科(中)	OPPO(中)
9	Philips	Philips	Ericsson	Siemens	Philips	Samsung	ソニー	Ericsson(スウ)	Bosch(独)	ソニー
10	Ericsson	Ericsson	Philips	Philips	HP	ソニー	Ericsson	Bosch(独)	LG電子(韓)	パナソニック

出所：宮田（2021）p.59。

図表10-3	2020年の国際特許（PCT）のトップ10企業の出願件数

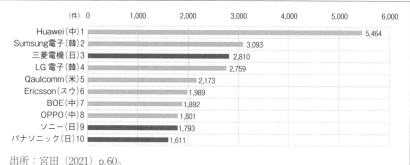

出所：宮田（2021）p.60。

図表10-4	5G技術の必須特許に関する出願シェア（2019年3月時点）（前掲図表5-21を再掲）

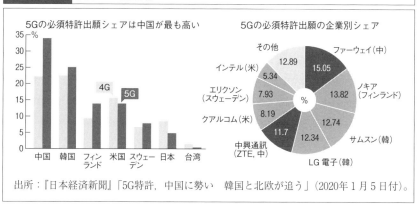

出所：『日本経済新聞』「5G特許，中国に勢い　韓国と北欧が追う」（2020年1月5日付）。

いる。**図表10-4**は5G技術の必須特許に関する出願シェアを表した図表である（前掲図表5-21を再掲）。この図表から，5G技術に関して，中国は全体の34%程度を有しており，そのうちにファーウェイは15.05%のシェアで首位を確保していることが読み取れる。

　また，ファーウェイの公式サイト[2]によると，創業者の任正非は1944年10月

---

2)　ファーウェイの公式サイト：https://www.huawei.com/cn/

に貴州省安順市の郊外農村に生まれ，両親は村の中学校の教員だったという。1963年に重慶建築工程学院（現在は重慶大学に合併されている）に入学し，大学を卒業した後，国有の建築企業に配属された。1974年に自らの志願で中国人民解放軍に入隊し，建築関係の仕事に従事してきたため，陸軍の建築工事部門に配属され，遼陽の化学繊維工場の建設現場に配置された。軍隊において主に軍人エンジニアとして働いており，大きな貢献で表彰されて1978年に全国科学大会，1982年に中国共産党12回全国代表大会に出席していたが，1983年に入ると中国政府は人民解放軍の人数削減政策のもと，建築工事部門が閉鎖され，任正非もそのまま軍隊を離れて，中国政府の指示に応じて深センにある国有企業の南海石油工場の総務部で働くようになった。しかし軍人出身の任正非は性格や仕事に対する考え方などで当時中国の国有企業の怠惰な「文化」に合わなかったため，やむをえずに退職した。1987年，任正非は自分の貯金や親戚・友人から借りてきたお金，全部で21,000人民元を使ってファーウェイを創業したのである。

　アメリカにとって，このような経過を経て強力になったファーウェイを野放しにすることはもちろんできない。創業者任正非の軍人出身という経歴もアメリカ政府にとってちょうど良い口実であり，実際にもアメリカ政府は2012年10月，ファーウェイの製品について中国人民解放軍や中国共産党公安部門と癒着し，スパイ行為やサイバー攻撃のためのインフラの構築を行っている疑いが強いという調査結果を発表し，同社の製品に対して政府調達から排除し，民間企業でも取引の自粛を求める勧告を出したのである[3]。2018年3月から中国に対して本格的に貿易「戦争」を仕掛けたアメリカのトランプ政権はすぐに，ファーウェイへの「攻撃」を強めた。同年2月にアメリカ共和党のトム・コットン上院議員とマルコ・ルビオ上院議員がZTEとファーウェイの通信機器について，米政府の購入やリースを禁じる法案を提出した[4]後，4月，アメリカ

3）『日本経済新聞』（2012年10月9日付・Web版）「米下院情報委，中国2社との取引自粛を要請」（https://www.nikkei.com/article/DGXNASGM09011_Z01C12A0EB2000/　2021年5月27日確認）を参考されたい。
4）『大紀元』（2018年2月8日付）「米上院議員，政府の華為・ZTE通信機器使用を禁じる法案提出」（https://www.epochtimes.jp/p/2018/02/31151.html　2021年5月27日確認）を参考されたい。

国防総省は，両社が製造したスマートフォンやモデム製品について，アメリカ軍の人員，情報，任務に対して許容不可能なセキュリティ上の危険をもたらすとして，米軍基地での販売を禁じ，軍人には基地の外でも中国製品の使用に注意するように要請した[5]。ちなみにアメリカ政府が独自に行った調査では，ファーウェイによるスパイ行為などを裏付けられる証拠は見つからなかったとされている。しかしアメリカ政府のこの措置の影響は甚大であった。オーストラリアや日本，そしてヨーロッパ諸国も5G技術機器の使用をめぐってファーウェイを締め出す動きを見せたのである[6]。そんななか，世界を驚かせた「孟晩舟逮捕事件」が発生した。

　孟晩舟は1972年2月，中国の四川省成都市で生まれ，ファーウェイの副会長でCFO（最高財務責任者）を務めており，ファーウェイの創業者である任正非の娘でもある。2018年12月1日，カナダ当局はアメリカの要請に応じて，対イラン経済制裁に違反して金融機関を不正操作した容疑で，香港からメキシコに向かう途中の孟晩舟をバンクーバー空港で逮捕したのである[7]。同月11日，バンクーバーの裁判所はパスポートの提出とGPS機器により24時間体制での監視下に置くことを条件に，保釈金1,000万カナダドル（約8億5,000万円）で孟晩舟が求めた保釈申請を認めた。その後，アメリカ政府は何回もカナダ政府に対して同氏の身柄の引き渡しを要求したが，カナダ政府は自国の司法制度や対中関係などを考慮し，2021年5月現在もまだアメリカ政府の要請に応じていない。孟晩舟はバンクーバーで事実上の軟禁生活を送りながら法廷闘争を続けているのである[8]。

　しかし，アメリカ政府はファーウェイへの制裁を緩めなかった。2019年5月15日，トランプ大統領はアメリカ企業が安全保障上の脅威がある外国企業から

---

5)　『DIGIMA NEWS』（2018年4月26日付）「アメリカが華為技術（ファーウェイ）を締め出し"安全保障の脅威"と説明」（https://www.digima-news.com/20180426_34451　2021年5月27日確認）を参考されたい。

6)　『日本経済新聞』（2018年12月24日付・Web版）「ファーウェイ排除"客観的な基準に基づく"豪外務次官」（https://www.nikkei.com/article/DGXMZO39325250U8A221C1000000/　2021年5月27日確認）を参照されたい。

7)　『日本経済新聞』（2018年12月7日付・Web版）「ファーウェイ幹部，カナダで逮捕　広がる中国ハイテク排除」（https://www.nikkei.com/article/DGXMZO38659700X01C18A2000000/　2021年5月27日確認）を参照されたい。

通信機器を調達することを禁止する大統領令に署名した。同日，アメリカ商務省産業安全保障局は，ファーウェイを同局が作成するエンティティ・リスト（禁輸措置対象リスト）に掲載し，アメリカ製ハイテク部品やソフトウェアの供給を事実上禁止する措置を発表した[9]。同月19日，Androidを供給してきたアメリカ企業のGoogleがファーウェイとの取引を一部停止したと発表し，続いてインテルやクアルコム，ブロードコムなども部品供給の停止を発表した。その後，G20大阪サミット[10]で中国の習近平国家主席と会談したトランプ大統領は一時的に，ファーウェイへのアメリカ製の部品供給の再開を認めたが，米中貿易「戦争」のエスカレートで発言を撤回した。さらに2020年5月15日，アメリカ政府は米国技術を使って半導体を生産・輸出するメーカーに対して輸出規制強化を発表した。これを受けて，同月18日，台湾のTSMC[11]はファーウェイからの新規受注を止めた[12]。実際にこれで半導体においてTSMCに依存していたファーウェイのスマートフォン製造は苦境に陥り，アメリカ政府から「決定打」を受けたのである。

　アメリカ政府の一連の制裁「攻撃」を受けたものの，強い経営体制を構築してきたファーウェイは前段で考察したZTEと異なり，簡単に降参・譲歩しなかった。例えば前述した2018年12月1日の「孟晩舟逮捕事件」が発生しても，ファーウェイも創業者の任正非もアメリカ政府に対して譲歩はしなかった。そして2019年5月にGoogleからAndroidの供給が打ち切られたことに対して，

8)　2021年9月24日，アメリカ司法省との司法取引に応じた孟晩舟は釈放され，同日の夕方，中国行きの飛行機でカナダを離れた。詳しくは『朝日新聞デジタル』（2021年9月25日付・Web版）「カナダで拘束のファーウェイ副会長，米と司法取引　中国へ向けて出国」（https://www.asahi.com/articles/ASP9T02QPP9SUHBI024.html　2021年11月20日確認）を参照されたい。

9)　『日本経済新聞』（2019年5月16日付・Web版）「米，ファーウェイへの輸出を事実上禁止」（https://www.nikkei.com/article/DGXMZO44862730W9A510C1MM0000/　2021年5月27日確認）を参照されたい。

10)　2019年6月28日〜29日，日本の大阪府大阪市の大阪国際見本市会場（インテックス大阪）で「2019年G20サミット首脳会議」が開催された。日本で初めて開催されたG20首脳会合であった。

11)　1987年2月に台湾の新竹市で設立した電気機器企業であり，中国語の正式社名は台湾積体電路製造股份有限公司である。世界最大の本導体製造企業である。

12)　『日本経済新聞』（2020年5月18日付・Web版）「TSMC，ファーウェイから新規受注停止　米規制強化受け」（https://www.nikkei.com/article/DGXMZO59230390Y0A510C2MM8000/　2021年5月27日確認）を参照されたい。

ファーウェイは同年8月9日，独自OSの「鴻蒙OS（Harmony OS）」を発表し，真正面から対抗した。しかし2020年5月から始まったアメリカ政府のさらなる制裁は「決定打」となり，ファーウェイはそれまで一番深刻な打撃を受けた。半導体の供給ラインが打ち切られたのである。スマートフォン事業を救うために，2020年11月17日，ファーウェイと任正非は断腸の思いで2013年から育て上げたスマートフォンブランド「栄耀（オナー，Honor）」および同事業を切り離し，売却した[13]。

2021年1月からアメリカはバイデン政権となっているが，ファーウェイへの制裁は依然として緩められていない。しかしファーウェイは非常に厳しい窮地のなかでも底力を見せている。2021年4月17日，ファーウェイは北京汽車集団傘下の高級EV（電動自動車）ブランド「ARCFOX」の新型車に自動運転技術を提供することを正式に発表し，翌日の18日に上海市内で自動車関連の製品発表会を開き，2021年以降に毎年10億ドルを関連分野の研究開発に投じる方針を明らかにした[14]。さらに同年5月27日，ファーウェイは中国貴陽市で開催された「2021中国国際ビッグデータ産業博覧会」にて「貴安華為クラウドビッグデータセンター」の開業を発表した[15]。アメリカ政府の制裁を受けて主力のスマートフォン事業が落ち込むなか，ファーウェイはさまざまなチャレンジを通じて新たな成長の柱を育てようとしているのである。

10-4　ByteDance（字節跳動）：司法手段で対抗する

ByteDance（北京字節跳動科技有限公司）は，2012年3月に創業者張一鳴によって中国の北京市で設立されたハイテクプラットフォーム企業であり，AI

13) 『日本経済新聞』（2020年11月17日付・Web版）「ファーウェイ，低価格スマホ事業の売却発表　米規制で」（https://www.nikkei.com/article/DGXMZO66306150X11C20A1MM0000/　2021年5月27日確認）を参照されたい。

14) 『日本経済新聞』（2021年4月19日付・Web版）「ファーウェイ，自動運転などに毎年1,100億円」（https://www.nikkei.com/article/DGXZQOGM16EL60W1A410C2000000/　2021年5月27日確認）を参照されたい。

15) 『中国新聞網』（2021年5月27日付）「貴安華為クラウドビッグデータセンターが2021中国国際ビックデータ産業博覧会にて発表された」（http://www.gz.chinanews.com/zxgz/2021-05-27/doc-ihamuvvy5536634.shtml　2021年5月27日確認）を参照されたい。

（人工知能）技術をモバイルインターネットに活用してユーザーにさまざまなサービスを提供している。2016年からグローバル展開が始まってから，運営している「TikTok（中国語名：抖音）」をはじめ，「今日頭条（Toutiao）」や「スイカ映像（Xigua Video）」などのアプリは世界中の若いユーザーたちの間で莫大な人気を呼び，急成長を実現してきている。第4章の4−4では中国のEC（電子商取引）市場におけるライブコマースの急成長を考察したが，「TikTok」はそのなかの重要な1プレイヤーである。

　創業者の張一鳴は1983年中国の福建省龍岩市の一般家庭に生まれ，父親は市行政部門の公務員であり，母親は市立病院で看護師を勤めていた。2005年に中国の名門大学である南開大学のソフトウェア開発学部を卒業した後，チャレンジ精神の強い張一鳴は友人2人と初回となる創業を行い，企業向けのオフィスワークシステムの開発を行った。しかし市場が未熟だったため，張一鳴らが開発したシステムを購入してくれる顧客が現れず，初回の創業は失敗に終わった。2006年，張一鳴はある旅行検索サイトを運営している会社にエンジニアとして就職し，検索エンジンの開発に没頭した。能力が認められ，張一鳴は技術高級管理職に昇格したが，さらに勉強して成長したいと思い，2008年に仕事を辞め，マイクロソフト社に転職した。マイクロソフトでの仕事も順調であったが，初回の創業で失敗した張一鳴はずっと悔しい気持ちを持っていたため，2009年10月にマイクロソフトを退社し，不動産賃貸・売買の検索アプリを開発して「九九房」を創業した。モバイルインターネットが中国人の日常生活に入りつつあるという時代であり，スマートフォンの普及率もまだ高くない状況であったが，「九九房」はいきなり150万のユーザーを確保して，当時中国の不動産取引系アプリのトップランナーとなった。今回の成功で張一鳴は中国のモバイルインターネットに潜んでいる巨大な市場に気付き，2011年末に「九九房」のCEOを退任して2012年3月にByteDanceを創業し，さらなる挑戦を始めたのである。

　公式サイト[16]によると，ByteDanceは創業された後，同年8月に「今日頭条（Toutiao）」というアプリをリリースした。「今日頭条」は人工知能を活用した

16）ByteDanceの公式サイト：https://www.bytedance.com/zh/

ニュース配信プラットフォームアプリであり，ユーザーが設定した関心分野，あるいはユーザーの閲覧履歴からその好みを分析し，人工知能技術を駆使して自動的に関連のニュースや記事などをユーザーに配信するという機能を持っており，リリースされてすぐに大ブレイクした。2019年10月現在まで，累計ユーザー数は6億人に上っており，毎日のアクティブユーザーは1.2億人（2019年10月，ByteDance社の公式発表）だという。

　2016年9月，ByteDanceは「抖音（Douyin）」というショートビデオの映像プラットフォームアプリをリリースした。リズム感のある音楽を背景にしてユーザーはスマートフォンを使ってショートビデオを撮り，自分の個性をアピールできる映像を友人やフォロワーたちにシェアするプラットフォームである。「抖音」のリリースは中国人，とくに若者たちの「個性をアピールしたい」「自己主張をしたい」「シェアしたい」という心理的需要に合致し，空前の大ブレイクを起こした。中国では「抖音にハマりすぎて仕事や生活に支障が出てくる」という意味の言葉「抖音中毒」まで作られ，社会現象となるほどであった。2017年1月，「抖音」で大成功を収めたByteDanceは海外進出を狙って，5,000万ドルでアメリカのショートビデオアプリであるFlipagramを買収し，同年5月，「抖音」の海外版である「TikTok」を正式にリリースした。これもまた莫大な人気を呼び，これまでダウンロード数は驚異の170億回超となっており，世界一の人気アプリに成長したのである。

　ByteDanceの海外進出は中国の新興インターネット企業が行った最初の試みであり，最初の大成功を収めた事例でもあった。その成功によって，Byte-Danceは世界最大のユニコーン企業（価値10億ドルを超える未上場企業）に成長したのである。しかし，危機は突如やってきた。2020年6月29日，中印国境の係争地域での衝突の影響を受け，インド政府は「TikTok」など中国製が主体となる59のアプリの使用を禁止したのである。インド電子・情報技術省は声明で「利用者のデータを不正に盗み，インド国外のサーバーに保存しているとの多くの苦情を受けたため，インドの主権や国防，社会的秩序に損害を与える59アプリを禁じる」と述べた[17]。インドの行動を受けて，貿易「戦争」，ハイテク覇権争い，そして国内での新型コロナウイルス感染症の感染拡大などの問題で中国に対して激怒したトランプ政権もついに動き出した。2020年7月6日，

アメリカの当時のポンペオ国務長官がFOXニュースのインタビューで，アメリカ国内で「TikTok」の利用禁止を検討していると発言した[18]。そして同月31日に，「TikTok」を利用しているアメリカ国民の個人情報が中国企業を経由して中国当局に把握される可能性があるとして，当時のトランプ大統領はついにメディアに対して，アメリカ国内で「TikTok」の利用を禁じる考えを示したうえ，「TikTok」の米国事業をアメリカ企業に売却するのであれば，その運営の継続を認めるとした。続いて8月6日，トランプ大統領は安全保障上の脅威であるとして，「TikTok」を運営するByteDanceとの取引を45日後から禁止するとの大統領令に署名したのである[19]。

これらのアメリカ政府の一連のバッシングを受け，「TikTok」とその運営会社であるByteDanceはユーザーに対して個人情報保護に関する声明を発表してユーザーたちの懸念を払拭しながら，トランプ政権の米国事業の売却要求に応じる姿勢も見せたうえ，同年8月24日，トランプ大統領が6日に発した取引禁止令について，アメリカのカリフォルニア連邦裁判所で法的措置を開始したと発表した[20]。その後，アメリカ国内のユーザーたちが「TikTok」を支持したり，マイクロソフトが「TikTok」の米国事業の買収に乗り出したり，「TikTok」の米国事業に関してさまざまなニュースが世界各国のメディアによって報じられていた。

最終的に，ByteDanceはアメリカ企業のオラクルやウォルマートとアメリカ国内に新会社を設立する案で基本合意したが，最終期限としていた2020年12月までに正式な合意に至らなかったという。2021年1月，アメリカではバイデン

---

17)『日本経済新聞』（2020年6月30日付・Web版）「インド，“TikTok”など禁止　中国との国境係争背景か」（https://www.nikkei.com/article/DGXMZO60952560Q0A630C2000000/　2021年5月27日確認）を参照されたい。

18)『日本経済新聞』（2020年7月8日付・Web版）「NY株ハイライト　米中緊張，TikTok禁止でエスカレート」（https://www.nikkei.com/article/DGXLASFL08H2L_Y0A700C2000000/　2021年5月27日確認）を参照されたい。

19)『Newsweek Japan』（2020年8月10日付）「トランプTikTok禁止令とTikTokの正体」（https://www.newsweekjapan.jp/stories/world/2020/08/tiktoktiktok.php　2021年5月27日確認）を参照されたい。

20)『BBC NEWS JAPAN』（2020年8月25日付）「TikTok，トランプ政権を提訴　取引禁止求める米大統領令めぐり」（https://www.bbc.com/japanese/53899636　2021年5月27日確認）を参照されたい。

政権の誕生によって「TikTok」米国事業の売却は事実上，棚上げされたとして，バイデン政権のもとで安全保障上のリスクについて再検討していると，アメリカのメディアは報じたのである[21]。

　このように，2020年半ばから，ByteDanceは「TikTok」をめぐって，アメリカ政府をはじめ，一部の国との間で激しい応酬を続けてきた。一方，厳しい経営環境のなかにおいても，ByteDanceと張一鳴は「守り」だけではなく，事業展開をめぐって積極的な「攻め」の動きも見せていたのである。例えばByteDanceの公式サイトの公開情報によれば，2020年3月，コロナ禍の中国全土での感染状況がもっとも厳しい時期において，中国各地の小中高学校はオンライン教育への切り替えを急いでいたときに，ByteDanceはオンライン教育の子会社「北京博学互聯教育科技有限公司」を設立し，近未来のオンライン教育における探索を始めた。同じくコロナ禍の影響を受け，中国の近未来の医療のあり方を探るべく，同年8月12日，ByteDanceは北京百科康訊科技有限公司の「百科名医」事業を買収した。また同年9月3日，ByteDanceはオンライン金融事業を営んでいる武漢合衆易宝科技有限公司の筆頭株主になったと発表した。これはByteDanceが中国で金融事業の免許を間接的に入手したことを意味している。つまり，逆風のなかでも，ByteDanceは高い人工知能技術を活かして着々と新しい領域へ展開しており，成長しているのである（**図表10−5**を参照）。さらに同年10月に，ByteDanceは中国事業の株式上場を検討していることがメディアに報道された。

　2021年5月20日，ByteDanceの創業者張一鳴が退任したとメディアは報道した。張一鳴は社内に向けた書簡で「CEOの役割を後任に引き継ぎ，会社に対して客観的な視点で長期戦略の構築に関わっていく」との声明を出した[22]という。しかしアメリカ政府からの制裁をはじめ，多くの厳しい試練はまだ終わっていない。ByteDanceの今後の動向と成長にも注目していきたい。

---

21)　『日本経済新聞』（2021年2月26日付・Web版）「TikTok，米集団訴訟で和解へ　97億円支払い」（https://www.nikkei.com/article/DGXZQOGM263PI0W1A220C2000000/　2021年5月27日確認）を参照されたい。
22)　『日本経済新聞』（2021年5月20日付・Web版）「TikTok運営のバイトダンス，創業者の張CEOが退任」（https://www.nikkei.com/article/DGXZQOGM204860Q1A520C2000000/　2021年5月27日確認）を参照されたい。

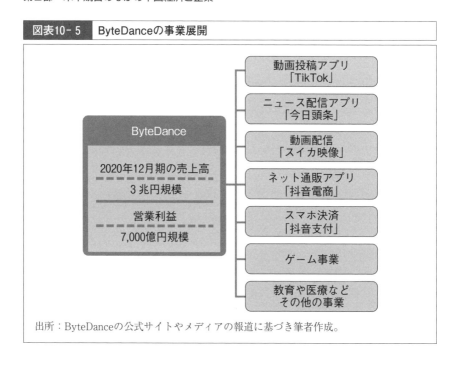

| 図表10-5 | ByteDanceの事業展開 |

出所：ByteDanceの公式サイトやメディアの報道に基づき筆者作成。

10-5　おわりに

　以上，進行中の米中ハイテク覇権争いのなかにおいて，中国のハイテク企業3社（ZTE，ファーウェイ，ByteDance）の事例を取り上げ，各社の対応および現状について考察・整理した。米中競合という国際大環境のなか，上記の3社をはじめ，多くの中国企業はアメリカ政府から厳しい「攻撃」を受け，難しい対応を強いられてきた。そして現状から見れば，米中競合は今後も続き，中国のハイテク企業はこれからも厳しい試練に直面していくのであろう。

　確かに近年，中国の成長は著しい。しかしアメリカは依然として世界最強の国である。米中ハイテク覇権争いのなか，中国政府はそれまで大きく掲げた「中国製造2025」のメディアにおける露出度を控えめにし，アメリカの逆鱗に触れないように，慎重な対応を取っている。トランプ政権時代，アメリカ政府

は「アメリカ・ファースト！」を掲げ，同盟国に対しても厳しい対応をしてきたがゆえに諸国から敬遠され，「孤立無援」な状態になっていたため，中国にとって好都合であったが，現在のバイデン政権はそれまでのトランプ政権の戦略を一転し，同盟国との連携を強めながら共同で中国に圧力をかける戦略を取っている。世界の政治や国際関係などがますます複雑化していくなか，グローバル企業の経営環境も次第に複雑になっており，その状況も常に変化している。第 9 章の 9 - 4 で米中貿易「戦争」において，日本と日本企業が米中の間に挟まれ，非常に難しい立場に立たされていることを考察したが，実際にアメリカの「攻撃」標的となった中国企業は日本企業以上の窮地に陥っているのである。今後，米中間の競合やハイテク覇権争いが「新常態」となっていくなか，中国企業，とくに中国のハイテク企業はどのように対応していくのか，興味深い問題であり，引き続き観察していかなければならない。

参考文献

陳建安（2019）「中国と米国との貿易不均衡の要因と対策」『経済学論纂』，第59巻第 3 ・ 4 合併号，pp.217-232。

宮田秀典（2021）「技術を活かす経営」立命館大学経営学部「企業と経営」講演会（2021年 5 月21日・立命館大学経営学部）。

グローバリゼーションの功罪

補-1　はじめに

　グローバリゼーションとは社会的あるいは経済的な関連が，旧来の国家や地域などの境界を越えて，地球規模に拡大して様々な変化を引き起こす現象である。経済的な関連を端的に言えば「儲かるところを求めて地球上を動き回ること」であり，求めるものは「安くつくることができる場所」「市場」「金融，為替，証券等のお金」である。一方でグローバリズムとはそのグローバリゼーションを積極的に進展させようとする思想のことである。2020年11月にアメリカの大統領選挙があったが，暴言癖があり国際協調を軽視するトランプ氏になぜあれほどの岩盤支持があったのかというのは，グローバリズムと反グローバリズムの戦いであったと理解すれば分かりやすい。トランプ氏の主な支持層である白人労働者層はグローバリズムが自分たちを貧しくさせていることを理解しており，「アメリカ・ファースト」を唱えるトランプ氏を熱心に支持していたと考えられる。「アメリカ・ファースト」やEUでの「ブレグジット」，そして他のヨーロッパ諸国での移民排斥を訴える「極右」といわれる右派政党の躍進はどれも反グローバリズムの高まりを象徴している。

　1990年代以降，EUの誕生，自由貿易の礼賛，規制緩和，緊縮財政，移民の受け入れなどグローバリズムに沿った政策が各国で取られてきた。グローバリズムはすべてが善であるかのように言われ，政府はそれに沿った政策を推進し，マスコミもその方向が正しいという記事を書き続けてきた。それがここにきて問題が顕在化し，反グローバリズムの波がうねりのように起こってきているのである。

　筆者は長年日本の国内外でビジネスの現場を経験してきた。1998年に香港に赴任し，2000年にはその裏側の中国広東省佛山市（**図表補-1**を参照）に現地間転

図表補-1	広東省グレーターベイエリア

出所：筆者作成。

勤し，2005年までをパナソニックグループ関係会社の社長として過ごした。その後も年間に4，5回中国を訪問し，友人との情報交換や企業の支援を行ってきた。中国に赴任するまでは出張でフィリピン，タイ，香港等に行ったことはあったが，外国に住むのは初めてであった。住んでみると日本との違いがよく分かるし，更に日本の素晴らしい点がよく見えるようになった。また企業リタイア後は同志社大学大学院の客員教授に就任する機会を得，グローバル人材育成論などを担当してきた。そのような経験をもとにグローバリゼーションの功罪について考えてみたい。

補-2　グローバリゼーションの波にうまく乗った中国

　中国は1972年にニクソン大統領の訪中を実現させ，同年に日本との国交正常化を果たし，1979年に米国との国交正常化も果たした。しかし，その間は経済面では大きな変化はなく，「皆で貧乏」という中国がしばらく続いていた。1976年に毛沢東が亡くなるとともに，10年間も続いた文化大革命が終わり，1978年に実権

を握った鄧小平が「改革・開放」政策に舵を切り，それから40年余で驚異的な発
展を遂げ，GDPではアメリカに次いで世界No.2にまで上り詰めた。その間の歴史
を振り返ると，80年代は経済成長が始まっていたものの「改革・開放」の成果は
まだそれほど現れておらず，1989年に天安門事件がありその後しばらくは停滞が
続いた。しかし，1992年に鄧小平の南巡講話があり，1995年前後から怒涛の如く
に外国から中国への企業進出が始まり，それは2010年頃まで続いた。どれも安く
て無尽蔵な中国の労働者を活用して，作った製品を自国や外国に売るというビジ
ネスモデルであった。それでも中国のGDPは2000年では，まだ日本の4分の1の
規模あったが，2010年に日本と並び，2020年の現在では日本の3倍を超える規模
になっているのである（**図表補-2**を参照）。

　中国にとって幸運だったのは1991年にソ連邦が崩壊し，それまで西側と東側が
鉄のカーテンで仕切られ経済交流がほとんどなかったわけであるが，そのカーテ
ンがなくなり突然自由貿易を標榜するグローバル社会が出現したことである。こ
のグローバリゼーションの波にもっともうまく乗った国が中国であるといえよう。
このような巡り合わせがなかったら中国は現在のような経済大国にはなっていな

図表補-2　米日中の名目GDPの推移（前掲図表1-1を再掲）

出所：世界経済のネタ帳により筆者作成。

かったと思われる。

　では，グローバリゼーションの効用はどのような点にあるのか，そして問題は
どのような点なのかを論じていきたい。

補-3　パナソニックのグローバル対応

　ここで筆者の出身元であるパナソニックのグローバル展開を振り返ってみたい。
もっとも当時は「グローバル」という言葉はなく「国際化」と称していた。パナ
ソニックの販売チャネルの海外進出は1935年にフィリピンのマニラに事務所を開
設したのを皮切りに1938年にメキシコ，1953年にアメリカに事務所を開設してい
る。1959年には初めての海外販売会社としてアメリカ松下電器を設立している。
一方工場部門の海外進出もかなり早く，1961年にはタイに進出を果たしている。
「その国の人に歓迎される工場」というコンセプトである。1962年に台湾に進出
し，1967年までにメキシコ，プエルトリコ，コスタリカ，ペルー，ブラジル，
フィリピン，マレーシア，カナダ，タンザニアに進出している。その後パナマ，
インドネシア，シンガポール，オーストラリア，ベルギー等が続く。先陣を切る
商品はほとんどが乾電池でラジオや扇風機がそれに続いた。これらの工場進出は
どれもそこで製造した製品をその国で販売するのが目的であった。工場の製造品
目は徐々に増えていき，これらは「ミニ松下」と呼ばれていて，各国で規模は小
さいながらも，テレビ，洗濯機，冷蔵庫，エアコンなど家電製品一式が製造され
ていた。東南アジアであれば各国が近隣に位置するので，国別に商品を集約して
生産し，互いに輸出入した方がものづくりの立場から見ればメリットがあるわけ
であるが，当時は各国ごとに関税障壁（100％ということもあった）が高く，国
境を跨いだらコストが合わなかったのである。

　1982年には香港にシーリングファン（天井用扇風機）の製造工場を進出させて
いる。これは最初の再輸出を目的とした工場である。再輸出というのは，もとも
と日本で製造して輸出していたものが，円高や人件費高で採算が合わなくなり，
採算のとれる場所で製造して，日本のコントロールのもとで直接販売先の国に輸
出することである。この事業は10年ほどたったところで，香港では地道なものづ
くりのための人材獲得が難しくなり，また人件費高もあって採算面でも苦しくな

り，1993年には香港の裏側の広東省佛山市順徳に工場を進出させた。

　1985年にはプラザ合意があり，1ドル240円であった円が2年後には120円になった。国際的にみて2年間で日本円の価値が2倍になったのである。国際取引はすべて米ドルで行われるので，これは輸出の収入が半減するということである。だからと言って現地の販売価格を上げるわけにもいかず，日本で製造して輸出することはほぼ不可能になった。その時筆者は扇風機工場の生産管理課長をしていたので，扇風機を例にとると，扇風機の種類ごとに生産を東南アジア各国にある，パナソニックの工場に割り振って急場をしのいだのである。1988年頃のことである。国としては台湾，フィリピン，タイ，インドネシア，マレーシアを活用した。それぞれの国から直接第三国に輸出するという「再輸出戦略」である。このような対応はグローバル対応のはしりといえるのではないか。

　一方で円高になるということは外国から安い扇風機が入ってくるということである。当時は韓国，台湾，香港，シンガポールを「アジア四小龍」と位置付けており，扇風機は韓国や台湾から大量に日本に入ってきた。その結果，日本国内での普及レベルの扇風機の市場価格は約2万円から1万円を切るまでに下がってしまった。これに対しては日本国内の生産を自動化することで乗り切ろうとした。25人の組立ラインをロボット化して5人で生産できるようにしたのである。しかし，それも90年代初頭のグローバリゼーションで中国が台頭することになり，日本国内の扇風機の価格は5千円を切るようになった。そのコストには日本国内の自動化では対応できず，現在では低価格の扇風機からは撤退している。

補-4　発展途上国がグローバリゼーションの恩恵を受けるための条件

　中国のコスト力がいかに強烈であったかという例をあげてみたい。コスト力の主要部分は材料費と人件費で，当時（2000～2005年頃）の中国のワーカーの賃金は，日本円で月に1万円程度である。日本と比較したらおよそ20分の1であった。人件費以外でも電気代は約半分，土地や建屋のコストも半分以下。それに加えて材料を現地調達すれば，これも30％ぐらい安くなる。日本で販売している小型送風機であるが，日本で製造していて10％以上の赤字でどうにもならないものが，

中国に製造シフトするだけで30％ぐらいの黒字になるのである。このような構造がヨーロッパ，アメリカを中心とした先進国からの怒涛の如くの製造の中国進出を生んだのである。そのなかでも日本の投資金額が最も多かった。

　現在では中国の人件費が上がり，労働集約的な低価格品は採算が合わなくなってきている。代表的な労働集約産業のアパレル関連は現在ではバングラデシュ，ミャンマーなどにシフトされていることが多い。それでは人件費さえ安ければ企業は進出してくるのであろうか。確かにアパレルのような産業はミシンと若い労働力さえあれば容易に生産移転ができる。しかし，家電製品のような少し付加価値の高い商品になると「若くて豊富な労働力」だけでは進出してもうまくいくとは限らない。うまくいく条件としては，政治体制，社会環境が安定しているという前提のもと，以下の４つの項目が考えられる。

　　①労働者の教育レベルがある程度のレベルにある。

　　②そこの地方政府が外国企業の受け入れに熱心で，進出しやすい環境を整えている。

　　③道路・港湾・電気・水道等の社会インフラが整備されている。

　　④生産に必要な材料の調達が現地である程度可能である。

などである。

　少し説明を付け加えると，①に関しては国によって識字率が低いところがあり，文字が読めない人が多ければそこで生産するのは難しい。インドは男性の識字率が79％，女性の識字率が59％と言われている。また労働者の向上意欲が低ければ効率の高い生産はできない。②に関しては，海外進出に際して何種類もある提出書類の内容を理解し正しく仕上げるのに大変な労力がかかり，慣れない外国で短期間に終えるのは困難である。③に関しては，最近では東南アジアの国々も整備を進めてきているが，先進国に比べたらまだまだである。ミャンマーやバングラデシュでは停電が頻繁に起きるという現状がある。④に関しては，大半の材料を現地で調達するのが困難な国が多いのが現状である。例えばベトナムが近年ポスト中国で注目されているが，機械設備や金型が壊れた時に容易に修理できない。材料も少し複雑なものになれば台湾や中国から調達しなければならなくなる。東南アジアで多種類の材料調達が可能な国は，早くから日本の自動車や電機が進出しているタイぐらいである。

　それでは中国で怒涛の如くの外国企業の進出が起きたのは，上記の条件に照ら
してどうであったか。①については，日本と同じぐらいの高レベルの識字率であ
る。そして労働者の向上意欲は東南アジアと比べるとはるかに高い。②について
は，地方政府が競い合って外資企業の進出しやすい体制を整備している。進出の
ためには10ヶ所ぐらいの役所に出向いて各種の書類申請をしなければならないが，
外国人にとってはその内容の理解も簡単ではなく，これは大変な手間である。そ
こで筆者の居た佛山市などではワンストップオフィス（**図表補-3**を参照）と称
して各役所の方から1ヶ所に出向いてきて事務所をつくり，そこに行って一巡す
るだけで申請が終了するしくみを作ったのである。その間通訳をつけてくれ，指
導もしてくれる。営業許可も数週間で下りるといった具合である。また進出直後
は多くのトラブルがつきものであるが，それも積極的に地方政府が尽力して解決
するのである。③では，かつて中国も停電が多い時期があったが，現在では問題
なくなり，道路や港湾も先進国並みである。「道路を作ればお金はあとからつい

図表補-3	仏山市のワンストップオフィス

出所：筆者撮影。

てくる」と言って徹底的にインフラ整備を進めてきたのである。④の材料調達も特殊なものは別として，大抵のものは中国で揃えることができる。90年前後は中国でのものづくりは品質が劣悪で，なかなか日本の品質レベルに合致できなかったが，向上意欲のある中国人が多く，外資企業からの品質指導も受け入れて短時間でレベルアップできたことが大きい。

　中国は「改革・開放」の掛け声のもと，このように外資が進出しやすい条件を整えてきたわけであるが，そこにタイミングよくグローバリゼーションが始まったのである。その結果中国の輸出は世界一の規模になり，輸入もアメリカに次いで二位である。日本の100円ショップも中国がなければ成り立たなかったと思われる。日本は30年間成長できない時代が続いているが，物価も上がることはなかった。一方で大企業の利益は過去最高レベルになり，内部留保も過去最高レベルになっている。物価の抑制と成長がないデフレのなかでの利益増大はグローバリゼーションが進んだことによる結果だと考えられる。実際に利益の中身を見ると営業利益よりも経常利益が上昇しているのは海外子会社からのロイヤリティや配当が増大したことが大きく貢献しているからと考えられる。このような結果を生んだのはタイミングよくグローバリゼーションへの対応を整えた中国の貢献が

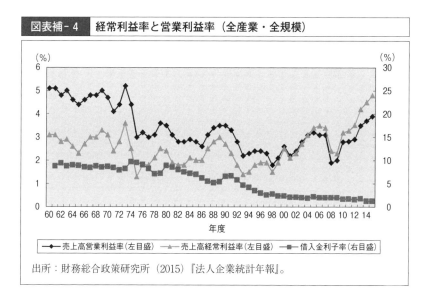

図表補-4　経常利益率と営業利益率（全産業・全規模）

出所：財務総合政策研究所（2015）『法人企業統計年報』。

大きかったからだと言えるのではないか。

　水が低いところに流れるように，人件費が安い場所に工場進出が起きるように見えるが，実際には，賃金が安いということだけで実現するものではない。その条件が先ほどの①から④である。ということは近未来中に多くの発展途上国がグローバリゼーションの恩恵を十分に受けられるということはなさそうである。

補-5　グローバリゼーションの「功（メリット）」

　グローバリゼーションの「功罪」に話を進める前に，地球規模化が認められるものを列記すると，

　　①貿易の発展

　　②資本の国際流動性の増加

　　③国際金融システムの発展

　　④最適な調達のための国際的なサプライチェーン・マネジメントの発達

　　⑤航空，海運などの物流ネットワークの発達

　　⑥インターネット等による国境を越えたデータ流通の増大

　　⑦国際的文化交流の活発化

　　⑧増加する海外旅行，観光

などが挙げられる。これらはグローバリゼーションによる環境変化を言っているわけで，どの項目もメリットとデメリットを包含している。

　そこでグローバリゼーションの「功（メリット）」について考えてみたい。これも列記してみると，

　　①コストの安いところに生産がシフトされることにより，国際分業が起こって発展途上国に発展の機会を与え，その国での中間所得層が増える。

　　②一方で，先進国の物価が抑制され，消費者は安価な製品を手に入れることができる。

　　③国内から全世界に市場が広がり，企業のビジネスチャンスが増加する。

　　④新たな文化や技術に触れることにより，新しい商品やサービスが生まれる。

　　⑤国際文化交流の活発化や海外旅行，観光の増加で異文化理解が進展する。

　　⑥海外に出かけるコストが安くなり，インバウンド需要が増加する。

といったことが考えられる。これらの項目を見れば良いことばかりに見えるが，その裏側には不都合なことも多く潜んでいるのである。

補-6　グローバリゼーションの「罪（デメリット）」

そこでグローバリゼーションの「罪（デメリット）」についても列記してみる。

①価格競争が激化することにより，企業の利益が圧迫される。

②その結果，賃金抑制圧力が増し非正規雇用や外国人労働者が増え，労働者の賃金低下が起こる。

③先進国の企業が海外進出することで，その国の産業が空洞化する。

④その結果，企業の縮小や倒産が起こり，失業率が増加する。

⑤貿易の自由化が進むことにより，発展途上国が長期的に自国産業を発展させる機会を失う。

⑥金融の自由化で短期利益を求める世界からの投資家が増え，企業は目前の利益を追いかけることになり，長期的な成長を鈍化させる。

⑦文化背景の違いや所得の格差などが原因で治安が悪化する。

⑧先進国の企業が発展途上国に進出することにより，技術の流出が起こる。

⑨長期的にはその国固有の文化が損なわれていく恐れがある。

⑩国際間移動が容易になることで，感染症や伝染病の蔓延の恐れが高まる。

⑪富裕層は益々金持ちになり，中間層が没落・貧困化し，富の二極化が進む。

ということが考えられる。

ここで上記デメリットの⑤について説明を少し加える。かつての1930年頃，アメリカは保護主義の国であった。国内産業を保護することにより，自動車産業などの自国産業が強靭になった。また，日本も1960年頃関税障壁を高くして自国産業の育成を図った。その結果，当時圧倒的に強かったアメリカの自動車が日本に入ってこられず，その間にトヨタや日産のような日本の自動車産業が育ち，今では世界に冠たる自動車産業になったのである。そのように保護主義は将来の自国にとって必要なこともある。だから発展途上国にとっては，自国が発展する前からTPPやRCEPに入って関税を低くしてしまえば，軽工業は発展できても高度な産業が育つ芽が摘まれてしまうのである。

　先進国に目を転じれば，企業が安いコストを求めて海外に出て行ったあとは，国内に残されたその企業の品目が高付加価値で高い賃金を払っても売上げに結びつくものばかりであれば問題ないのだが，現実にはそうはいかない（**図表補-5**を参照）。海外から入ってくる安い商品に押されて，国内で生産した商品も激しい競争にさらされる。企業は苦しくなって収益を確保するために給料の高い正社員を減らし，非正規社員を増やすことになる（**図表補-6**を参照）。また，グローバリゼーションが進行し人の移動が容易になると，海外からの労働者が増え，もともと日本に居る日本人労働者は，外国人労働者との競争にさらされることになる。非正規雇用者の増加と外国人労働者の流入の両面から賃金の低下を招くのである。その結果全体の賃金水準が下がり，購買力が低下してデフレを進行させることになる。

図表補-5	**名目賃金と実質賃金の推移**

出所：山本博一（2015）「『実質賃金低下』の罠にハマるな−"反アベノミクス"に反論」（https://nikkan-spa.jp/865857　2021年5月6日確認）

図表補-6 正規・非正規雇用者数の推移

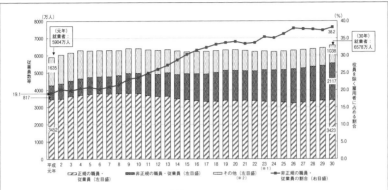

（※1）東日本大震災に伴う補完推計値
（※2）就業者のうち，正規の職員・従業員及び非正規の職員・従業員以外の者
注1）平成13年以前は「労働力調査特別調査」の2月結果，平成14年以降は「労働力調査詳細集計」の1〜3月期平均結果により作成。「労働力調査特別調査」と「労働力調査詳細集計」とでは，調査方法，調査月などが相違することから，時系列比較には注意が必要である。
注2）割合は，「正規の職員・従業員」と「非正規の職員・従業員」の合計に占める割合
資料：総務省統計局「労働力調査特別調査」，「労働力調査（詳細集計）」
出所：総務省（2019）「統計が語る平成のあゆみ」（https://www.stat.go.jp/data/topics/pdf/topi119.pdf　2021年5月6日確認）。

　これはグローバリゼーションの悪循環と言える。

　①安い賃金を求めて海外に進出し，そこから商品輸入する。

　②日本の労働者の賃金が抑制され，賃金の安い非正規労働者が増える。

　③消費者の購買力が減退し，より安い品物を求める。

　④さらに賃金の安い場所での生産を進める。

というようなことである。

　上記の「功罪」には入れなかったが，日本が更にグローバル化に踏み出し，外国人の労働者を受け入れるようになれば，便利な面が出てくるが，一方で不都合なことも生じる。赴任して香港に住んでいた時の話だが，香港ではメイドで働く外国人を受け入れている。ほとんどは英語のできるフィリピン人であった。メイ

ドビザというのがあって，メイド以外の職に就くことはできない。カラオケで働いていて見つかったら強制送還される。香港人は共働きが多く，この制度のお陰で香港女性は社会で安心して活躍することができる。たとえば，女性が30〜40万円の給料を稼ぐとして，メイドは住み込みで小さな部屋と食事を与えるが，給料は6万円ほどである。メイドの週一度の休日は日曜日だったが，香港の公園はフィリピンメイドに占拠される。日本ではかなりの金持ちであってもメイドを雇うことはできないが，高齢化社会に向かうなかでこのようなことが可能になれば，メイド需要は高まるものと考えられる。更には現在では試験が難しく敷居が高いが，老人ケアの人材も容易に獲得できることになる。

　一方でこのようにして外国人が増えてくると，何千年も続く日本の文化が侵食されかねない。ハンチントンによると，世界を8大文明に分けたときに日本だけがどこにも属さない一国文明になるという。それだけ日本という国は孤高で特殊な国なのである。2000年以上も続く天皇家を国の象徴に持つ国は世界に類を見ない。

補‒7　日本文化で後世に残したいもの・世界に広めたいもの

　ここでもう少し，後世に残し世界に広めたい日本文化の素晴らしい点を書いてみたい。日本の経営者で会社から最も多くの報酬を得ていたのがカルロス・ゴーンである。彼は日産から年間10億円もの報酬を得ながら，まだそれでも足りず更に得ようと画策し問題を起こした。加えて会社の金も私的に流用していた。この姿は「強欲資本主義」そのものである。日産の大改革を成し遂げた時のトップであったことは間違いないが，多くの社員が実際に汗水たらして行動したからこその結果であることは論を待たない。日本の江戸時代から続く文化に「自分の利益だけを考えることは卑しいことである」という考え方がある。だから日本の経営者は会社から極端に多い報酬を取ろうとはしない。「皆でこの会社を経営している」という心が根本にあるからである。世界の歴史では権力を握った人に富を集中させるというというのが当たり前であるが，日本の歴史はそうではなかった。支配階級の大名や武士は必ずしも金持ちではなかった。そういう歴史があるから日本は今でも資産10億ドルを超える超金持ちは先進7か国のなかで最も少ない。

フォーブス紙によると2020年で最も多いのはアメリカで614人，続いて中国で389人，香港でも66人に対して日本は26人で世界の国別ランキングで17位であった（**図表補-7**を参照）。近年，日本でも格差の拡大が問題になっているが，それでも資本主義国，社会主義国を含めた世界で最も富が分散しているのは日本だと言えるのではないか。

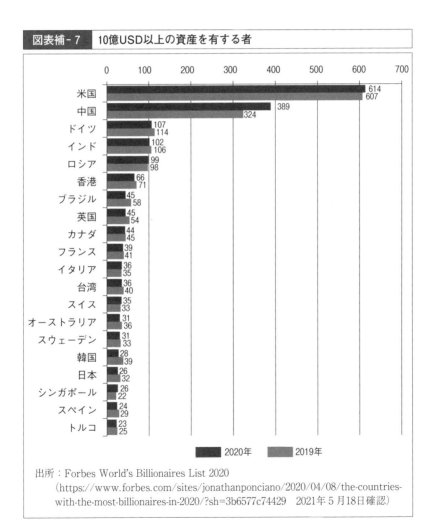

図表補-7　10億USD以上の資産を有する者

出所：Forbes World's Billionaires List 2020
　　　（https://www.forbes.com/sites/jonathanponciano/2020/04/08/the-countries-with-the-most-billionaires-in-2020/?sh=3b6577c74429　2021年5月18日確認）

　それから，これも江戸時代から続く日本の経営文化であるが，「三方よし」の精神がある。アメリカではある特殊な薬の販売権を買い取って，いきなり価格を50倍にも釣り上げた人物がいる。これはこの病気を治すために，薬にもすがりたいという人の弱みに付け込んで自分の利益だけを考えている行為である。法律には触れないかもしれないが，その人は企業経営は社会のためにあるということを理解していない。日本には昔「富山の薬売り」がいた。彼らは日本全国を歩き回って薬を販売していたが，困っていてどんなに価格が高くても薬が欲しいという人が居たとしても，決して価格を釣り上げず正しい価格で販売したということである。「喜ばれて喜ぶ」という考えで，先に先方に喜んでいただいて，その結果永きにわたる信用を得て最後に自分が喜ぶという考え方である。近江商人の「三方よし」は有名であるが，これは「売り手，買い手，世間」よしということで，それによって永く商家が栄えるという考え方で，三井や住友，三菱の家訓に戒めが書かれている。どれも質素倹約を旨とし一攫千金を狙わず正直に家業に打ち込むことが正しい商売の道だと説いている。現代の日本企業の経営理念にもその思想が反映されている。これも大切な日本文化であり，後世に残し，世界に広めたい文化である。

　また，世界で日本が圧倒的に強いのが「ものづくり」である。これも目の前の利益のみを追いかけず，こつこつと研究開発を進めていく企業の姿勢があるからである。日本の場合は大企業も中小企業もこの文化を持っていて，将来儲かるかどうかわからなくても，こつこつと研究や改善を進めていくのである。中国にいた時に感じたが，中国人にはそのような文化はない。自分のつくっている商品を高付加価値化して世界で通用するように究めようという考えはなく，安く大量に売りさばいて利益を上げればそれでよいのである。技術が必要なら買えばよいのである。そして，目の前に儲かると思われるビジネスがあると，すぐにそれに飛びつき，製造業でもマンション販売業に簡単に進出する。その素早い行動力には感心するが，それでは本業の商品はよくならず，安物メーカーから脱皮できない。

　3つほど後世に残したい日本の文化について書いたが，書き出したらまだまだテーマはあるが，それぐらいにしておいて，もう1つ文化の問題を提起したい。

　フランスでムハンマドの風刺画を使ったということで，教師がイスラム教徒に刺殺された。犯人はフランス国籍だったということだが，元をたどれば移民であ

ろう。フランスは歴史からして言論の自由と表現の自由は何よりも大切であり，政教分離の世俗主義である。しかし一部のイスラム教徒にとってはそれを理解できず，何よりもイスラムの教えが大切で，預言者ムハンマドを冒瀆することなど許されない。そのためには自分の命を賭してでもそれを阻止しようとする。この文化の違いには埋めがたいものがあるように思う。日本ではそこまで極端な事件は起きないかもしれないが，多神教で自然をも神とあがめる心を持った文化が日本人の根底にはある。外国文化で育ってきた人がそのような文化になじむのは容易なことではない。世界には禿山が多くあるが，日本にはほとんどない。これは背景に自然を敬う心があり，木を切ってもすぐに植樹し，何十年か後には再生させ後世の人がまた活用できるようにしようという気持ちがあるからであろう。結果としていま世界が求める自然環境の循環が形成されているのである。日本は古代から外国の文化で良いと思われるものを積極的に取り入れてきた。たとえば「漢字」や「仏教」である。一方で不必要と思われるものは排除してきた。たとえば「科挙」「宦官」は中華文明圏では多く採用されたが，日本には入ってきていない。また「中華料理」も明治以前には入ってきていない。

　これまで述べてきたようなことが，日本として世界に誇り，後世に残していきたいものであり，世界に広めていきたいものである。「長期的に固有の文化が損なわれないように」ということのために考えねばならない多くのことがあるのである。

補-8　おわりに

　グローバリゼーションの究極を考えると，国家をなくし全世界どこにでもヒト・モノ・カネ・情報が容易に移動できて，マーケットだけが残るような姿である。現在では多国籍企業が増えてきているが，これが更に巨大化すれば無国籍企業になる。たとえばアップルのようなビジネスモデルは，世界で最も低コストで効率よく生産できる地を選んでそこで生産し，需要のある全世界に販売することが企業目的になる。このような巨大企業にとっては，グローバリゼーションが最も望ましい姿なのであり，国境は邪魔なだけである。こうなるとムキ出しの資本主義社会になる。国家がなくなる，あるいは国家が弱体化したあとの資本主義が

行きつく先は二極化，すなわち貧富の差の拡大である。

　先ほど「大企業の利益と内部留保は過去最高レベルに達している」と書いたが，一方で「グローバリゼーションのデメリット」のところで「価格競争の激化で企業利益が圧迫される」とも書いた。少し言葉足らずであったと思うので付け足すと，利益が圧迫され苦境に立っているのはほとんどが中小企業である。大企業はグローバルに経営を展開できる資金や人材の経営基盤を持っているので，調達先や生産場所を最適化する等そのような環境に対応できるが，ほとんどの中小企業にはそのような基盤がない。その結果が利益面に表れているわけで，これが二極化，貧富の差の拡大につながっているのである。

　以上から分かるようにグローバリゼーションの行きつく先は富の二極化である。現状では大企業やその経営者層が大金持ちになる一方で，中間層以下は貧しくなってきている。その結果消費需要が落ち込みデフレが一層進行することになる。これを是正するためには国家が動かねばならない。国家があって初めて民主主義が機能する。一人１票の民主主義があって資本主義の行き過ぎが是正できるのである。是正のための政策は所得税制改革，企業の国内回帰策，新規事業の支援，外国人の流入制限，非正規雇用の制限など多岐にわたると思うが，何に焦点を絞るのか明確に定めて取り組むことが必要であろう。

　グローバリゼーションの問題点は他にもある。今回のコロナウイルス対策も国境がなければ制御することができない。制御するためには人の移動の自由は制限される。また国や民族の伝統を守るという観点でも議論が必要である。移民が増えれば治安が悪化するのはヨーロッパを見ていれば分かるが，社会の安全だけでなく民族の伝統や文化をどうやって守っていくのかということは極めて大きな課題である。グローバリズムは規制緩和を声高に叫ぶが，それがその国にとって本当に利益になるのかよく考えなければならない。この先の世界は，グローバリズムと反グローバリズムのせめぎあいを続けながら進んでいくものと思われる。そのどちらが勝つかというようなことではなく，最後はグローバリズムと反グローバリズムのバランスをどのように取っていくのかということになるのではないか。日本の輸出入比率はそれほど高いわけではないが，貿易立国といわれる日本は経済を成長軌道に乗せるためには，世界と深くつながっていくことが大切であろう。そのためには貿易自由化が重要なキーであり続けることは間違いない。一方で無

秩序な移民の受け入れは正しいことなのかよく考えねばならない。自国文化や共同体の維持を大切にしたいと思うなら，「自国第一」の考え方も必要なのである。

参考文献 ―――――――――――――――――――――――――――――――――

喜多忠文（2018）『中国でのビジネス経験』株式会社ニュービューティ。

第**11**章

結び：中国の経済，社会と日本

11-1 コロナ禍で見えてきた中国経済と日本の中国依存度

　2019年12月31日，中国の武漢市にて原因不明のウイルス性肺炎が確認されたと，メディアに報じられたが，このウイルス性肺炎は具体的にどのような病気なのか，どのように発生したかについてはその時はまだ解明されていなかった。2020年1月20日に，人から人への感染が初めて明らかになったと中国政府によって発表され，中国政府や武漢市の医療現場では緊張が走ったが，旧正月である春節（2020年は1月25日である）を迎えようという祝日ムードのなか，中国全国では大きな混乱もなく，一家団欒のために春節休暇で故郷へ帰省するという毎年恒例の民族大移動はすでに始まっていた。しかし同月23日になると，武漢市は突如封鎖され，その後すぐに湖北省も封鎖され，そして連鎖反応のように，中国全土では各地の自主的なロックダウンが一気に始まった。また同月27日，中国政府は春節休暇の延長を発表し，中国人の海外への団体旅行も禁止した。こうして人口数が14億にも上る中国国民の移動が止まったのである。

　多くの感染者が出た武漢市では病床が足りず，中国政府は急遽，武漢市で感染症専用の火神山医院と雷神山医院の建設を決定し，工事も急ピッチで進められ，建設スタートしてから10日間で使用開始という「中国速度」で世界を驚かせた。病床が確保できた後，中国政府は行政の力で全国のほかの地域から多くの医師や看護師たちを集め，湖北省や武漢市へ派遣した。また2月初旬まで延長された春節休暇が終わっても，全国の小中高大のすべての学校は学生たちを登校させず，多少の混乱はあったものの，迅速にオンライン教育への切り替えを実現したのである。企業活動ではテレワークが推奨されたが，オンラインでは実施できない工場での生産活動は検温や消毒などの感染防止策を徹底し，地

方行政の衛生検査部門の幾重もの厳しいチェックを経て認可を得てはじめて操業可能となっていた。**図表11-1**は2020年2月12日，ある中国企業が現地政府に提出した生産回復申請書の写真である。上部に押された申請企業の会社法人印を除き，現地政府の応急管理局，公共衛生部門，産業主管部門，地方政府担当責任者，および地方政府疫病対応指揮部の責任者など，全部で8つの認可印が押されており，COVID-19感染拡大のなかでの生産回復にあたって，中国政府の厳しいチェック，極めて慎重な姿勢が伺える。

このように，厳しい感染防止対策を取った結果，2020年3月12日，中国政府は累計感染者8万793人でピークアウトと宣言し，そして3月末，武漢市以外の都市と地域では経済活動を再開させたのである。同年4月8日，中国政府は

図表11-1　ある中国企業が現地政府に提出した生産回復申請書

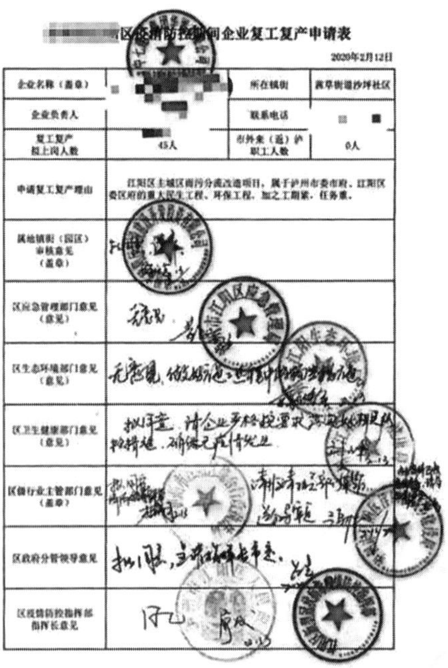

出所：関・寶・洪（2021），p.99

COVID-19の「震源地」とされた武漢市の都市封鎖もついに解除し，COVID-19の中国国内での感染拡大が抑えられたと宣言したのである。

　しかし，今回のコロナ禍が中国で爆発後，直ぐにその影響を受けたのは日本であった。2020年1月中旬頃から旧正月休暇で多くの中国人観光客が日本にやってきてマスクや防護用品を爆買していたことはもちろん，中国企業のコロナ禍での操業停止によりサプライチェーンが切れて日本国内ではさまざまな商品が在庫切れや入荷待ちなどになっていたこともあった。また国内の感染拡大を抑えるために，中国政府は一時的にマスクや防護服などの輸出を止めていたため，日本をはじめ，世界中で防災用品の品切れが発生していたことも記憶に新しい。つまり，2010年代半ば頃からアメリカや日本は補助金交付などの政策を実施して製造業の自国「回帰」を促進し，サプライチェーンの見直しを実施してきたが，ますます高度化してきたグローバル時代において，企業が合理化と効率化を追求するがゆえに製造業の「回帰」が進まず，「世界の工場」と呼ばれてきた中国は依然として世界のサプライチェーンにおいてもっとも重要な国である。

　本書の第9章で考察してきたとおり，中国経済そのものはグローバル経済の縮図である。1980年代以来の「改革・開放」政策の実施，とくに2001年WTOへ加盟して以降，中国政府は積極的に外資を呼び込み，中国を一気に「世界の工場」へ成長させた。距離的に近いゆえに，日本企業は1990年代から本格的に中国への進出を果たし，中国で多くの生産拠点を作ってきた。バブル経済の崩壊で長い「平成不況」を経験してきた日本企業にとって，中国の安い人件費や原材料，そして少しずつ鍛えてきた生産能力と産業基盤は非常に魅力的であり，多くの日本企業は中国進出から巨額な利益を得たが，その一方で日本国内では「産業空洞化[1]」と言われるほど，製造業は大幅に衰退していき，どんどん中国へ移転したのである。もちろん「産業空洞化」問題が発生してきた国や地域は日本だけではない。しかしここでもう1つ関連する重要な懸念があり，それは中国経済への依存度問題である。第2章と第6章で考察してきたとおり，諸外

---

1)　詳しくは内閣府（2012）『平成14年度年次経済財政報告』（https://www5.cao.go.jp/j-j/wp/wp-je02/wp-je02-00301.html#sb3_1　2021年6月2日確認）を参照されたい。

国の企業は安いコストと手厚い優遇政策を目当てに中国に怒涛の如く進出してきた。それにともない，中国への依存度も高まったのである。とくに近隣である日本は中国経済への依存度が高い。

　図表11-2は先進国の部品・加工品輸入における中国依存度と2019年訪日外国人旅行消費額を表したグラフである。これらのグラフからわかるように，先進諸国のなかでも日本の中国依存度は極めて高い水準となっており（左グラフ），日本の観光業への貢献も，中国人旅行者の割合がもっとも高い水準に達している（右グラフ）のである。また第9章でも触れたように，日本は米中貿易「戦争」の隠れた「被害者」であることも，日本の中国への高い依存を物語っていると言えよう。また後述するように，中国は14億人以上の人口を有しており，市場規模およびその成長性も，日本企業にとっては非常に魅力的である。したがって米中貿易「戦争」も，第10章で考察した米中ハイテク覇権争いも，日本経済や日本企業にとっては決して「対岸の火事」ではない。米中競合が世界の「新常態」となりつつあるこれからの時代，政治や安全保障などの面

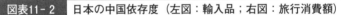

図表11-2　日本の中国依存度（左図：輸入品；右図：旅行消費額）

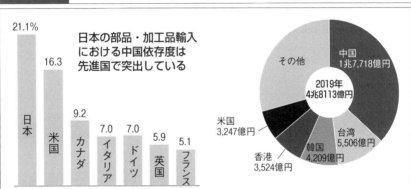

＊左図の数値は部品・加工品の輸入額に占める中国の比率。
出所：左図は『毎日新聞』（2020年3月5日付）「中国依存度，下げる方向で検討　新型コロナ対策など議論　未来投資会議（https://mainichi.jp/articles/20200305/k00/0m/020/287000c　2021年6月2日確認）」。右図は『nippon.com』（2020年1月18日付）「訪日中国人，この12年で10倍増：2019年の旅行消費額は1兆7,700億円に（https://www.nippon.com/ja/japan-data/h00646/　2021年6月2日確認）」。

でアメリカに，そして経済においては大きく中国に依存している日本は今後，立場が一層難しくなっていくに違いない。米中の間に挟まれて，日本政府や企業はいかに舵を取っていくのか，非常に重要，且つ難しい課題である。

11-2　最近の中国の動き

11-2-1　「双循環戦略」

　これまでも述べたとおり，2014年，中国経済は高度成長期を終えて中高速成長期という「新常態」時期に入った。それまで二桁の成長率を維持してきた経済の高度成長の恩恵を受けて急成長を実現してきた中国企業は，6％台の経済成長率でも苦しく感じていた。中国政府はこの難局を打破し，中国経済に新しい活力を入れるために，「一帯一路」や「中国製造2025」，「大衆創業・万衆創新」「自主創新」「internet＋」など，さまざまな戦略や政策を打ち出してきた。しかし2018年，アメリカのトランプ政権は突如，貿易「戦争」を仕掛けてきたのである。これまで考察してきたように，関税の掛け合いから始まったこの米中貿易「戦争」は日本や韓国，台湾などの企業に大きな影響を与えてきたが，当事国である中国とアメリカの経済，そして両国の企業もさらなる深刻な被害を受けているのである。一番大きな貿易相手国のアメリカへの輸出が難しくなってくると，グローバル経済体制の下で国際貿易に依存してきた多くの中国企業は非常に厳しい状況に置かれることになる。さらに，本章の冒頭で簡単に考察した世界でパンデミックした新型コロナウイルス感染症の影響を受け，中国企業の生産活動は一時的に停止されていたが，国際貿易も従来のようにできなくなってきた。そんななか，中国政府は2020年7月，「双循環戦略」という新しい戦略を打ち出したのである。

　「双循環戦略（Dual Circulation Strategy）」とは，「中国の巨大な市場規模と国内需要の潜在力という強みを生かして，国内大循環を主としながら，国内・国外の双循環で経済を成長させていき，国内外の双循環が相互に補完・促進する」という新しい経済発展モデルを構築する戦略であり，その狙いは，サプライチェーンの強靭化，国内消費の拡大，輸出の促進と考えられる。2020年5月14日の政治局常務会議において，習近平政権は米中貿易「戦争」と新型コロナ

ウイルス感染症のパンデミックで複雑化した世界経済環境を念頭に，「我が国の内需の市場規模が極めて大きく，今後も拡大余地が大きい。この内需の優位性を十分に発揮しながら，国内外の双循環を相互に補完・促進させることによって，新しい経済発展モデルを構築する」ことを決定した。そして同年の7月21日に開かれた企業経営者との座談会で，習近平国家主席が「国内大循環を主体として，国内・国外の双循環を相互に補完・促進させることで新しい経済発展モデルを目指す」と表明すると，「双循環戦略」の概念は国内外のメディアにより一斉に報道され，定着してきた。

　しかし一方，「双循環戦略」の決定についてさまざまな憶測も現れ，とくに外部との交流が縮小するなかで「自力更生」を志向し，外とのドアを閉ざす可能性があり，経済改革にはつながらないと危惧する考え方や批判は多い。これらの憶測や批判に対して，習近平国家主席はその後の談話のなかで「国内市場と国際市場の双方が重要である」「国内市場を外にも開放する」「国内経済を中心に据えつつ海外経済とも統合し，世界経済の活性化にも貢献する」と繰り返して強調し，外とのドアを閉ざす可能性を否定したのである。

　たしかに中国は14億人以上の人口を有しており，国内消費市場の規模とその将来性は極めて大きい。2020年5月14日に初めて提起されてから1年程度しか経ておらず，「双循環戦略」は中国の経済成長にどの程度に貢献できたかは不明だが，国際通貨基金（IMF）は2021年4月6日，「世界経済見通し」を発表して2021年の世界経済の成長率を6％と予測し，中でも中国経済の成長率を8.4％と上方修正した[2]。またJETROが2021年4月20日に発表したビジネス短信「第1四半期のGDP成長率，前年同期比18.3％[3]」によれば，中国国家統計局が同年4月16日に，2021年第1四半期（1～3月）の中国の実質GDP成長率は前年同期比18.3％となったと発表したという（**図表11- 3**を参照）。

---

2)　詳しくはYahoo Japanニュース（2021年4月11日付）「IMF 21年の中国経済成長率を8.4％と予想」（https://news.yahoo.co.jp/articles/38287bdf8e8d2191bfc18c4da9a3413eb9726387　2021年6月2日確認）を参照されたい。

3)　詳しくはJETRO（2021年4月20日付）「第1四半期のGDP成長率，前年同期比18.3％」（https://www.jetro.go.jp/biznews/2021/04/5e7c670b0c1ae419.html　2021年6月2日確認）を参照されたい。

| 図表11-3 | 中国の実質GDP成長率の推移（前年同期比，四半期ベース） |

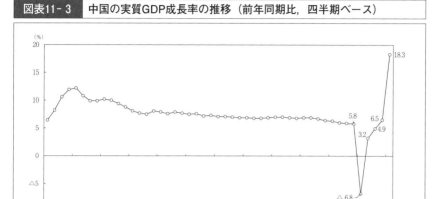

出所：JETRO（2021年4月20日付）「第1四半期のGDP成長率，前年同期比18.3％」

11-2-2 「三人っ子政策」

　2021年5月11日，中国国家統計局は2020年に実施した国勢調査の結果を発表した。中国の総人口は香港，マカオ，台湾を除き，14億1,178万人であった。この数字は2020年に発表した2019年末の14億5万人に比べて1,173万人も増加したが，中国の『環球時報』は人口統計学者の見方として「2022年にも総人口は減少に転じる」と伝えた。また，今回の国勢調査では中国の高齢者が2010年に比べて6割増えた一方，2020年の出生数は約1,200万人と前年比2割近く減少したという[4]。

　1980年頃から，ますます増大していく人口数を抑えるために，中国政府は計画出産を提唱し，「一人っ子政策」を実施した。一組の夫婦の間では1人だけの子どもしか認めていなかったのである。ところが近年，少子高齢化問題の深刻化により中国の生産年齢人口（15～64歳）は2013年をピークにして減り始めた。危機感を覚えた中国政府は2013年，すぐに1980年から実施してきた「一

---

[4]　詳しくは『日本経済新聞』（2021年5月11日付）「中国の出生数2割減20年，高齢化が加速」（https://www.nikkei.com/article/DGXZQOGM291EA0Z20C21A4000000/　2021年6月2日確認）を参照されたい。

人っ子政策」を改正し,「夫婦 2 人のうちの 1 人が一人っ子であれば,この夫婦の間に 2 人目の子どもを認める」とした。しかしこの政策改正の効果はほとんど現れず,中国の出生率はあまり改善されてこなかった。2016年,中国政府はついに35年以上にわたって実施してきた「一人っ子政策」を廃止し,「一組の夫婦の間では子ども 2 人まで認める」という「二人っ子政策」を打ち出した。しかし年々高騰している物価や住宅費用に加えて子どもの養育費や教育費などを含む生活コストの負担が重く,この「二人っ子政策」の効果も薄かった。

　子どもの出生率がなかなか増大しないなか,2021年 5 月31日,中国政府はついに「三人っ子政策」を打ち出したのである(**図表11- 4**)。今回の政策の中身を見ると,「一組の夫婦の間で子ども 3 人まで認める」という内容だけでな

図表11- 4	**中国政府が打ち出した「三人っ子政策」のポスター**

出所:新華社WeChat公衆号(2021年 5 月31日付)

く，「関連する政策や支援措置なども速やかに発表する」としている。深刻化しつつある少子高齢化問題を解決するために，中国政府はついに本気で動き出したようである。

11-3　現代中国の経済と社会の「光」と「影」

　本書ではこれまで，社会主義中国が建国してから現在までの経済と社会の歩みを踏まえたうえ，第2章から第5章までは現代中国の経済と社会の「光」の部分について，そして第6章から第8章までは現代中国の経済と社会の「影」の部分について考察してきた。近年，外資政策の変更や中国企業の海外進出，熱狂的なネット通販，そしてキャッシュレス，internet＋，およびIoTなどの分野において中国の急成長は世界中から大いに注目され，日本国内のメディアも頻繁に取り上げるようになってきている。しかしその反面，技術移転の強要や知的財産権保護の問題，若者就職難の問題，そして出稼ぎ農民たちの問題などは依然として大きな社会問題になっており，中国の経済と社会の健全な発展の脅威にもなっている。つまり，近年の中国では著しい成長と凄まじい変化を実現してきたが，「改革・開放」政策の実施にあたってそのバランスが取れておらず，著しい成長の背後にはさまざまな不安要素も存在しているのである。さらに本書の第9章，第10章および補章では，中国が直面している米中貿易戦争，米中ハイテク覇権争いを考察し，1990年代から本格化したグローバリゼーションの「功罪」についても考えた。

　本章の11-1でも考察してきたとおり，激しく競合している米中の間に挟まれて，日本政府や企業はうまく舵を取っていかなければならず，そのためにも中国を正しく理解しなければならない。したがってわれわれは中国の経済と社会における凄まじい成長（＝「光」の面）をもちろん，併存している深刻な社会問題（＝「影」の面），および中国を取り巻く複雑な国際環境も含めて，総合的に認識していかなければならないのである。もちろん，本書で取り上げた内容も，中国のすべてを網羅したとは言えない。前段11-2でも見てきたように，ますます複雑化，そして日進月歩で変化している国内外環境のなか，中国の経済と社会には次々と新しい成長や変化が現れてきていると同時に，新しい

社会問題も生み出されている。もちろん中国政府もそれらの社会問題を解決するために，厳しい国際環境と難しい国内情勢のなかで試行錯誤をしながら，常に新しい戦略を打ち出したり，新しい政策を施行したりしている。したがってわれわれの認識も状況に適しながら深めていかなければならない。

参考文献

関智宏・竇少杰・洪性奉（2021）「COVID-19影響下におけるアジア中小企業の企業家活動プロセス─中国・韓国・タイの国際比較─」『立命館経営学』，第60巻第2号，pp.95-130。

邉見伸弘（2021）『チャイナ・アセアンの衝撃』，日経PB。

李智慧（2021）『チャイナ・イノベーション2：中国のデジタル強国戦略』，日経BP。

あとがき

　近年，中国の経済や社会，さまざまな側面における成長，変化が著しい。それにともない，中国を取り巻く世界の環境も急激に変化している。日本では，隣の新興大国である中国について，さまざまな観点や論調が存在している。そのなかで，近年中国で急成長しているハイテクについては，前向きで積極的な評価をする観点や論調が多いが，「中国脅威論」のような，中国の成長に対して深い懸念をもったり，脅威として捉えたり，客観性に欠けている議論も少なくない。それでは，中国に対して，われわれはいかに認識すべきなのか。日本にとって，中国の経済と社会における成長と変化はチャンスなのか，それとも脅威なのか。

　事実，中国は14億人という世界一の人口を有し，国土面積でも世界第4位の大きな国であり，5,000年という悠久の歴史を有し，文化の深い国でもある。このため，中国は非常に複雑であり，一言で簡単に説明することは到底できない。さらに日本と中国は隣国であり，両国間には長い交流の歴史がある。日本はこれまで「世界の工場」としての中国とうまく協力し合い，相互に成長を促進してきた。そして近年は，巨大市場としても成長し続ける中国が隣にあるため，日本企業と日本経済も潤ってきた。こうしたなかで中国をより正しく理解するためには，歴史の視点，経済と社会の凄まじい成長，変化の側面，そして依然として存在している多くの根深い社会問題の側面，およびより一層複雑になりつつある国際環境の側面から，総合的・動態的に理解していかなければならない。

　そこで執筆者一同は現在の中国を正しく理解するために必要とされる最低限の知識，中国の国家戦略・政策，最近の出来事およびその背後にある事情・理由，そして日本や日本企業への影響などを，本書を通じて提供しようと考えた。読者の現代中国の経済と社会への理解の助けになれば幸いである。

　また本書の出版にあたって，厳しい出版事情のなか，出版をお引き受けいただいた中央経済社編集部の酒井様に感謝の意を表したい。

あとがき

　最後に，編著者の2人が2006年夏から発足させ，今も継続して開催している中国問題研究会について触れておきたい。なぜならば，本書の作成にとって，中国問題研究会の存在は非常に重要かつ不可欠だったからである。中国問題研究会は参加メンバーの視野を広げるために編著者2人が立ち上げた任意団体であり，参加メンバーはおもに大学院生，大学教員および企業関係者・実務家から構成されている。これまで年間「8回の研究例会＋1回の年次大会」で運営してきており，経済や社会，企業，労働，文化，法制，国際交流など，中国に関係するさまざまな話題やテーマを取り上げて議論してきた。本書で展開しているテーマはすべてこの中国問題研究会で議論したものであり，編著者以外の執筆者も中国問題研究会の主要参加メンバーである。したがって本書は15年間にわたり継続してきた中国問題研究会の重要な成果物と言えよう。内容の制限によりすべての参加メンバーが本書の執筆に参加することはできなかったが，この場を借りて，長期にわたって中国問題研究会を支えて下さったすべての方々に，心から御礼申し上げたい。

2022年1月

竇少杰　横井和彦

索　引

索　引

＜執筆者一覧＞

竇　少杰（とう　しょうけつ）　　　　　　　　　　第1～8章，第10章，第11章

立命館大学経営学部講師。博士（産業関係学）（同志社大学）。

2009年同志社大学大学院社会学研究科産業関係学専攻博士後期課程修了。同志社大学技術・企業・国際競争力研究センター特別研究員を経て，2014年から現職。

主な著書に『中国企業の人的資源管理』（単著，中央経済社，2013年），『百年伝承的秘密：日本京都百年企業的家業伝承』（共著，浙江大学出版社，2014年），『持続可能な経営と中小企業―100年経営・社会的経営・SDGs経営―』（共著，同友館，2020），『雇用関係の制度分析：職場を質的に科学する』（共著，ミネルヴァ書房，2020）など。

横井　和彦（よこい　かずひこ）　　　　　　　　　　　　　　第1章，第9章

同志社大学経済学部・大学院経済学研究科教授。博士（経済学）（同志社大学）。

同志社大学経済学部助手，専任講師，准教授を経て，2014年より現職。

主要業績に『中国国営企業管理の史的展開と企業改革―企業管理の基本原則（効率化・民主化）を分析の基軸として―』（同志社大学経済学会，2005年）など。

卫　娣（えい　でい）　　　　　　　　　　　　　　　　　　　　　第6章

同志社大学嘱託講師・同志社大学ライフリスク研究センター嘱託研究員。博士（経済学）（同志社大学）。

同志社大学助手・助教を経て，2021年より現職。

主要業績に「中国企業におけるビジネスモデルの転換―インターネット・ビックデータとの融合―」（『比較経営研究』，2019年）など。

喜多　忠文（きた　ただふみ）　　　　　　　　　　　　　　　　　　補章

太成学院大学経営学部非常勤講師，リロ・パナソニックエクセルインターナショナル株式会社国際経営顧問。

1970年名古屋大学理学部を卒業し松下精工㈱入社。1998年松下精工香港国際製造有限公司副社長。2000年広東松下エコシステムズ有限公司社長。2004年広東省佛山市栄誉市民賞受賞。2005年退職。2015年同志社大学大学院商学研究科客員教授。

主要著書に『東アジアのモノづくりマネジメント』（共著，名古屋大学，2012年），『激動するアジアを往く』（共著，桜美林大学，2013年），『中国でのビジネス経験』（ニュービューティ，2018年）など。

現代中国の経済と社会

2022年3月30日　第1版第1刷発行

編著者　竇　　　少　　杰
　　　　横　井　和　彦

発行者　山　本　　　継

発行所　㈱中　央　経　済　社

発売元　㈱中央経済グループ
　　　　パ ブ リ ッ シ ング

〒101-0051　東京都千代田区神田神保町1-31-2
電話　03 (3293) 3371 (編集代表)
　　　03 (3293) 3381 (営業代表)
https://www.chuokeizai.co.jp
製版／三英グラフィック・アーツ㈱
印刷／三　英　印　刷　㈱
製本／誠　　製　　本　　㈱

© 2022
Printed in Japan

地球環境辞典

〔第4版〕

丹下博文〔編〕

四六判・400頁
ISBN：978-4-502-29801-1

経済，ビジネスなど社会科学的な
テーマを中心に基本用語から最
新用語まで網羅した入門辞典。
最新第4版では，ESG投資，シェ
アリング・エコノミーなどの用語
を新たに追加。

「大人たちが積極的な対策をしていない。自分たちの世代は絶対に
許さない。」と激怒したグレタ・トゥーンベリさん。

少女が国連サミットで訴えた地球環境問題の基本が満載！

中央経済社

本書とともにお薦めします

新版
経済学辞典

辻　正次・竹内　信仁・柳原　光芳〔編著〕　　四六判・544 頁

本辞典の特色

- 経済学を学ぶうえで，また，現実の経済事象を理解するうえで必要とされる基本用語約 1,600 語について，平易で簡明な解説を加えています。

- 用語に対する解説に加えて，その用語と他の用語との関連についても示しています。それにより，体系的に用語の理解を深めることができます。

- 巻末の索引・欧語索引だけでなく，巻頭にも体系目次を掲載しています。そのため，用語の検索を分野・トピックスからも行うことができます。

中央経済社

ベーシック＋ プラス
Basic Plus

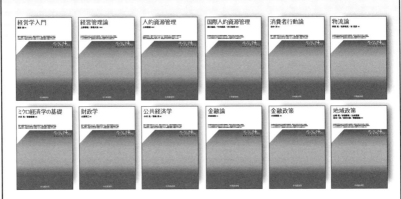

経営学入門	経営管理論	人的資源管理	国際人的資源管理	消費者行動論	物流論
ミクロ経済学の基礎	財政学	公共経済学	金融論	金融政策	地域政策

経営学入門	人的資源管理	経済学入門	金融論	法学入門
経営戦略論	組織行動論	ミクロ経済学	国際金融論	憲法
経営組織論	ファイナンス	マクロ経済学	労働経済学	民法
経営管理論	マーケティング	財政学	計量経済学	会社法
企業統治論	流通論	公共経済学	統計学	他

いま新しい時代を切り開く基礎力と応用力を
兼ね備えた人材が求められています。
このシリーズは，各学問分野の基本的な知識や
標準的な考え方を学ぶことにプラスして，
一人ひとりが主体的に思考し，行動できるような
「学び」をサポートしています。

Let's
START!

学びにプラス！
成長にプラス！
ベーシック＋で
はじめよう！

中央経済社